建设工程法规

（第3版）

主　编　陈会玲　郭海虹
副主编　武　强　尚　昆　李艳玲

北京理工大学出版社
BEIJING INSTITUTE OF TECHNOLOGY PRESS

内容提要

本书共十章，主要内容包括：建设工程法规概述，建设工程许可法律原理与实务，建设工程招标投标法律原理与实务，建设工程合同法律原理与实务，建设工程安全管理法律原理与实务，建设工程质量管理法律原理与实务，建设工程监理法律原理与实务，建设工程环境、文物保护及节能法律原理与实务，房地产管理法律原理与实务，建设工程争议处理原理与实务。各章节以二维码形式植入教学课件、相关法律文本、思政课堂、微视频、配套拓展训练参考答案等。

本书可作为高等院校土木工程类专业教材，也可作为相关从业人员岗位培训教材，还可供相关工程技术人员工作时参考。

版权专有　侵权必究

图书在版编目（CIP）数据

建设工程法规 / 陈会玲，郭海虹主编. -- 3版. --
北京：北京理工大学出版社，2022.2
ISBN 978-7-5763-0981-2

Ⅰ.①建… Ⅱ.①陈… ②郭… Ⅲ.①建筑法－中国
Ⅳ.①D922.297

中国版本图书馆CIP数据核字（2022）第028983号

出版发行 / 北京理工大学出版社有限责任公司
社　　址 / 北京市海淀区中关村南大街5号
邮　　编 / 100081
电　　话 /（010）68914775（总编室）
　　　　　（010）82562903（教材售后服务热线）
　　　　　（010）68944723（其他图书服务热线）
网　　址 / http://www.bitpress.com.cn
经　　销 / 全国各地新华书店
印　　刷 / 北京紫瑞利印刷有限公司
开　　本 / 787毫米×1092毫米　1/16
印　　张 / 13.5
字　　数 / 327千字
版　　次 / 2022年2月第3版　2022年2月第1次印刷
定　　价 / 82.00元

责任编辑 / 钟　博
文案编辑 / 钟　博
责任校对 / 周瑞红
责任印制 / 边心超

图书出现印装质量问题，请拨打售后服务热线，本社负责调换

第3版前言

本书自2014年第1版出版以来，先后修订2次，重印8次，累计印数超过40 000册。教材编写及修订一直坚持与教材改革同向、与人才培养同频、与立法修正同步，教材第2版是国家级示范院校建设、优质院校建设、"双高计划"建设中课程体系与教学内容改革成果、2021年度陕西省职业技术教育学会课程思政专项研究成果。

本次修订坚持现代职业教育理念和职业能力本位原则，突出"课程思政""校企共建""智慧教材"元素，融合"翻转课堂""岗课赛证"相结合的理念，配合土木工程类专业人才培养方案和教学大纲要求，以土木工程建设全过程为主线，依据新法律法规编写。全书重点修订99处，与立法同步修订47处，更新案例18个，课件及其他修订14处，新增思政目标、思政小课堂、拓展训练参考答案模块。本次修订突出"一性四化"的特点。

1. **产教融合性**。本书为校企共建教材，知识体系和模块内容兼顾校企产学需求和职业资格考证需要，优选建设工程法规主讲教师、国赛优秀指导教师、思政专业骨干教师、工程技术人员和专业律师共同编写。

2. **课程思政化**。本书贯彻课程思政理念，依据《高等学校课程思政建设指导纲要》所列课程思政点，结合每章内容提出"思政目标"，设计"思政小课堂"视频微课，将社会主义核心价值观、中国精神、工匠精神等内容植入课程，课程与思政融通，教书与育人同行。

3. **知识趣味化**。章节体例遵循法律教学规律，注重提升学习趣味性，融合启发式、情境式教学理念，引入大量工程案例，采用"思政微课（提升认知）—案例导入（启发思考）—理论学习（找到答案）—知识拓展（延伸探究）—典型案例（深化理解）—章节小结（回顾知识）—任务实训（强化训练）"递进强化的模块结构设计，循循善诱，易学易懂。

4. **资源智慧化**。本书是适于线上线下结合运用的"立体式"教材，配套信息化教学资源丰富（思政微课、课件、拓展训练及答案、配套题库），实现二维码扫描学习，使教学更便捷、自学更轻松。

5. **内容菜单化**。各章节内容相互独立、自成体系，全书涵盖建设工程法规基础理论、8部主要实体法和3部程序法。各院校可根据实际需要选取教学内容，学生及在职人员可自主选取学习内容。

本书由陕西工业职业技术学院陈会玲、郭海虹担任主编，陕西工业职业技术学院武强、尚昆、李艳玲担任副主编。具体编写分工为：陈会玲编写第三章、第八章～第十章，郭海虹编写第二章、第四章，武强编写第一章，尚昆编写第五章、第七章，李艳玲编写第六章。陕西工业职业技术学院黄春晖、侯艳芳、王劭琨、杨云箐、屈文斌等老师为修订工作提供了大力帮助，陕西工业职业技术学院马克思主义学院负责人王艳负责思政模块的审阅，陕西工业职业技术学院土木工程学院院长杨谦、西安灞睿建筑科技有限公司总经理崔献奇、北京大成（南京）律师事务所合伙人梁官成律师审阅了本书，并提出了宝贵意见。

本书在修订过程中，参考了兄弟院校有关教材资料及相关文献，得到了诸多院校、行业企业专家和法律专家的大力支持和帮助，在此一并表示诚挚的谢意！

由于编者水平有限，书中难免存在疏漏之处，敬请各位读者批评指正！

编　者

第2版前言

本书是高等院校课程改革项目优秀成果，是供高等院校土建类相关专业及其他院校相关专业使用的优质规划教材。本书根据土建类相关专业建设工程法规课程教学标准进行编写。

本书自2014年第1版出版发行以来，先后重印7次，印数超过20 000册，深受广大高等院校师生的欢迎和好评。此次修订基于第1版内容，依据国家新法律法规和建造师考试大纲进行修订；同时征求了部分使用本书第1版的院校教师的意见，听取了部分行业企业工程技术人员对本书的建议；坚持现代职业教育理念和职业能力本位原则，以土木工程建设全过程为主线，大量引入案例，突出操作实用性。

本书修订后共分为10章，共46节内容。各院校在组织教学时，可根据专业和学生实际情况进行适当选取和调整。本书由陕西工业职业技术学院陈会玲、郭海虹担任主编，陕西工业职业技术学院武强、尚昆、李艳玲参与了本书部分章节的编写工作。具体编写分工为：第一章由武强编写；第二章、第四章由郭海虹编写；第三章、第八章、第九章、第十章由陈会玲编写；第五章、第七章由尚昆编写；第六章由李艳玲编写。

在本书修订过程中，参考了兄弟院校的有关教材资料以及相关文献，得到了诸多院校和行业企业专家的大力支持和帮助，在此一并表示诚挚的谢意！

由于编者水平有限，书中难免会有疏漏和不妥之处，敬请各位同行、专家和广大读者批评指正。

编　者

第1版前言

《建设工程法规》是供高等院校土建类专业及其他院校相关专业使用的建设法规教材。该书也可作为相关从业人员的岗位培训教材和相关工程技术人员的参考用书。通过学习本书，可培养和提升学生对土木工程建设法规理论知识的理解和实务处理能力，为增强其法律意识、依法从业、识别和处理工程实践中的法律纠纷奠定良好基础。

本书坚持现代职业教育理念和职业能力本位原则，以土木工程建筑全过程为主线，依据我国建筑业新颁布实施的法律、法规及规章，根据高等院校土木工程专业关于该课程的教学大纲要求编写，引入大量案例，以突出操作性。全书重点阐述了建设工程许可，建设工程招标投标，建设工程合同，建设工程安全管理，建设工程质量管理，建设工程监理，建设工程环境、文物保护及节能，房地产管理，建设工程争议处理等法律原理与实务。

本书共分10章，其中第一章由陕西工业职业技术学院武强编写；第二章、第四章由陕西工业职业技术学院郭海虹编写；第三章、第八章、第九章、第十章由陕西工业职业技术学院陈会玲编写；第五章、第七章由陕西工业职业技术学院尚昆编写；第六章由陕西工业职业技术学院李艳玲编写。陈会玲和郭海虹对全书进行统稿和修改，武强负责全书的整理和编辑工作。

本书在编写过程中参考了兄弟院校的有关教材资料以及相关文献，得到了诸多建筑行业专家的大力支持和帮助，在此一并表示诚挚的谢意！

由于时间仓促，编者水平有限，书中难免有疏漏之处，敬请各位同行、专家和广大读者批评指正。

编　者

目 录

第一篇 基础理论

第一章 建设工程法规概述……1

第一节 建设工程法规概述……2
一、建设工程法规的概念……2
二、建设工程法规的调整对象……2
三、建设工程法律关系……3

第二节 建设工程法规的基本原则、特征和作用……3
一、建设工程法规的基本原则……4
二、建设工程法规的特征和作用……4

第三节 建设工程法规体系和法律责任……6
一、建设工程法规体系的概念……7
二、我国建设工程法规体系的构成……7
三、我国现行的建设工程法规……8
四、建设工程法律责任……10

本章小结……11
拓展训练……11

第二篇 实体法

第二章 建设工程许可法律原理与实务……13

第一节 建设工程许可立法概述……14
一、建设许可的概念……14
二、建设许可的特点……14
三、实行建设许可的意义……15

第二节 建设工程程序法规……15
一、建设工程项目概述……16
二、工程建设程序简介……16
三、基本建设程序各阶段的工作内容……18

第三节 建设工程施工许可制度……20
一、建设工程施工许可证的申领时间与范围……21
二、建设工程施工许可证的申领条件……21
三、申请办理施工许可证的程序……22
四、施工许可证的有效期与延期……22
五、中止施工与恢复施工……23
六、违法责任……23

第四节 工程建设从业单位资质许可制度……24
一、工程建设从业单位资质许可制度概述……24
二、建设工程勘察、设计单位资质许可制度……25
三、建筑业企业资质许可制度……27
四、房屋建筑工程施工总承包企业资质许可制度……29
五、专业承包企业资质许可制度……31
六、工程造价咨询企业资质许可制度……31

第五节 工程建设从业人员执业资格许可制度……35
一、注册建造师执业资格制度……36
二、注册造价工程师执业资格制度……36
三、工程施工现场人员岗位资格管理……37

本章小结……38
拓展训练……38

第三章 建设工程招标投标法律原理与实务......40

第一节 建设工程招标投标立法概述......41
一、建设工程招标投标法的立法现状......42
二、建设工程招标投标活动的基本原则......43
三、建设工程招标的范围......43

第二节 建设工程招标投标的程序......45
一、建设工程招标......46
二、建设工程投标......50
三、建设工程决标......50

第三节 建设工程招标投标的管理与监督......53
一、建设工程招标投标监督管理制度......53
二、招标投标活动中的违法行为......54
三、法律责任......55

本章小结......57
拓展训练......58

第四章 建设工程合同法律原理与实务......60

第一节 建设工程合同概述......61
一、合同法概述......61
二、建设工程合同的概念和分类......63
三、建设工程合同的特征......64

第二节 建设工程合同的签订......65
一、建设工程合同的内容......65
二、建设工程合同签订的原则和程序......66

第三节 建设工程合同的效力......68
一、合同效力概述......68
二、有效建设工程合同......68
三、无效建设工程合同......69
四、可变更或可撤销的建设工程合同......70

第四节 建设工程合同的履行......71
一、建设工程合同履行的定义和原则......71
二、建设工程合同履行的担保......72
三、建设工程合同履行中的抗辩权......73
四、建设工程合同的保全......73

第五节 建设工程合同的变更、转让和终止......74
一、建设工程合同的变更......75
二、建设工程合同的转让......75
三、建设工程合同的终止与解除......77

第六节 建设工程合同的违约责任和索赔......78
一、建设工程合同的违约责任......78
二、建设工程合同的索赔......79

第七节 建设工程勘察、设计合同和建设工程施工合同......82
一、建设工程勘察、设计合同概述......82
二、建设工程施工合同......85

第八节 建设工程监理合同......87
一、建设工程监理合同的类型......87
二、建设工程监理合同（示范文本）简介......88

本章小结......88
拓展训练......89

第五章 建设工程安全管理法律原理与实务......90

第一节 建设工程安全立法概述......91
一、建设工程安全管理所依据的主要法律......91
二、建设工程安全管理所依据的主要行政法规......91
三、建设工程安全管理所依据的部门规章......92
四、与建设工程安全生产相关的主要技术标准、规范......92

第二节 建设工程安全生产许可......92
一、施工安全生产许可证制度......93
二、安全生产许可证的取得条件......93
三、安全生产许可证的申请和颁发......93
四、安全生产许可证的有效期......94
五、安全生产许可证的变更、注销及补办......94

第三节　施工现场安全管理……94
一、建设工程安全生产责任制……95
二、建设工程安全教育培训制……96
三、施工现场安全保障措施……96
第四节　建设工程安全生产监督管理……98
一、监督管理机制……98
二、监督内容……98
第五节　建设工程安全生产意外伤害保险……100
一、建筑职工意外伤害保险是法定的强制性保险……101
二、意外伤害保险的保险期限和最低保险金额……101
三、意外伤害保险的投保……101
四、意外伤害保险的索赔……100
第六节　生产安全事故的应急救援和调查处理……101
一、生产安全事故的等级划分标准……102
二、生产安全事故的应急救援预案的规定……102
三、生产安全事故报告及调查处理的规定……102
本章小结……104
拓展训练……104

第六章　建设工程质量管理法律原理与实务……106

第一节　建设工程质量管理立法概述……106
一、工程建设国家标准……107
二、工程建设行业标准……108
第二节　建设工程质量责任制度……108
一、建设单位的质量责任……109
二、勘察设计单位的质量责任……110
三、施工单位的质量责任和义务……110
四、工程监理单位的质量责任……111
第三节　建筑企业质量体系认证制度……112
一、建筑质量体系认证制度……112
二、质量管理和质量保证体系的标准……113
三、标准的选择……114
第四节　建设工程竣工验收制度……114
一、建设工程竣工验收的主体……114
二、竣工验收应当具备的法定条件……115
三、竣工验收档案资料……115
四、规划、消防、节能、环保等验收的法律规定……115
五、竣工结算、质量争议的处理……117
第五节　建设工程质量监督管理制度……119
一、建设工程质量监督主体……119
二、工程质量事故报告制度……120
本章小结……121
拓展训练……121

第七章　建设工程监理法律原理与实务……123

第一节　建设工程监理立法概述……124
一、建设工程监理的法律依据……124
二、建设工程监理的范围……124
第二节　建设工程监理单位资质管理……125
一、工程监理单位资质等级……126
二、工程监理企业资质相应许可的业务范围……128
三、监督管理……130
四、法律责任……132
第三节　注册监理工程师的资质管理……132
一、注册监理工程师资格的取得……133
二、注册监理工程师的权利与义务……134
三、注册监理工程师的执业要求……134
四、注册监理工程师继续教育……135
五、对注册监理工程师的监管……135
第四节　建设工程监理当事人……136
一、建设工程监理当事人之间的关系……136
二、业主的权利、义务和责任……138
三、监理人的义务和责任……139

四、承包商的权利、义务和责任……………140
　本章小结……………………………………142
　拓展训练……………………………………142

第八章　建设工程环境、文物保护及节能法律原理与实务……144

第一节　建设工程环境保护相关法规……144
　　一、施工现场噪声污染防治的规定…………145
　　二、施工现场废气、废水污染防治的规定……146
　　三、施工现场固体废物污染防治规定………147
　　四、环境影响评价制度………………………147

第二节　古树、名木和文物保护的绿色施工……149
　　一、施工要求…………………………………150
　　二、对文物保护违法行为应承担的责任……150

第三节　施工节约能源制度……151
　　一、施工合理使用与节约能源的规定………152
　　二、施工节能激励措施………………………153
　　三、违法责任…………………………………153
　本章小结……………………………………153
　拓展训练……………………………………154

第九章　房地产管理法律原理与实务……156

第一节　房地产管理法概述……157
　　一、房地产管理法的立法现状………………157
　　二、房地产管理法的基本原则………………158

第二节　城市房屋征收与补偿……159
　　一、城市房屋征收的基本原则………………159
　　二、城市房屋征收的主管机关………………159
　　三、城市房屋征收的范围与程序……………160
　　四、征收补偿…………………………………161
　　五、强制征收处置程序………………………162

第三节　房地产交易与产权产籍……163
　　一、房地产交易概述…………………………163
　　二、房地产转让………………………………164
　　三、房地产抵押………………………………165
　　四、商品房销售………………………………167
　　五、房地产权属登记管理……………………171

第四节　物业管理法规概述……173
　　一、物业管理立法概述………………………173
　　二、物业管理法律关系主体及其权利和义务……174
　　三、物业管理服务收费………………………176
　本章小结……………………………………177
　拓展训练……………………………………177

第三篇　程序法

第十章　建设工程争议处理原理与实务……179

第一节　建设工程争议概述……180
　　一、建设工程争议的概念……………………180
　　二、建设工程争议法律适用规则……………180
　　三、建设工程争议的诉讼时效………………181
　　四、建设工程纠纷的证据……………………182
　　五、建设工程合同纠纷索赔…………………183

第二节　建设工程争议的行政复议……184
　　一、建设工程争议行政复议概述……………186
　　二、建设工程争议行政复议程序……………186

第三节　建设工程争议的行政诉讼……189
　　一、建设工程争议行政诉讼概述……………189
　　二、建设工程争议行政诉讼的受理范围和管辖……190
　　三、建设工程争议行政诉讼的基本程序……191

第四节　建设工程争议的仲裁……194
　　一、建设工程争议仲裁的概念………………195
　　二、建设工程争议仲裁的基本制度…………195
　　三、建设工程争议仲裁协议…………………195
　　四、建设工程争议仲裁的程序………………196

第五节　建设工程争议的民事诉讼……198
　　一、建设工程争议民事诉讼的概念…………198
　　二、建设工程争议民事诉讼的管辖…………199
　　三、建设工程争议民事诉讼程序……………200
　本章小结……………………………………203
　拓展训练……………………………………204

参考文献……………………………………**206**

第一篇　基础理论

第一章　建设工程法规概述

学习目标

通过本章的学习，了解建设工程法规的概念、调整对象、建设工程法律关系的构成要素，以及建设工程法规的基本原则、特征和作用；熟悉我国建设工程法规体系的构成及常用建设工程法规。

课件：建设工程法规概述

思政目标

通过本章的学习，对法是"治国重器"理念和依法治国方略在建设工程领域实施的重要意义有深刻的理解，提升学法、知法、遵法、守法意识和自觉修养，依法依规从业的职业操守和责任意识。

思政小课堂

依法治国是坚持和发展中国特色社会主义的本质要求和重要保障，建筑工程行业在国民经济发展、拉动就业、基础设施建设、国际影响力方面具有突出表现和重要地位，加强立法和依法治理显得尤其重要。

我国的建筑业活动范围日趋广泛，在人居等工民建设领域都进入了全盛时期，特别是中国路桥事业以"中国速度""中国标准"领跑世界建造业，已经成为中国的世界名片。国家统计局发布数据显示：我国建筑业已占国

视频：思政小课堂

民生产总值的20%，2020全年国内生产总值102万亿元，比上年增长2.3%。其中，全国建筑业总产值26.4万亿元，同比增长6.2%。全国建筑业房屋建筑施工面积149.5亿 m^2，同比增长3.7%。相关研究结果显示：建筑业对42个部门的直接消耗系数合计为0.734 5，也就是说建筑业每增加10 000元的产出，将对国民经济其他行业产生7 345元的直接生产拉动；同时，建筑业的城镇人口吸纳能力超过42个行业合计数的1/4，每增加亿元最终使用，可直接吸纳城镇劳动力7 325人，在就业方面有着不可撼动的地位。

在这样一个高速发展、牵涉多方权利义务、技术标准严格、关系国计民生的重要产业领域，建立统一规范的秩序，保障依法依规健康发展，对建筑业自身和国家利益都极为重要。作为未来的从业人员在对建筑工程行业保有自信和自豪的同时，应将让知法、遵法、守法为自己必修的职业素养。

第一节　建设工程法规概述

案例导入 1-1

王某与某市第一建筑公司签订了一份挂靠协议，协议中约定：王某可以第一建筑公司的名义对外承接工程，挂靠期为三年，在挂靠期内每年需向建筑公司上缴管理费 12 万元人民币。协议签订后，王某以第一建筑公司的名义承接了不少工程。三年期满时，第一建筑公司收到王某上缴管理费共计 8 万元。经第一建筑公司多次催要，王某仍不予支付，第一建筑公司就将王某诉讼至法院，要求王某缴清管理费。第一建筑公司的诉讼请求能实现吗？请说明理由。

分析：不能实现。《中华人民共和国建筑法》（以下简称《建筑法》）第六十六条：规定"建筑施工企业转让、出借资质证书或者以其他方式允许他人以本企业的名义承揽工程的，责令改正，没收违法所得，并处罚款，可以责令停业整顿，降低资质等级；情节严重的，吊销资质证书。"因此，本案例中，第一建筑公司与王某的协议为无效协议，不受法律保护，法院也不会支持第一建筑公司的诉讼请求，而且第一建筑公司收到的 8 万元管理费也属于非法所得，应当收缴。

一、建设工程法规的概念

建设工程法规是指由国家立法机关或者其授权的行政机关制定的，由国家强制力保证实施的，旨在调整国家行政管理机关、企事业单位、社会团体和公民之间在建设活动中或建设行政管理活动中所发生的各种社会关系的法律规范的总称。

中华人民共和国建筑法

二、建设工程法规的调整对象

《建筑法》第二条规定："在中华人民共和国境内从事建筑活动，实施对建筑活动的监督管理，应当遵守本法"。

建设工程法规调整的对象就是从事建筑活动，实施对建筑活动的监督管理过程中所产生的各种社会关系，这种关系称为建筑法律关系，它是建设工程法规特定的调整对象，具体表现在以下三个方面：

（1）建设活动中的行政管理关系。建设活动中的行政管理关系是指国家及其住房城乡建设主管部门需同建设单位、设计单位、施工单位、建筑材料和设备的生产供应单位及建设监理等中介服务单位之间发生的相应的管理与被管理的关系。在法制社会里，这种关系要由相应的建设工程法规来规范、调整：一方面提供规划、指导、协调与服务；另一方面进行检查、监督、控制与调节。

（2）建设活动中的经济协作关系。工程建设是非常复杂的活动，要有许多单位和人员参与，共同协作完成。在建设活动中，必然存在着大量的寻求合作伙伴和相互协作的问题，在这些协作过程中所产生的权利与义务关系，也应由建设工程法规来加以规范、调整。这是一种平等自愿、互利互助的横向协作关系，一般以合同的形式确定，合同是当事人之间为实现一定经济目的、明确相互权利和义务关系的协议。

(3)从事建设活动的主体内部民事关系。从事建设活动的主体内部民事关系是指在建设活动中所产生的国家、单位、公民之间的民事权利、义务关系，如土地征用、房屋拆迁、人身伤害、财产及相关权利的转让。这种关系必须由建设工程法规及民法等相关法律来加以规范、调整。

三、建设工程法律关系

建设工程法律关系是指由建设工程法律关系规范所确认和调整的在建设管理和建设协作过程中所产生的权利、义务关系，如建设活动中的行政管理关系、建设活动中的合同关系、建设活动中的经济协作关系、建设活动中的民事关系。

(一)建设工程法律关系的构成要素

任何法律关系都是由法律关系主体、法律关系客体和法律关系内容三个要素构成的，缺少其中任何一个要素都不能构成法律关系。

(1)建设工程法律关系的主体是指参加建设活动，受工程建设法律规范调整，在法律上享有权利、承担义务的人，其包括自然人、法人和其他经济组织。

(2)建设工程法律关系的客体是指建设工程法律关系的主体享有的权利和承担的义务所共同指向的对象，其包括财、物、行为和非物质财富。

(3)建设工程法律关系的内容是指建设权利和建设义务。

(二)建设工程法律关系的产生、变更和终止

1. 概念

(1)建设工程法律关系的产生是指建设工程法律关系的主体之间形成了一定的权利和义务关系。

(2)建设工程法律关系的变更是指建设工程法律关系的三个要素发生变化。

(3)建设工程法律关系的终止是指建设工程法律关系主体之间的权利和义务不复存在，彼此丧失了约束力。建设工程法律关系的消灭有自然消灭、协议消灭、违约消灭。

2. 法律事实

法律事实是指能够引起建设工程法律关系产生、变更和消灭的客观现象和事实。它可分为事件和行为两类。

事件是指不以当事人的意志为转移而产生的自然现象；行为是指人的有意识的活动，包括积极的作为和消极的不作为。

第二节 建设工程法规的基本原则、特征和作用

案例导入 1-2

原告王某将其所有的房屋卖于被告张某，双方签订了房产交易协议书，约定：房价为180万元，有关交易的一切费用均由买方承担，办理手续同时一次交付全部房款。原告收到被告给付的房款，并将房产证交给被告，从该房屋搬出，随后被告搬入该房屋居住。但双方一直未办理房产过户手续。事隔4年，原告得知被告一直未办理法定过户手续后多次督

促，原告以被告一直拖延未办过户手续为由将其诉至法院，请求依法判决买卖房屋合同无效。被告以自身已支付房款，原告已交付使用房屋并已居住4年为由，请求判决房屋买卖合同合法有效。

法院依法应支持谁的主张？

分析：本案原、被告签订的房屋买卖合同是有效的。理由：《中华人民共和国民法典》（以下简称《民法典》）第五百零二条规定："依法成立的合同，自成立时生效，但是法律另有规定或者当事人另有约定的除外。依照法律、行政法规的规定，合同应当办理批准等手续的，依照其规定。……"据此可以看出，合同生效有两种形式：一是依法必须办理批准等手续才生效的，以办理该手续为确认生效的时间，这种批准指的是当事人之间在签订合同后，将合同在规定的部门办理批准或登记手续，合同即生效；二是合同一经签订，即具有法律效力，合同本身无须批准或登记就生效。房屋买卖合同的效力问题，属第二种形式，买卖后的产权过户登记并不是合同生效的要求，而是物权变动的要求，即当事人要凭签订的合同及原产权证件去办理房屋的所有权变动的登记。所以，是否办理房屋过户手续，影响的是房屋的所有权是否依法转移，而对买卖合同及其效力没有影响。因此，原告之请求没有法律依据，不予支持。原、被告之间的房屋买卖合同有效，争议房屋归被告所有。

从本案中可以看到，建设工程法规具有规范性和强制性的要求，相应的行为必须依据法律进行，以事实为依据、以法律为准绳。

一、建设工程法规的基本原则

《建筑法》第一条规定："为了加强对建筑活动的监督管理，维护建筑市场秩序，保证建筑工程的质量和安全，促进建筑业的健康发展，制定本法。"此款既是《建筑法》的立法目的，也是我国建设工程法规基本原则的体现。建设工程法规的基本原则主要体现在以下三个方面：

(1)从事建筑活动、实施对建筑活动的监督管理应当遵守的法律、法规；

(2)不得损害社会公共利益和他人的合法权益；

(3)确保建筑工程质量和安全，符合国家建筑工程安全标准。

二、建设工程法规的特征和作用

1. 建设工程法规的特征

从建设工程法规的调整对象内容看，建设工程法规多属于行政法和经济法范畴，它是以综合的手段对行政、经济、民事等社会关系加以规范、调整的法规。其具备一般法规的特征：

(1)规范性。建设工程法规是一种社会行为规范，所以，规范性是它的首要特征，它为从事建筑活动，实施监督管理提供模式、标准、样式和方向。

(2)概括性。建设工程法规是从大量实际、具体的活动中抽象出的一种行为模式，它对于建筑法律关系的主体是反复适用的。

(3)普遍性。建设工程法规所提供的行为规范是按照法律规定所有公民一律适用的，不允许有法律规定之外的特例，即要求"法律面前人人平等"。

(4)强制性。建设工程法规是由国家强制力保证实施的。

另外，建设工程法规还具备有别于其他法规的特征：

(1)行政隶属性。行政隶属性是建设工程法规和其他法规的最大区别。建筑活动投入资金量大，需耗费大量人力、物力、财力、土地等资源，影响力大且持久，同时，建设产品的质量又关系着人民的生命和财产安全，因此，国家对建筑活动的监督和管理较为严格。建设行业的特殊性决定了建设工程法规采用直接体现行政权力活动的调整方法，即行政指令。

1)授权。国家通过建设工程法规规范，授予国家建设管理机关某种管理权限或具体的权力，对建筑业进行监督管理。《建筑法》第三十条规定："国务院可以规定实行强制性监理的建筑工程的范围。"第六十三条规定："任何单位和个人对建筑工程的质量事故、质量缺陷都有权向住房城乡建设主管部门或者其他有关部门进行检举、控告、投诉。"

2)命令。国家通过建设法律规范，赋予建设法律关系主体某种作为的义务。如《建筑法》第七条规定："建筑工程开工前，建设单位应当按照国家有关规定向工程所在地县级以上人民政府住房城乡建设主管部门申请领取施工许可证。"

3)禁止。国家通过建设工程法规，赋予建设法律关系主体某种不作为的义务。如《建筑法》第二十六条第二款规定："禁止建筑施工企业超越本企业资质等级许可的业务范围或者以任何形式用其他建筑施工企业的名义承揽工程。"

4)许可。国家通过建设工程法规，允许特殊的主体在法律允许的范围内有某种作为的权利。《建筑法》第十九条规定："建筑工程依法实行招标发包，对不适于招标发包的可以直接发包。"

5)免除。国家通过建设法律规范，对主体依法应履行的义务在特定的情况下可予以免除。《建筑法》第七条规定："建筑工程开工前，建设单位应当按照国家有关规定向工程所在地县级以上人民政府住房城乡建设主管部门申请领取施工许可证；但是，国务院住房城乡建设主管部门确定的限额以下的小型工程除外。"

6)确认。国家通过建设工程法规，授予建设行政管理部门依法对有争议的法律事实和法律关系进行认定，并确定其是否存在，是否有效。《注册建造师管理规定》第五条规定："注册建造师实行注册执业管理制度，注册建造师分为一级注册建造师和二级注册建造师。取得资格证书的人员，经过注册方能以注册建造师的名义执业。"

7)计划。国家通过建设工程法规，对建设业进行计划调节，如基本建设程序必须执行国家的固定资产投资计划。

8)撤销。国家通过建设工程法规，授予住房城乡建设管理部门运用行政权力对某些权利或法律资格予以撤销或消灭。《建筑业企业资质管理规定》第二十九条第二款规定："以欺骗、贿赂等不正当手段取得建筑业企业资质证书的，应当予以撤销。"

(2)经济性。建筑业是国民经济的重要物质生产行业，是国家的重要支柱产业之一。有部门曾经做过测算，建筑业每完成1元产值，即可带动相关产业完成1.76元产值，所以建筑活动的管理水平、效果、效益，直接影响到我国国民经济的发展程度。

(3)政策性。建设工程法规以法律的形式引导建筑业的发展方向，维护建筑业市场秩序，确认了我国社会主义市场经济法制下建筑业的基本方针，是国家意志的直接体现，具有较强的政策性特征。

(4)技术性。为确保建筑产品的质量、人民生命和财产的安全，大量的建设工程法规是以技术规范的形式出现的，如《装配式混凝土结构技术规程》(JGJ 1—2014)、《建筑变形测量规范》(JGJ 8—2016)等。

2. 建设工程法规的作用

(1) 规范、指导建设行为。其在建设工程法规中表现为三种情况：必须为一定的建设行为；禁止所为的建设行为；可以为一定的建设行为。

(2) 保护合法行为、处罚违法行为。对于合法的建筑行为给予确认和保护，对于违法的建筑行为给予必要的惩罚。《建筑法》第四条规定："国家扶持建筑业的发展，支持建筑科学技术研究，提高房屋建筑设计水平，鼓励节约能源和保护环境，提倡采用先进技术、先进设备、先进工艺、新型建筑材料和现代管理方式。"《建筑法》第七十二条规定："建设单位违反本法规规定，要求建筑设计单位或者建筑施工企业违反建筑工程质量、安全标准，降低工程质量的，责令改正，可以处以罚款；构成犯罪的，依法追究刑事责任。"

(3) 评价作用。建设工程法规对违法行为的制裁其实就是一种否定性的评价，如我国《建设工程质量管理条例》第六十四条规定，施工单位在施工中偷工减料的，使用不合格的建筑材料、建筑构配件和设备的，或者有不按照工程设计图纸或者施工技术标准施工的其他行为的，责令改正，处工程合同价款2%以上4%以下的罚款；造成建设工程质量不符合规定的质量标准的，负责返工、修理，并赔偿因此造成的损失；情节严重的，责令停业整顿，降低资质等级或者吊销资质证书。

第三节　建设工程法规体系和法律责任

案例导入1-3

被告人上海某置业有限公司（以下简称"法人被告"），是香港某公司在沪投资成立的外商独资房地产开发经营企业。被告人朱某是香港某公司的董事兼副总经理，以与法人被告合作经营的方式负责上海内销房地产业务。香港某公司董事会决定，被告人朱某可分得合作所得纯利润的30%并可预提。被告人朱某与法人被告签订协议，约定凡由法人被告出资、被告人朱某经营的内销房地产，被告人朱某得纯利润的30%，法人被告得纯利润的70%。双方联合开发了7个内销房地产项目，均由朱某具体联系，具体操作，并负责经营管理。

其间，被告人朱某将其中的170万元以现金或存款凭证等方式送给三名国家工作人员。上海市人民检察院分院向上海市中级人民法院提起公诉，指控法人被告犯有单位行贿罪，提请法院分别追究法人被告及其直接责任人被告人朱某的刑事责任附带民事责任。

分析：认定法人被告具备犯罪客观要件在事实和证据方面存在问题。首先，没有证据证明被告人朱某是以法人被告的名义给予他人现金的；其次，不能证明被告人朱某给予他人的现金就是法人被告的；最后，被告人朱某已预提的30%利润远远超过人民币170万元。若认定被告人朱某用于送人部分的钱是法人被告的，而其个人投资或存入银行的钱属于被告人朱某本人的，明显违背逻辑。

刑事诉讼依据的案件事实是指能够为证据所证明的事实，不能为证据所证明，就不能说是事实。本案中认定法人被告犯单位行贿罪的事实不清，证据不足。

本案中法人被告的行为并不符合单位行贿罪的构成要件。首先，本案中并不存在代表法人意志行贿的载体；其次，本案中的法人被告并不存在行贿他人的本意，也没有谋取不正当利益的目的；最后，法人被告在客观方面并没有实施行贿的行为。所以，本案现有材料并不能证明法人被告已构成了行贿罪。

一、建设工程法规体系的概念

法规体系是指按照一定的原则和标准划分的同类法律部门组成的法律规范的框架体系。我国建设工程法规体系是我国法律体系的重要组成部分，是与建设活动有关的法律、行政法规、行政规章、地方性法规、地方政府规章组成的有机整体。它以《建筑法》为母法，以国务院颁布的行政法规为主体，以住房和城乡建设部等部门颁布的行政规章为补充。我国的建设工程法规体系还处于发展阶段，并在不断完善。

二、我国建设工程法规体系的构成

建设工程法规体系是由不同层次的法规有机组成的，根据《中华人民共和国立法法》有关立法权限的规定和要求，我国建设工程法规体系的构成如下。

1. 宪法

宪法是国家的根本大法，具有最高的法律地位和法律效力，任何法律法规都必须符合宪法的规定，不得与之抵触。宪法明确了国家基本建设的方针与原则，直接规范与调整建筑业的活动。

2. 建筑法律

建筑法律是由国家立法机关制定、颁布的各项法律，如《建筑法》。

3. 建设行政法规

建设行政法规是指由国务院依法制定并颁布的属于住房城乡建设主管部门业务范围的各项行政法规，其效力低于建筑法律，在全国范围内有效，如《建设工程安全生产管理条例》等。

4. 建设部门规章

建设部门规章是指住房和城乡建设部根据国务院规定的职责范围，依法制定并颁布的各项规章制度，或由住房和城乡建设部与国务院有关部门联合制定并发布的法规，如《建筑业企业资质管理规定》等。

5. 地方性建设工程法规

地方性建设工程法规是指由省、自治区、直辖市人大及其常务委员会，以及省、自治区人民政府所在地的市和经国务院批准的较大的市人大及其常务委员会制定并发布的法规，其效力在其行政区域内有效。通过以人大常委会文件形式颁布，如《陕西省建设工程质量和安全生产管理条例（2021修正）》(陕西省人民代表大会常务委员会公告〔13届〕第64号)。

6. 地方性建设规章

地方性建设规章是指由省、自治区、直辖市以及省会城市和经国务院批准的较大城市的人民政府，根据法律和国务院的行政法规，制定并颁布的建设方面的规章，如2008年陕西省人民政府令第133号《陕西省建设工程造价管理办法》。

7. 技术法规

技术法规是指国家制定或认可的，在全国范围内有效的技术规程、规范、标准、定额、方法等技术文件，如预算定额、设计规范等。

8. 国际公约、国际惯例、国际标准

我国已经加入 WTO，参加与国外签订的调整经济关系的国际公约和双边条约。另外，国际惯例、国际上通用的建筑技术规程都属于法律规范的范畴，都应当遵守和实施，如 2006 年 10 月 31 日第十届全国人民代表大会常务委员会第二十四次会议通过的《职业安全和卫生及工作环境公约》。

三、我国现行的建设工程法规

我国已制定、颁布并现行有效的建筑法律 4 部、行政法规 60 多部、行政规章 400 多项，几乎覆盖建设活动的各个行业、各个领域及工程建设的全过程，使建设活动各个方面都有法可依。以下对部分重要的常用建设工程法规进行简要介绍。

1.《中华人民共和国建筑法》

《建筑法》经 1997 年 11 月 1 日第八届全国人民代表大会常委员会第二十八次会议通过。根据 2019 年 4 月 23 日第十三届全国人民代表大会常务委员会第十次会议《关于修改〈中华人民共和国建筑法〉等八部法律的决定》第二次修正。《建筑法》共八章八十五条，包括总则、建筑许可、建筑工程发包与承包、建筑工程监理、建筑安全生产管理、建筑工程质量管理、法律责任、附则。《建筑法》是加强对建筑活动的监督管理，维护建筑市场秩序，保证建筑工程的质量和安全，促进建筑业健康发展的重要法律依据。

2.《中华人民共和国城乡规划法》

《中华人民共和国城乡规划法》（以下简称《城乡规划法》）经 2007 年 10 月 28 日第十届全国人民代表大会常务委员会第三十次会议通过。根据 2019 年 4 月 23 日第十三届全国人民代表大会常务委员会第十次会议《关于修改〈中华人民共和国建筑法〉等八部法律的决定》第二次修正。《城乡规划法》共七章七十条，包括总则、城乡规划的制定、城乡规划的实施、城乡规划的修改、监督检查、法律责任和附则。《城乡规划法》是加强城乡规划管理，协调城乡空间布局，改善人居环境，促进城乡经济社会全面协调可持续发展的重要法律依据。

3.《中华人民共和国城市房地产管理法》

《中华人民共和国城市房地产管理法》（以下简称《城市房地产管理法》）经 1994 年 7 月 5 日第八届全国人民代表大会常务委员会第八次会议通过。根据 2019 年 8 月 26 日第十三届全国人民代表大会常务委员会第十二次会议《关于修改〈中华人民共和国土地管理法〉、〈中华人民共和国城市房地产管理法〉的决定》第三次修正。《城市房地产管理法》共七章七十三条，包括总则、房地产开发用地、房地产开发、房地产交易、房地产权属登记管理、法律责任和附则。《城市房地产管理法》是加强对城市房地产的管理，维护房地产市场秩序，保障房地产权利人的合法权益，促进房地产业的健康发展的重要法律依据。

4.《建设工程勘察设计管理条例》

《建设工程勘察设计管理条例》经 2000 年 9 月 20 日国务院第三十一次常务会议通过。2017 年 10 月 7 日公布的《国务院关于修改部分行政法规的决定》对条例进行第二次修订《建设工程勘察设计管理条例》共七章四十六条，包括总则、资质资格管理、建设工程勘察设计发包与承包、建设工程勘察设计文件的编制与实施、监督管理、罚则和附则。《建设工程勘察设计管理条例》是加强对建设工程勘察、设计活动的管理，保证建设工程勘察、设计质量，保护人民生命和财产安全的重要法律依据。

5.《中华人民共和国招标投标法实施条例》

《中华人民共和国招标投标法实施条例》（以下简称《招标投标法实施条例》）经 2011 年 11 月 30 日国务院第一百八十三次常务会议通过。根据 2019 年 3 月 2 日《国务院关于修改部分行政法规的决定》第三次修订。《招标投标法实施条例》共七章八十四条，包括总则，招标，投标，开标、评标和中标，投诉与处理，法律责任和附则。《招标投标法实施条例》是规范招标投标活动的重要法律依据。

6.《建筑工程设计招标投标管理办法》

《建筑工程设计招标投标管理办法》（中华人民共和国住房和城乡建设部令第 33 号）于 2017 年 1 月 24 日经第三十二次部常务会议审议通过，并予发布，自 2017 年 5 月 1 日起施行。该办法共三十八条。

7.《建设工程勘察设计资质管理规定》

《建设工程勘察设计资质管理规定》（中华人民共和国建设部令第 160 号）于 2006 年 12 月 30 日经建设部（原）第一百一十四次常务会议讨论通过，并予发布，自 2007 年 9 月 1 日起施行。该规定内容包括总则、资质分类和分级、资质申请和审批、监督与管理、法律责任、附则，共六章四十条。

8.《中华人民共和国注册建筑师条例实施细则》

《中华人民共和国注册建筑师条例实施细则》（中华人民共和国建设部令第 167 号）于 2008 年 1 月 8 日经建设部（原）第一百四十五次常务会议讨论通过，自 2008 年 3 月 15 日起施行。其内容包括总则、考试、注册、执业、继续教育、监督检查、法律责任、附则，共八章五十一条。

9.《中华人民共和国著作权法》

《中华人民共和国著作权法》（以下简称《著作权法》）经 1990 年 9 月 7 日第七届全国人民代表大会常务委员会第十五次会议通过。根据 2020 年 11 月 11 日第十三届全国人民代表大会常务委员会第二十三次会议《关于修改〈中华人民共和国著作权法〉的决定》第三次修正。《著作权法》共六章六十七条，包括总则、著作权、著作权许可使用和转让合同、与著作权有关的权利、著作权和与著作权有关的权利的保护、附则。《著作权法》是规范和保护著作权人合法权益的重要法律依据。

10.《城市房地产开发经营管理条例》

《城市房地产开发经营管理条例》自 1998 年 7 月 20 日起施行。根据 2020 年 11 月 29 日中华人民共和国国务院令第 732 号《国务院关于修改和废止部分行政法规的决定》第十条规定，第五次修订。将《城市房地产开发经营管理条例》第六条中的"还应当依照外商投资企业法律、行政法规的规定，办理有关审批手续"修改为"还应当符合外商投资法律、行政法规的规定"。

11.《中华人民共和国土地管理法实施条例》

《中华人民共和国土地管理法实施条例》1998 年 12 月 27 日颁布。根据 2021 年 7 月 2 日中华人民共和国国务院令第七百四十三号第三次修订，自 2021 年 9 月 1 日起施行。

12.《建设用地审查报批管理办法》

《建设用地审查报批管理办法》1999 年 3 月 2 日颁布。根据 2016 年 11 月 25 日《国土资源部关于修改〈建设用地审查报批管理办法〉决定》第二次修正,自 2017 年 1 月 1 日起施行。

13.《建筑工程建筑面积计算规范》

《建筑工程建筑面积计算规范》(GB/T 50353—2013),自 2014 年 7 月 1 日起实施。其内容包括总则、术语、计算建筑面积的规定,并对建筑面积计算规范的有关条文进行了说明。

四、建设工程法律责任

所谓建设工程法律责任,是指建设法律关系中的主体由于违反建设工程法规规范的行为而依法应当承担的法律后果。

(一)建设工程法律责任的构成要件

1. 建设工程法律责任的一般构成要件

建设工程法律责任的一般构成要件包括以下四个条件,它们之间相互联系、相互作用,缺一不可:

(1)有损害事实发生。损害事实就是违法行为,对法律所保护的社会关系和社会秩序造成的侵害。

(2)存在违法行为。如果没有违法行为,就无须承担法律责任。行为没有违法,尽管造成了一定的损害和后果,行为人也不应承担法律责任。

(3)违法行为与损害事实之间有因果关系,即一定损害事实是该违法行为所引起的必然结果,该违法行为正是引起损害事实的原因。

(4)违法者主观上有过错。所谓过错,是指行为人对其行为及由此引起的损害事实所持有的主观态度,包括故意和过失。如果行为在主观上既没有故意也没有过失,则行为人对损害结果不必承担法律责任。如企业在施工中因遇到严重的暴风雨而停工,延误了工期,在这种情况下,停工行为和延误工期造成损失的结果并非出自施工者的故意和过失,而属于不可抗力因素,因而企业不应承担法律责任。

2. 建设工程法律责任的特殊构成要件

建设工程法律责任的特殊构成要件是指由法律特殊规定的法律责任的构成要件,它们不是有机地结合在一起,而是分别同一般要件构成法律责任。

(1)特殊主体。在一般构成要件中,对违法者即承担责任的主体没有特殊规定,只有具备了相应的行为能力方可成为责任主体。而特殊主体则不同,它是指法律规定违法者必须具备一定的身份和职务时才能承担法律责任,主要指刑事责任中的职务犯罪,如贪污、受贿等,以及行政责任中的职务违法,如徇私舞弊、以权谋私等。

(2)特殊结果。在一般构成要件中,只要有损害事实的发生就要承担相应的法律责任,而在特殊结果中则要求后果严重、损失重大,否则不能构成法律责任。如质量监督人员对工程的质量监督工作粗心大意、不负责任,致使应当发现的隐患没有被发现,造成严重的质量事故,那么他就应承担玩忽职守的法律责任。

(3)无过错责任。一般构成要件都要求违法者主观上必须有过错,但许多民事责任的构成要件则不要求行为者主观上有过错,只要有损害事实的发生,行为人就应承担一定的法律责任。这种责任主要反映了法律责任的补偿性,而不具有法律制裁意义。

(4)转承责任。一般构成要件都要求实施违法行为者承担法律责任，但在民法和行政法中，有些法律责任则要求由与违法者有一定关系的第三人来承担。如未成年人将他人打伤的侵权赔偿责任，应由未成年人的监护人来承担。

(二)建设工程法律责任的形式

建设工程法律责任的形式包括民事责任、行政责任和刑事责任。

(1)民事责任是指行为人违反民事法律上的约定或者法定义务所应承担的对其不利的法律后果，其目的主要是恢复受害人的权利和补偿权利人的损失。《中华人民共和国民法典》(以下简称《民法典》)根据民事责任的承担原因将民事责任主要划分为两类，即违约责任和侵权责任。

(2)行政责任是指违反有关行政管理的法律规范的规定，但尚未构成犯罪的行为依法应当受到的法律制裁。行政责任主要包括行政处罚和行政处分。

(3)刑事责任是依据国家刑事法律的规定，对犯罪分子追究的法律责任。负刑事责任意味着应受刑罚处罚。《中华人民共和国刑法》规定，刑罚分为主刑和附加刑。

不适当的工程建设行为的后果可能涉及这三种责任中的一种或几种。因此，从业人员必须很好地掌握建设工程法律责任的内容，以便预见自己的建设行为所产生的后果，进而规范自己的建设行为。

本章小结

建设工程法规是围绕建设工程的质量和安全所制定的法律规范，其直接关系到国计民生和全体公民的切身利益。在现代社会，法律更是在建筑行业中起着不可估量的监督和规范作用，协调整个建筑市场的有效运转，促进建筑行业的健康发展。作为从事建筑行业的人员，要充分认清建设工程法规的重要性，不仅是为了学习专业知识，还是为了以后在建筑行业中发挥重要作用。一个合格的工程师不仅要设计好的图纸，还要遵守建筑规范，保证工程建筑质量和安全，真正地为公民的切身利益着想，以建设工程法规来指导自己的建设行为。

拓展训练

一、复习思考题

1. 简述建设工程法规的概念、调整对象。
2. 简述建设工程法律关系的概念及构成要素。
3. 我国建设工程法律体系包括哪些层级(渊源)？
4. 简述建设法律责任的构成要件、责任形式。

二、案例分析

甲电信公司因新建办公楼与乙建筑承包公司签订了工程总承包合同。后经甲同意，乙分别与丙建筑设计院和丁建筑工程公司签订了工程勘察设计合同和工程施工合同。勘察设计合同约定：由丙对甲的办公楼及其附属工程提供设计服务，并按勘察设计合同的约定交付有关的设计文件和资料。施工合同约定：由丁根据丙提供的设计图纸进行施工，工程竣工时依据国家有关验收规定及设计图纸进行质量验收。

问题：
(1)案例中的建筑法律关系属于建筑法律调整对象中的哪一类？
(2)案例中的法律关系主体、客体、内容分别是什么？
(3)案例中合同的签订和执行依据哪些法律？

三、任务实训

通读《建筑法》(2019年修正版)，列出表现我国建筑法行政隶属性特征中授权、命令、许可、确认、撤销、禁止、免除的条款。

模块一：授权。
学生代表发言：＿＿＿＿＿＿＿＿＿＿＿＿＿＿＿＿＿＿＿＿＿＿＿＿＿＿
教师评价：＿＿＿＿＿＿＿＿＿＿＿＿＿＿＿＿＿＿＿＿＿＿＿＿＿＿＿

模块二：命令。
学生代表发言：＿＿＿＿＿＿＿＿＿＿＿＿＿＿＿＿＿＿＿＿＿＿＿＿＿＿
教师评价：＿＿＿＿＿＿＿＿＿＿＿＿＿＿＿＿＿＿＿＿＿＿＿＿＿＿＿

模块三：许可。
学生代表发言：＿＿＿＿＿＿＿＿＿＿＿＿＿＿＿＿＿＿＿＿＿＿＿＿＿＿
教师评价：＿＿＿＿＿＿＿＿＿＿＿＿＿＿＿＿＿＿＿＿＿＿＿＿＿＿＿

模块四：确认。
学生代表发言：＿＿＿＿＿＿＿＿＿＿＿＿＿＿＿＿＿＿＿＿＿＿＿＿＿＿
教师评价：＿＿＿＿＿＿＿＿＿＿＿＿＿＿＿＿＿＿＿＿＿＿＿＿＿＿＿

模块五：撤销。
学生代表发言：＿＿＿＿＿＿＿＿＿＿＿＿＿＿＿＿＿＿＿＿＿＿＿＿＿＿
教师评价：＿＿＿＿＿＿＿＿＿＿＿＿＿＿＿＿＿＿＿＿＿＿＿＿＿＿＿

模块六：禁止。
学生代表发言：＿＿＿＿＿＿＿＿＿＿＿＿＿＿＿＿＿＿＿＿＿＿＿＿＿＿
教师评价：＿＿＿＿＿＿＿＿＿＿＿＿＿＿＿＿＿＿＿＿＿＿＿＿＿＿＿

模块七：免除。
学生代表发言：＿＿＿＿＿＿＿＿＿＿＿＿＿＿＿＿＿＿＿＿＿＿＿＿＿＿
教师评价：＿＿＿＿＿＿＿＿＿＿＿＿＿＿＿＿＿＿＿＿＿＿＿＿＿＿＿

拓展训练
参考答案

第二篇　实体法

第二章　建设工程许可法律原理与实务

学习目标

通过本章的学习，明确工程建设的法定程序；掌握申领建筑工程施工许可证的时间、范围、条件及程序，明确建筑工程施工许可证的有效期；了解建筑企业资质等级的划分，遵守建筑企业资质管理制度；了解工程建设从业人员执业资格法律制度的规定。

课件：建设工程许可法律原理与实务

思政目标

通过本章的学习，深刻理解建设工程领域依法建设、依法从业的法律依据，提升个人的法律素养，培养懂法、守法、用法的法律意识，进而对职业岗位责任和素质有更深入的理解，达到"敬业、诚信"的社会主义核心价值观个人层面的要求。

思政小课堂

随着我国经济建设快速发展，建筑业已成为我国的支柱产业之一。建筑行业执业资格制度对我国建筑市场发挥了积极作用，它不仅提高了执业注册人员的整体素质，确保了工程效益和工程建设水平，而且从长远角度上来讲，这种制度的建立是完善社会主义市场经济体制的必然要求。

视频：思政小课堂

建筑市场公平竞争的环境是建立在诚信、承揽的工程规模与其资质等级相对应的前提下。但是，有个别个体利用挂靠行为使那些无资质、低资质的企业利用庞大的人脉资源和金钱进入招标投标市场或建筑施工领域，然后充分利用非市场手段进行暗箱操作招标投标活动。因此，常出现有资质、有技术、有管理能力的企业揽不到工程，资质不达标或有关系的非法人反而组织能够揽到工程的现象。这是一种市场经济秩序的扭曲，引发了行业的不正当竞争，使建设领域内公开、公平、公正的招投标制度遭到严重质疑与挑战。建筑业作为我国国民经济的支柱产业，保证其有序、健康、公平的发展对推动我国国民经济增长和社会全面发展发挥着重要的作用。

作为建筑行业从业者，要树立守法意识，培养正确的职业素养，做到个人诚信，只有这样才能为建筑业的发展贡献力量。

第一节 建设工程许可立法概述

案例导入 2-1

S建筑公司五处(乙方)中标后,承接了B研究所(甲方)4 800 m² 的住宅工程。合同签订后,乙方按甲方提供的施工平面位置(规划部门批准位置)放线后,发现拟建工程北端应拆除的临时建筑(花房)因未拆除而影响正常施工。甲方代表察看现场后便作出将总平面位置进行修改的决定,通知乙方将平面位置向南平移2 m后开工。当乙方按平移后的工程位置挖完基槽时,规划监督工作人员进现场检查时发现了问题,要求立即停工,向甲方开具5万元人民币罚款单,并要求工程原批准的位置不得变动。乙方接到甲方仍按原平面位置施工的书面通知后提出索赔15万元。

分析:此案例是在工程建设方面法制观念淡薄的体现。许多人明知道政府对建筑工程规划管理的要求,也清楚已经批准的位置不得随意改变,但在执行中仍我行我素,目无规章。本案例中,甲方如按报批的平面位置提前拆除花房,创造施工条件,或按保留花房方案去报许可争取批准,都能避免20万元的损失。

现实中,不认真执行建设工程许可制度的情况时有发生。常见的违法现象有:施工图批准后又擅自修改设计;擅自增加层数;擅自改变使用性质;擅自改变平面布局等。

一、建设许可的概念

建设许可是指住房城乡建设主管部门或者其他有关行政主管部门准许、变更或终止公民、法人和其他组织从事建设活动的具体行政行为。根据《建筑法》的规定,建设许可包括三项许可制度,即建设工程施工许可制度、从事建设活动的单位资质制度和从事建设活动的个人资格制度。

二、建设许可的特点

建设许可主要有以下五方面的特点:

(1)建设许可行为的主体是住房城乡建设主管部门,而不是其他行政机关,也不是其他公民、法人或组织。

(2)建设许可以对建设工程的开工和从事建设活动的单位和个人资格实施行政监督管理为目的。

(3)许可的反面是禁止。建设工程开工和从事建筑活动,只有在符合特定条件的情况下才允许进行。

(4)建设许可是依据建设单位或从事建筑活动的单位和个人的申请而进行的行政行为。申请是许可的必要条件。

(5)建设许可的有关事项与条件必须依据法律法规的规定进行,不能随意设定。

三、实行建设许可的意义

《建筑法》对三项许可制度作出明确规定，体现了国家对作为一种特殊经济活动的建设活动，进行从严和事前控制的管理，具有非常重要的意义。

(1)实行建设许可制度有利于国家对基本建设活动进行宏观调控，既可以监督建设单位尽快建成拟建项目，防止闲置土地影响公众利益，又能保证建设项目开工后顺利进行，避免由于不具备条件盲目开工，给参与建设的各方造成不必要的损失，同时也有助于住房城乡建设主管部门对在建项目实施有效的监督管理。

(2)建设许可制度实行从业资格许可，既有利于确保从事建设活动的单位和人员的素质，又有利于维护他们的合法权益。

(3)实行建设许可制度有利于规范建设市场，保证建设工程质量和建设安全生产，维护社会经济秩序，提高投资效益，保障公民生命财产和国家财产安全。

第二节 建设工程程序法规

案例导入 2-2

某通用机械厂（甲方）自筹资金建一招待所工程，未完成施工图时即与某集团第八分公司（乙方）签订施工合同，拨付工程备料款，意在早做准备，加快速度，减小物价上涨的影响。乙方按照甲方要求进场准备，搭设临时设施、租赁机械工具，并购进大批建筑材料待开工。

当甲方拿到设计单位的施工图纸及设计概预算时，发现了问题。甲方原计划自筹项目资金150万元，设计单位按甲方提出的标准和要求设计完成后，设计概算达到210万元，一旦开工，很可能造成中途停建。但不开工，施工队伍已进场做了大量工作，经各方研究，决定"方案另议，缓期施工"。甲方将决定通知乙方后，乙方很快送来了索赔报告："我方按照贵厂招待所工程的施工合同要求准时进场并做了大量的准备工作。鉴于贵方缓期施工的时间难以确定，我方必须考虑各种可能，以减少双方更大的损失。现将自进场以来所产生的费用报告如下：临时材料库及工棚搭设费；工人住宿、食堂、厕所搭建费；办公室、传达室、新改建大门费；搅拌机、卷扬机租赁费；钢管脚手架、钢横板租赁费；工人窝工费（接到图纸后规定时间内）；已购运进场材料费；已为施工办理各种手续费用；上交有关税费，合计40.5万元。"

分析：由于违反工程建设基本程序，甲方认真核实乙方费用证据及实物，同意乙方退场决定，并对实际造成的损失给予补偿。工程建设要先设计后施工，工程建设中的自筹资金要满足工程需要，工程建设要量力而行，这些都是基本建设工作中的基本要求。不按照基本建设程序仓促开工，急于取得经济效益，将适得其反。

一、建设工程项目概述

1. 建设工程项目的概念

建设工程项目是指土木建筑工程、线路管道和设备安装工程、建筑装修工程等项目的新建、扩建和改建，是形成固定资产的基本生产过程及其与之关联的其他建设工程的总称。

建设工程项目是最为常见和典型的一类项目，它是以实物形态表示的具体项目，如建一座办公楼、建一座工厂、建一个公园等都属于建设工程项目，在项目的进行过程中都涉及具体的建设活动，最终都要形成实物形态的建设成果。我国的工程项目多为固定资产投资项目。

2. 建设工程项目的基本分类

建设工程项目大致可分为基本建设项目和更新改造项目。

(1) 以投资和再生产的性质为标准分类。基本建设项目按投资和再生产的性质可分为新建项目、扩建项目、恢复项目、迁建项目和改建项目；更新改造项目按投资和再生产的性质可分为技术改造项目、技术引进项目和设备更新项目。

(2) 以建设规模为标准分类。基本建设项目按建设规模可分为大型项目、中型项目和小型项目。按投资额划分的基本建设项目，属于生产性建设项目中的能源、交通和原材料部门的工程项目，投资额达到 5 000 万元以上为大中型项目；其他部门和非工业建设项目，投资额达到 3 000 万元以上为大、中型建设项目；按生产能力或使用效益划分的建设项目，以国家对各行各业的具体规定作为标准。

更新改造项目按建设规模可分为限额以上项目和限额以下项目。更新改造项目只按投资额标准划分，能源、交通、原材料部门投资额达到 5 000 万元及以上的工程项目和其他部门投资额达到 3 000 万元及以上的项目为限额以上项目，否则为限额以下项目。

不同等级标准的建设工程项目，其国家规定的审批机关和报建程序各不相同。

二、工程建设程序简介

1. 工程建设程序的概念

工程建设程序是指一个建设项目从建设设想或建设意图的提出到项目的选择、评估、决策，再到设计、施工，直到竣工投产、交付使用的整个建设过程中，各项工作必须遵循的先后工作次序。世界各国关于建设程序阶段的划分大体类似，简单来说，工程建设程序可分为投资决策、建设实施和交付使用三大阶段。

工程建设程序是在认识工程建设客观规律的基础上总结提出的，工程建设全过程中各项工作都必须遵守的先后次序，也是工程建设各个环节相互衔接的顺序。工程项目建设程序是一个自然的、客观的过程，是国家通过法律规定的规范程序，必须遵守。

2. 我国一般大、中型及限额以上项目的基本建设程序

按现行规范规定，我国一般大、中型及限额以上项目的基本建设程序(图 2-1)可以分为以下几个阶段：

(1)根据国民经济和社会发展的长远规划，结合行业和地区发展规划的要求，提出项目建议书；

(2)在勘察、试验、调查及研究技术经济论证的基础上，编制可行性研究报告；

(3)根据咨询评估情况，对建设项目进行决策；

(4)根据可行性研究报告，编制设计文件；

(5)初步设计经批准后，做好施工前的各项准备工作；

(6)组织施工，并根据施工进度做好生产或动用前的准备工作；

(7)项目按批准的设计内容建完，经投料试车验收合格后正式投产、交付使用；

(8)生产运营一段时间(一般为1年)后，进行项目后评价。

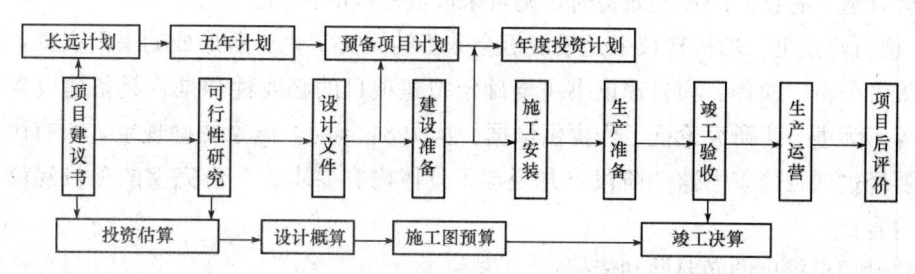

图2-1 大、中型及限额以上项目的基本建设程序

3. 建设工程项目的审批权限划分

基本建设程序始终是国家对建设项目管理的一项重要内容，其审批程序非常严格。我国目前对基本建设项目规定：大、中型项目由国家计委审批，小型及一般地方项目由地方计委审批。1998年9月，国务院办公厅《关于加强建设项目管理确保工程建设质量的通知》中再次强调：进一步加强建设项目管理，要严格执行国家关于基本建设项目审批的各项规定。任何单位和个人都不得越权审批项目，也不得降低标准批准项目。按照规定，需报国务院审批的项目，必须报国务院审批；需报国家发改委审批的项目，必须报国家发改委审批。对前期工作达不到深度要求的项目，一律不予审批。

一般情况下，项目建议书、可行性研究报告、初步设计等的审批权限、部门是一致的，按照规定，其审批权限划分为以下几级：

(1)所有大、中型和限额以上的项目，按照项目隶属关系由行业主管部门或省、自治区、直辖市和计划单列市审查同意后，报国家发改委审批。凡投资额在2亿元以上的项目，由国家发改委审核后报国务院审批。

(2)地方投资安排的地方院校、医院及其他文教卫生事业的大、中型基本建设项目，由省、自治区、直辖市和计划单列市计委审批，抄报国家发改委和有关部门备案。

(3)企业横向联合投资的大、中型基本建设项目，凡自行解决资金、能源、原材料、设备，以及投产后的产供销、动力、运力等能够自己落实，而且已经与有关部门、地方、企业签订了合同，不需要国家安排的，由有关部门或省、自治区、直辖市和计划单列市发改委审批，抄报国家发改委备案。

(4)小型和限额以下的项目，按照项目隶属关系，分别由行业主管部门或省、自治区、直辖市、计划单列市发改委审批。属于地方发改委审批的，地方计委可以根据项目规模再行确定具体审批权限。

三、基本建设程序各阶段的工作内容

1. 建设前期阶段

(1)投资意向。投资意向是投资主体发现社会存在合适的投资机会所产生的投资愿望，它是工程建设投资活动的起点，如房地产开发商寻找投资机会。

(2)投资机会分析。投资机会分析是投资主体对投资机会所进行的初步考察和分析，在认为机会合适、有良好的预期效益时，则可采取进一步的行动。

(3)项目建议书。项目建议书是投资机会分析结果文字化后所形成的书面文件，以方便投资决策者分析、抉择。项目建议书主要确定拟建项目的必要性和是否具备建设条件及拟建规模等，为进一步研究论证工作提供依据。从1984年起，国家明确规定，所有国内建设项目都要经过项目建议书这一阶段，并规定了具体内容要求。一份完整的项目建议书应包括以下内容：

1)建设项目提出的必要性和依据；
2)产品方案、拟建规模和建设地点的初步设想；
3)资源情况、建设条件、协作关系等的初步分析；
4)投资估算和资金筹措设想；
5)经济效益和社会效益的初步估计。

项目建议书须经过有关部门审批，才可进行下一步的工作。

(4)可行性研究。可行性研究是指项目建议书批准后，对拟建项目在技术上是否可行、在经济上是否合理等内容所进行的分析论证。

(5)审批立项。可行性研究报告应报主管部门审查，予以立项。可行性研究报告审批通过后，项目正式立项。

国际上习惯将前期阶段统称为可行性研究阶段，具体分为投资机会研究、初步可行性研究、详细可行性研究三个阶段。前两项内容可以认为是投资机会研究阶段的内容。

2. 施工准备阶段

施工准备阶段的工作包括为勘察、设计、施工创造条件所做的建设现场、建设队伍、建设设备等方面的准备工作。

(1)规划。在规划区内建设的工程，必须符合城市规划或村庄、集镇规划的要求，其工程选址和布局必须取得城市规划行政主管部门或村、镇规划部门的同意、批准。

在城市规划区内进行工程建设的，要依法先后领取城市规划行政主管部门核发的"选址意见书""建设用地规划许可证""建设工程规划许可证"，方可进行获取土地使用权、设计、施工等相关建设活动。

(2)获取土地使用权。工程建设用地都必须通过国家对土地使用权的划拨或出让而取得。

1)划拨。土地使用权划拨是指经县级以上人民政府依法批准，土地使用者在城市承

担拆迁费用、在农村和郊区承担补偿和安置费用后，将该幅土地使用权无偿交付其使用的行为。

以划拨方式取得土地使用权的，除法律、行政法规另有规定外，没有使用期限的限制。

下列建设用地的土地使用权，确属必需的，可以由县级以上人民政府依法批准划拨：①国家机关用地和军事用地；②城市基础设施用地和公益事业用地；③国家重点扶持的能源、交通、水利等项目用地；④法律、行政法规规定的其他用地。

2）出让。土地使用权出让是指国家将国有土地使用权在一定年限内出让给土地使用者，由土地使用者向国家支付土地使用权出让金的行为。出让方式有拍卖出让、招标出让和挂牌出让。

土地使用权出让的最高年限按用途确定，居住用地为70年；工业用地为50年；教育、科技、文化、卫生、体育用地为50年；商业、旅游、娱乐用地为40年；综合或其他用地（如商住楼用地）为50年。土地使用权出让合同约定的使用年限届满，土地使用者需要继续使用土地的，应当在使用年限届满前一年申请续期，除根据社会公共利益需要收回该幅土地的，应当予以批准。经批准准予续期的，应当重新签订土地使用权出让合同，依照规定支付土地使用权出让金。土地使用权出让合同约定的使用年限届满，土地使用者未申请续期或者虽申请续期但依照上述规定未获批准的，土地使用权由国家无偿收回。

城市规划区内集体所有的土地，经依法征用转为国有土地后，该幅国有土地的使用权方可有偿出让。在农民集体所有的土地上进行工程建设的，也必须先由国家征用农民土地，然后再将土地使用权出让或划拨给建设单位或个人。

(3)拆迁。要获得房屋拆迁主管部门批准并取得房屋拆迁许可证后，方可拆迁。拆迁人与被拆迁人应签订书面协议，被拆迁人必须服从城市建设的需要，在规定的期限内完成搬迁，拆迁人对被拆迁人应依法给予补偿和安置；对违章建筑及超过批准期限的临时建筑的被拆迁人和使用人，则不予补偿和安置。

(4)报建。建设项目的可行性研究报告经审批通过立项后，持工程项目立项批准文件、银行出具的资信证明、建设用地批准文件等资料向当地住房城乡建设主管部门或其授权机构进行报建。未报建的工程不得办理招标投标手续和发放施工许可证，设计、施工单位不得承接该项目的设计、施工任务。

(5)工程发包与承包。工程发包与承包有招标投标和直接发包两种方式。

3. 建设实施阶段

(1)工程勘察设计。设计是工程项目建设的重要环节，设计文件是制定建设计划、组织工程施工和控制建设投资的依据。设计与勘察密不可分，设计工作只有在进行工程勘察，取得足够的地质、水文等基础资料后才能进行。

(2)施工准备。施工准备包括施工单位技术、物质等方面的准备，以及建设单位取得施工许可证。

施工单位熟悉、审查图纸，向下属单位进行计划、技术、质量、安全、经济责任的交底，下达施工任务书，准备工程施工所需的设备、材料等。

建设单位向工程所在地县级以上住房城乡建设主管部门申领施工许可证,未取得施工许可证的,不得擅自组织开工;已取得施工许可证的,自批准之日起3个月内组织开工,如不能开工可向发证机关申请延期,延期以两次为限,每次不超过3个月,否则施工许可证作废。

(3)工程施工。工程施工是指将工程设计物转化为建筑产品的过程,同时注意施工安全、文明施工和环境保护。

(4)生产准备。生产准备是指工程施工临近结束时,为保证建设项目及时投产使用所进行的准备活动,如招收和培训必要的生产人员等。

4. 工程竣工验收与保修阶段

(1)工程竣工验收;

(2)工程保修。

在保修期限内,承包单位要对工程中出现的任何缺陷承担保修与赔偿责任。

5. 生产运营与投资后评价阶段

(1)生产运营;

(2)投资后评价。

此阶段是工程建设管理的一项重要内容,也是工程建设程序的最后一个环节。

第三节 建设工程施工许可制度

案例导入 2-3

某房地产公司与某文化公司(以下合并简称建设方)合作在某市市区共同开发房地产项目。该项目包括两部分,一部分是 6.5 万 m² 的住宅工程,另一部分是与住宅相配套的 3.6 万 m² 的综合楼。该项目的住宅工程各项手续和证件齐备,自 2018 年开工建设到 2019 年 4 月已经竣工验收。综合楼工程由于合作双方对于按照基建计划还是开发计划申报该工程没能统一意见,从而使综合楼建设工程的各项审批手续未能办理。由于住宅工程已竣工验收,配套工程急需跟上,在综合楼施工许可证未经审核批准的情况下就开始施工。该行为被市监督执法大队发现后及时制止,并责令停工。

分析:本案中,建设方在综合楼项目的建设中违反了《建筑法》第七条规定:"建筑工程开工前,建设单位应当按照国家有关规定向工程所在地县级以上人民政府建设行政主管部门申请领取施工许可证。"建设方在未取得施工许可证的情况下擅自开工的行为属于严重的违法行为。《建筑法》第六十四条规定:"未取得施工许可证或者开工报告未经批准擅自施工的,责令改正,对不符合开工条件的责令停止施工,可以处以罚款"。

建设工程施工许可制度是指住房城乡建设主管部门根据建设单位的申请,依法对建筑工程是否具备施工条件进行审查,符合条件者准许该建筑工程开始施工并颁发施工许可证的一种制度。

施工许可证是指建设工程开始施工前，建设单位向住房城乡建设主管部门申请的可以施工的证明。

《建筑法》第七条规定："建筑工程开工前，建设单位应当按照国家有关规定向工程所在地县级以上人民政府建设行政主管部门申请领取施工许可证；但是，国务院建设行政主管部门确定的限额以下的小型工程除外。"

一、建设工程施工许可证的申领时间与范围

1. 建设工程施工许可证的申领时间

设立和实施建设工程施工许可制度的目的，是通过对建设工程施工所应具备的基本条件的审查，以避免不具备条件的建设工程盲目开工而给相关当事人造成损失和社会财富的浪费，保证建设工程开工后的顺利实施。这是一种事前控制制度。

建设工程开工前，建设单位应当按照国家有关规定向工程所在地县级以上人民政府住房城乡建设主管部门申请领取施工许可证。

2. 建设工程施工许可证的申领范围

在中华人民共和国境内从事各类房屋建筑及其附属设施的建造，装修装饰和与其配套的线路、管道、设备的安装，以及城镇市政基础设施工程的施工，建设单位在开工前，应当按照国家有关规定向工程所在地县级以上人民政府住房城乡建设主管部门（以下简称"发证机关"）申请领取施工许可证。

住房和城乡建设部发布的《建筑工程施工许可管理办法》规定：工程投资额在 30 万元以下或者建筑面积在 300 m^2 以下的建筑工程，可以不申请办理施工许可证。省、自治区、直辖市人民政府住房城乡建设主管部门可以根据当地的实际情况，对限额进行调整，并报国务院住房城乡建设主管部门备案。按国务院规定的权限和程序批准开工报告的建筑工程，不再领取施工许可证。军事房屋建筑工程施工许可的管理，按国务院、中央军事委员会制定的办法执行。

建筑工程施工许可管理办法

二、建设工程施工许可证的申领条件

施工许可证的申领条件是指申请领取施工许可证应当达到的要求。根据《建筑法》第八条的规定，申请领取施工许可证，应当具备下列条件：

(1)已经办理该建筑工程用地批准手续；
(2)依法应当办理建设工程规划许可证的，已经取得建设工程规划许可证；
(3)需要拆迁的，其拆迁进度符合施工要求；
(4)已经确定建筑施工企业；
(5)有满足施工需要的资金安排、施工图纸及技术资料；
(6)有保证工程质量和安全的具体措施。

住房城乡建设主管部门应当自收到申请之日起 7 日内，对符合条件的申请颁发施工许可证。

三、申请办理施工许可证的程序

1. 建设单位是施工许可证的申领人

建设单位又称业主或项目法人，是指建设项目的投资者。做好各项施工准备工作是建设单位应尽的义务。因此，施工许可证的申领应当由建设单位来承担，而不是施工单位、监理单位或其他单位。

2. 施工许可证的审批权限

施工许可证制度是工程建设管理的一项基本制度。各级住房城乡建设主管部门是工程建设与建筑业的主管部门，因此，施工许可证的核发和管理是住房城乡建设主管部门的一项重要职责。

3. 申请办理施工许可证的程序

根据《建筑法》和《建筑工程施工许可管理办法》的规定，申请办理施工许可证时，应当按照下列程序进行：

(1)建设单位向发证机关领取《建筑工程施工许可证申请表》。

(2)建设单位持加盖单位及法定代表人印鉴的《建筑工程施工许可证申请表》，并附《建筑工程施工许可管理办法》第四条规定的证明文件，向发证机关提出申请。

(3)发证机关在收到建设单位报送的《建筑工程施工许可证申请表》和所附证明文件后，对于符合条件的，应当自收到申请之日起 7 日内颁发施工许可证；对于证明文件不齐全或者失效的，应当当场或者 5 日内一次告知建设单位需要补正的全部内容，审批时间可以自证明文件补正齐全后作相应顺延；对于不符合条件的，应当自收到申请之日起 7 日内书面通知建设单位，并说明理由。

四、施工许可证的有效期与延期

为了维护施工许可证的严肃性，《建筑法》和《建筑工程施工许可管理办法》中对施工许可证的有效期与延期作了相关规定：

(1)建设单位应当自领取施工许可证之日起 3 个月内开工，这是一项义务规定，目的是保证施工许可证的有效性，利于发证机关进行监督。所谓领取施工许可证日，应当以住房城乡建设主管部门通知领取之日为准。

(2)工程因故不能开工的，应当在期满前向发证机关申请延期。申请时间是在施工许可证期满前由建设单位向发证机关提出，并说明理由。理由应当合理，如不可抗力的原因，"三通一平"没有完成，材料、构件等没有按计划进场等。

(3)延期以两次为限，每次不超过 3 个月。也就是说，延期最长为 6 个月，再加上领取之日起的 3 个月，建设单位有合理理由不开工的最长期限可达 9 个月。如果超过 9 个月仍不开工，该施工许可证即失去效力。

(4)施工许可证的自行废止。所谓自行废止，即自动失去法律效力。施工许可证自动废止的情况有两种：一是既不在 3 个月内开工，又不向发证机关申请延期；二是超过延期的次数或时限。

施工许可证失去法律效力后，建设单位如组织开工，必须重新领取新的施工许可证。

五、中止施工与恢复施工

1. 中止施工

中止施工是指建筑工程开工后，在施工过程中因特殊情况的发生而中途停止施工的一种行为。中止施工的时间一般都较长，恢复施工的日期难以在中止时确定。

中止施工的原因有：

(1)地震、洪水等不可抗力；

(2)宏观调控压缩基建规模；

(3)停建、缓建在建工程；

(4)发现古文物等。

中止施工后，建设单位应做好以下两方面的工作：

(1)向该建筑工程颁发施工许可证的发证机关报告中止施工的情况，报告内容包括中止施工的时间、原因、在施部位、维护管理措施等。此报告应在中止施工之日起1个月内完成。

(2)按照规定做好建筑工程的维护管理工作。

2. 恢复施工

恢复施工是指建筑工程中止施工后，造成中断施工的情况消除，而继续进行施工的一种行为。

恢复施工时，中止施工不满1年的，建设单位应当向该建筑工程颁发施工许可证的住房城乡建设主管部门报告恢复施工的有关情况；中止施工满1年的，建筑工程恢复施工前，建设单位应当报发证机关核验施工许可证。住房城乡建设主管部门对中止施工满1年的建筑工程进行审查，看其是否仍具备组织施工的条件，对符合条件的，应允许恢复施工，施工许可证继续有效；对不符合条件的，不允许恢复施工，且收回施工许可证，待具备条件后，建设单位须重新申领施工许可证。

此外，按照国务院有关规定批准开工报告的建筑工程，因故不能按期开工或者中止施工的，应当及时向批准机关报告情况。因故不能按期开工超过6个月的，应当重新办理开工报告的批准手续。

六、违法责任

《建筑工程施工许可管理办法》规定，对于未取得施工许可证或者为规避办理施工许可证将工程项目分解后擅自施工的，由有管辖权的发证机关责令停止施工，限期改正；对建设单位处工程合同价款1%以上2%以下的罚款；对施工单位处3万元以下的罚款。

建设单位采用欺骗、贿赂等不正当手段取得施工许可证的，由原发证机关撤销施工许可证，责令停止施工，并处1万元以上3万元以下的罚款；构成犯罪的，依法追究刑事责任。

建设单位隐瞒有关情况或者提供虚假材料申请施工许可证的,发证机关不予受理或者不予许可,并处1万元以上3万元以下的罚款;构成犯罪的,依法追究刑事责任。

建设单位伪造或者涂改施工许可证的,由发证机关责令停止施工,并处1万元以上3万元以下的罚款;构成犯罪的,依法追究刑事责任。

依照《建筑工程施工许可管理办法》规定,给予单位罚款处罚的,对单位直接负责的主管人员和其他直接责任人员处单位罚款数额5%以上10%以下的罚款。

单位及相关责任人受到处罚的,作为不良行为记录予以通报。

第四节 工程建设从业单位资质许可制度

案例导入 2-4

某市帆布厂(以下简称"甲方")与某市区修建工程队(以下简称"乙方")订立了建筑工程承包合同。合同规定:乙方为甲方建一框架厂房,跨度为12 m,总造价为98.9万元;承包方式为包工包料;自开工后,甲方付给乙方工程款、材料垫付款共101.6万元。到合同规定的竣工期限,工程未能完工,而且已完工程质量部分不合格。为此,双方发生纠纷。

经查明,乙方在工商行政管理机关登记的经营范围为维修和承建小型非生产性建筑工程,无资格承包此项工程。经有关部门鉴定,该项工程造价应为98.9万元,未完工程折价为11.7万元,已完工程的厂房屋面质量不合格,返工费为5.6万元。

分析:建筑企业在进行承建活动时,必须严格遵守核准登记的建筑工程承建技术资质等级范围,禁止超资质等级承建工程。本案被告根据其经营范围仅能承建小型非生产性建筑工程和维修项目,根据其技术等级不能承建与原告所签订合同规定的生产性厂房。因此,被告对合同无效及工程质量问题应负全部责任,承担工程质量的返工费,并偿还原告多收的工程款。

一、工程建设从业单位资质许可制度概述

从业单位资格许可包括从业单位的条件和从业单位的资质。为了维护建筑市场的正常秩序,确立进入建筑市场从事建筑活动的准入规则,《建筑法》第十二条和第十三条规定了从事建筑活动的建筑施工企业、勘察单位、设计单位、工程监理单位进入建筑市场应当具备的条件和资质审查制度。

所谓资质管理,是指资格认证、资质审查的管理,是建筑市场管理的一项重要内容。《建筑法》第十二条规定,从事建筑活动的建筑施工企业、勘察单位、设计单位和工程监理单位应当具备下列条件:

(1)有符合国家规定的注册资本。从事建筑活动的单位在进行建筑活动的过程中必须拥有足够的资金,这是进行正常业务活动的物质保证。一定数量的资金也是建立建筑施工企业、勘察单位、设计单位和工程监理单位的前提。关于净资产,《建筑业企业资质标准》(建

市〔2014〕159号)作了详细规定,其中房屋建筑工程施工总承包企业、公路工程施工总承包企业的企业净资产见表2-1。

表2-1 企业净资产

资质等级	企业净资产	
	房屋建筑工程施工总承包企业	公路工程施工总承包企业
一级	1亿元以上	1亿元以上
二级	4 000万元以上	4 000万元以上
三级	800万元以上	800万元以上

(2)有与其从事的建筑活动相适应的具有法定执业资格的专业技术人员。

(3)有从事相关建筑活动所应有的技术装备。具有与其建筑活动相关的装备,是建筑施工企业、勘察单位、设计单位和工程监理单位正常进行施工、勘察、设计和监理工作的重要的物质保障。例如从事建筑施工活动,必须有相应的施工机械设备与质量检验测试手段,如塔式起重机、混凝土搅拌机、钢筋切断机、龙门架、垂直运输设备等。从事勘察设计活动,必须有相应的勘察仪器设备和设计机具仪器。因此,从事建筑活动的建筑施工企业、勘察单位、设计单位和工程监理单位,必须有从事相关建筑活动所应有的技术装备。没有相应技术装备的单位,不得从事建筑活动。

(4)法律、行政法规规定的其他条件。建筑活动是一种专业性、技术性很强的活动,从事建筑活动的建筑施工企业、勘察单位、设计单位和工程监理单位必须有足够的专业技术人员,如设计单位不仅要有建造师,还要有结构、水、暖、电等方面的工程师。建筑活动是涉及公民生命和财产安全的一种特殊活动,从事建筑活动的专业技术人员,还必须有法定执业资格。这种法定执业资格必须依法通过考试和注册才能取得,如工程设计文件必须由注册建造师签字才能生效。建筑工程的规模和复杂程度各不相同,因此,建筑活动所要求的专业技术人员的级别和数量也不同,建筑施工企业、勘察单位、设计单位和工程监理单位必须有与其从事的建筑活动相适应的专业技术人员。

从事建筑活动的建筑施工企业、勘察单位、设计单位和工程监理单位,按照其拥有的注册资本、专业技术人员、技术装备和已完成的建筑工程业绩等资质条件,划分为不同的资质类别和等级,经资质审查合格,取得相应等级的资质证书后,方可在其资质等级许可范围内从事建筑活动。

二、建设工程勘察、设计单位资质许可制度

1. 资质分类和分级

(1)建设工程勘察资质分类和分级。工程勘察范围包括建设工程项目的岩土工程、水文地质勘察和工程测量。工程勘察资质分为三个类别:工程勘察综合资质、工程勘察专业资质、工程勘察劳务资质。工程勘察综合资质是指包括全部工程勘察专业资质的工程勘察资质。

工程勘察专业资质包括岩土工程专业资质、水文地质勘察专业资质和工程测量专业资质。其中，岩土工程专业资质包括岩土工程勘察、岩土工程设计、岩土工程物探/测试/检测监测等岩土工程(分项)专业资质。工程勘察劳务资质包括工程钻探和凿井。

工程勘察综合资质只设甲级。岩土工程、岩土工程设计、岩土工程物探/测试/检测/监测专业资质设甲、乙两个级别；岩土工程勘察、水文地质勘察、工程测量专业资质设甲、乙、丙三个级别。工程勘察劳务资质不分等级。

具有岩土工程专业资质，即可承担其资质范围内相应的岩土工程治理业务；具有岩土工程专业甲级资质或岩土工程勘察、设计、物探/测试/检测/监测等三类(分项)专业资质中任一项甲级资质，即可承担其资质范围内相应的岩土工程咨询业务。

(2)建设工程设计资质分类和分级。工程设计资质分为工程设计综合资质、工程设计行业资质、工程设计专业资质和工程设计专项资质。

工程设计综合资质是指涵盖煤炭、化工石化医药、石油天然气(海洋石油)、电力、冶金、军工、机械、商物粮、核工业、电子通信广电、轻纺、建材、铁道、公路、水运、民航、市政、农林、水利、海洋、建筑等行业的设计资质；工程设计行业资质是指涵盖某个行业资质标准中的全部设计类型的设计资质；工程设计专业资质是指某个行业资质标准中的某一个专业的设计资质；工程设计专项资质是指为适应和满足行业发展的需求，对已形成产业的专项技术独立进行设计及设计、施工一体化而设立的资质。

工程设计综合资质只设甲级；工程设计行业资质、工程设计专业资质、工程设计专项资质设甲级、乙级。根据工程性质和技术特点，个别行业、专业、专项资质可以设丙级，建筑工程设计专业资质可以设丁级。

各级别标准主要对企业资历和信誉、技术条件、技术装备及管理水平进行考核。

取得工程设计综合资质的企业，可以承接各行业、各等级的建设工程设计业务；取得工程设计行业资质的企业，可以承接相应行业相应等级的工程设计业务及本行业范围内同级别的相应专业、专项(设计、施工一体化资质除外)工程设计业务；取得工程设计专业资质的企业，可以承接本专业相应等级的专业工程设计业务及同级别的相应专项工程设计业务(设计、施工一体化资质除外)；取得工程设计专项资质的企业，可以承接本专项相应等级的专项工程设计业务。

取得工程勘察、工程设计资质证书的企业，可以从事资质证书许可范围内相应的建设工程总承包业务，可以从事工程项目管理和相关的技术与管理服务。

2. 资质申请和审批

企业资质申请、资质升级、资质增项、资质证书变更，企业合并、分立、改制后的资质申请等，均应按照《建设工程勘察设计资质管理规定》规定的程序提出申请，提供规定的相应材料，报有关部门审批。

申请工程勘察甲级资质、工程设计甲级资质，以及涉及铁路、交通、水利、信息产业、民航等方面的工程设计乙级资质的，应当向企业工商注册所在地的省、自治区、直辖市人民政府住房城乡建设主管部门提出申请。

省、自治区、直辖市人民政府住房城乡建设主管部门应当自受理申请之日起20日内初审完毕，并将初审意见和申请材料报国务院建设主管部门。

国务院住房城乡建设主管部门应当自省、自治区、直辖市人民政府建设主管部门受理申请材料之日起60日内完成审查，公示审查意见，公示时间为10日。其中，涉及铁路、交通、水利、信息产业、民航等方面的工程设计资质，由国务院住房城乡建设主管部门送国务院有关部门审核，国务院有关部门在20日内审核完毕，并将审核意见送国务院住房城乡建设主管部门。

工程勘察乙级及以下资质、劳务资质、工程设计乙级（涉及铁路、交通、水利、信息产业、民航等方面的工程设计乙级资质除外）及以下资质许可由省、自治区、直辖市人民政府住房城乡建设主管部门实施。具体实施程序由省、自治区、直辖市人民政府住房城乡建设主管部门依法确定。省、自治区、直辖市人民政府建设主管部门应当自作出决定之日起30日内，将准予资质许可的决定报国务院住房城乡建设主管部门备案。

工程勘察、工程设计资质证书分为正本和副本，正本一份，副本六份，正、副本具备同等法律效力。资质证书有效期为5年。

3. 监督管理

国务院住房城乡建设主管部门对全国的建设工程勘察、设计资质实施统一的监督管理。县级以上地方人民政府住房城乡建设主管部门负责对本行政区域内的建设工程勘察、设计资质实施监督管理。

建设工程勘察、设计单位应当在其资质等级许可的范围内承揽建设工程勘察、设计业务。禁止建设工程勘察、设计单位超越其资质等级许可的范围或者以其他建设工程勘察、设计单位的名义承揽建设工程勘察、设计业务。禁止建设工程勘察、设计单位允许其他单位或者个人以本单位的名义承揽建设工程勘察、设计业务。严禁无证勘察设计，严禁转让和挂靠，严禁为其他单位和个人提供图章、图签，不得私拉外单位人员为其进行勘察设计。

三、建筑业企业资质许可制度

所谓建筑业企业，是指从事土木工程、建筑工程、线路管道设备安装工程、装修工程的新建、扩建、改建活动的企业。

1. 资质序列、类别和等级

工程建设从业单位资质分为施工总承包、专业承包和施工劳务三个序列。

(1)取得施工总承包资质的企业（以下简称"施工总承包企业"），可以承接施工总承包工程。施工总承包企业可以对所承接的施工总承包工程内各专业工程全部自行施工，也可以将专业工程或劳务作业依法分包给具有相应资质的专业承包企业或劳务分包企业。

(2)取得专业承包资质的企业（以下简称"专业承包企业"），可以承接施工总承包企业分包的专业工程和建设单位依法发包的专业工程。专业承包企业可以对所承接的专业工程全部自行施工，也可以将劳务作业依法分包给具有相应资质的劳务分包企业。

(3)取得劳务分包资质的企业（以下简称"劳务分包企业"），可以承接施工总承包企业或专业承包企业分包的劳务作业。

施工总承包资质、专业承包资质、施工劳务资质序列按照工程性质和技术特点分别划分为若干资质类别，各资质类别按照规定的条件划分为若干资质等级。

2. 资质许可

(1)下列建筑业企业资质，由国务院住房城乡建设主管部门许可：

1)施工总承包资质序列特级资质、一级资质及铁路工程施工总承包二级资质；

2)专业承包资质序列公路、水运、水利、铁路、民航方面的专业承包一级资质及铁路、民航方面的专业承包二级资质，涉及多个专业的专业承包一级资质。

(2)下列建筑业企业资质，由企业工商注册所在地省、自治区、直辖市人民政府住房城乡建设主管部门许可：

1)施工总承包资质序列二级资质及铁路、通信工程施工总承包三级资质；

2)专业承包资质序列一级资质(不含公路、水运、水利、铁路、民航方面的专业承包一级资质及涉及多个专业的专业承包一级资质)；

3)专业承包资质序列二级资质(不含铁路、民航方面的专业承包二级资质)，铁路方面专业承包三级资质，特种工程专业承包资质。

(3)下列建筑业企业资质，由企业工商注册所在地设区的市人民政府住房城乡建设主管部门许可：

1)施工总承包资质序列三级资质(不含铁路、通信工程施工总承包三级资质)；

2)专业承包资质序列三级资质(不含铁路方面专业承包资质)及预拌混凝土、模板脚手架专业承包资质；

3)施工劳务资质；

4)燃气燃烧器具安装、维修企业资质。

工程建设从业单位资质证书分为正本和副本，由国务院住房城乡建设主管部门统一印制，正、副本具备同等法律效力。资质证书有效期为5年。

工程建设从业单位可以申请一项或多项工程建设从业单位资质；申请多项工程建设从业单位资质的，应当选择等级最高的一项资质为企业主项资质。

3. 法律责任

申请企业隐瞒有关真实情况或者提供虚假材料申请建筑业企业资质的，资质许可机关不予许可，给予警告，申请企业在1年内不得再次申请建筑业企业资质。

企业以欺骗、贿赂等不正当手段取得建筑业企业资质的，由原资质许可机关予以撤销；由县级以上地方人民政府住房城乡建设主管部门或者其他有关部门给予警告，并处3万元的罚款，申请企业3年内不得再次申请建筑业企业资质。

4. 监督管理

县级以上人民政府住房城乡建设主管部门和其他有关部门应当依照有关法律、法规，加强对企业取得建筑业企业资质后是否满足资质标准和市场行为的监督管理。上级住房城乡建设主管部门应当加强对下级住房城乡建设主管部门资质管理工作的监督检查，及时纠正建筑业企业资质管理中的违法行为。住房城乡建设主管部门、其他有关部门的监督检查人员履行监督检查职责时，有权采取下列措施：

(1)要求被检查企业提供建筑业企业资质证书、企业有关人员的注册执业证书、职称证书、岗位证书和考核或者培训合格证书，有关施工业务的文档，有关质量管理、安全生产管理、合同管理、档案管理、财务管理等企业内部管理制度的文件；

（2）进入被检查企业进行检查，查阅相关资料；

（3）纠正违反有关法律、法规及有关规范和标准的行为。

四、房屋建筑工程施工总承包企业资质许可制度

1. 资质分级

房屋建筑工程施工总承包企业资质分为特级、一级、二级和三级。

2. 资质标准

（1）特级资质标准。

1）企业资信能力。企业注册资本金在3亿元以上；企业净资产在3.6亿元以上；企业近3年上缴建筑业营业税均在5 000万元以上；企业银行授信额度近3年均在5亿元以上。

2）企业主要管理人员和专业技术人员要求。企业经理具有10年以上从事工程管理工作的经历；技术负责人具有15年以上从事工程技术管理工作的经历，且具有工程序列高级职称及一级注册建造师或注册工程师执业资格；主持完成过两项及以上施工总承包一级资质要求的代表工程的技术工作或甲级设计资质要求的代表工程或合同额在2亿元以上的工程总承包项目；财务负责人具有高级会计师职称及注册会计师资格；企业具有注册一级建造师（一级项目经理）50人以上；企业具有本类别相关的行业工程设计甲级资质标准要求的专业技术人员。

3）科技进步水平。企业具有省部级（或相当于省部级水平）及以上的企业技术中心；企业近3年科技活动经费支出平均达到营业额的0.5%以上；企业具有国家级工法3项以上；近5年具有与工程建设相关的，能够推动企业技术进步的专利3项以上，累计有效专利8项以上，其中至少有一项发明专利；企业近10年获得过国家级科技进步奖项或主编过工程建设国家或行业标准；企业已建立内部局域网或管理信息平台，实现了内部办公、信息发布、数据交换的网络化，已建立并开通了企业外部网站，使用了综合项目管理信息系统和人事管理系统、工程设计相关软件，实现了档案管理和设计文档管理。

4）代表工程业绩。近5年承担过下列5项工程总承包或施工总承包项目中的3项，工程质量合格：

①高度在100 m以上的建筑物；

②28层以上的房屋建筑工程；

③单体建筑面积在5万m^2以上的房屋建筑工程；

④钢筋混凝土结构单跨跨度在30 m以上的建筑工程或钢结构单跨跨度在36 m以上的房屋建筑工程；

⑤单项建筑安装合同额在2亿元以上的房屋建筑工程。

（2）一级资质标准。

1）企业资产。企业净资产在1亿元以上。

2）企业主要人员。

①建筑工程、机电工程专业一级注册建造师合计不少于12人，其中，建筑工程专业一级注册建造师不少于9人。

②技术负责人具有10年以上从事工程施工技术管理工作的经历，且具有结构专业高级职称；建筑工程相关专业中级以上职称人员不少于30人，且结构、给水排水、暖通、电气等专业齐全。

③持有岗位证书的施工现场管理人员不少于50人，且施工员、质量员、安全员、机械员、造价员、劳务员等人员齐全。

④经考核或培训合格的中级工以上技术工人不少于150人。

3）企业工程业绩。近5年承担过下列4类中的2类工程的施工总承包或主体工程承包，工程质量合格：

①地上25层以上的民用建筑工程1项或地上18～24层的民用建筑工程2项；

②高度在100 m以上的构筑物工程1项或高度为80～100 m（不含）的构筑物工程2项；

③建筑面积在3万 m^2 以上的单体工业、民用建筑工程1项或建筑面积为2万～3万 m^2（不含）的单体工业、民用建筑工程2项；

④钢筋混凝土结构单跨在30 m以上（或钢结构单跨在36 m以上）的建筑工程1项或钢筋混凝土结构单跨为27～30 m（不含）[或钢结构单跨30～36 m（不含）]的建筑工程2项。

（3）二级资质标准。

1）企业资产。企业净资产在4 000万元以上。

2）企业主要人员。

①建筑工程、机电工程专业注册建造师合计不少于12人，其中建筑工程专业注册建造师不少于9人。

②技术负责人具有8年以上从事工程施工技术管理工作的经历，且具有结构专业高级职称或建筑工程专业一级注册建造师执业资格；建筑工程相关专业中级以上职称人员不少于15人，且结构、给水排水、暖通、电气等专业齐全。

③持有岗位证书的施工现场管理人员不少于30人，且施工员、质量员、安全员、机械员、造价员、劳务员等人员齐全。

④经考核或培训合格的中级工以上技术工人不少于75人。

3）企业工程业绩。近5年承担过下列4类中的2类工程的施工总承包或主体工程承包，工程质量合格：

①地上12层以上的民用建筑工程1项或地上8～11层的民用建筑工程2项；

②高度在50 m以上的构筑物工程1项或高度为35～50 m（不含）的构筑物工程2项；

③建筑面积在1万 m^2 以上的单体工业、民用建筑工程1项或建筑面积为0.6万～1万 m^2（不含）的单体工业、民用建筑工程2项；

④钢筋混凝土结构单跨在21 m以上（或钢结构单跨在24 m以上）的建筑工程1项或钢筋混凝土结构单跨为18～21 m（不含）[或钢结构单跨为21～24 m（不含）]的建筑工程2项。

（4）三级资质标准。

1）企业资产。企业净资产在800万元以上。

2）企业主要人员。

①建筑工程、机电工程专业注册建造师合计不少于5人，其中建筑工程专业注册建造师不少于4人。

②技术负责人具有5年以上从事工程施工技术管理工作的经历，且具有结构专业中级以上职称或建筑工程专业注册建造师执业资格；建筑工程相关专业中级以上职称人员不少于6人，且

结构、给水排水、电气等专业齐全。

③持有岗位证书的施工现场管理人员不少于15人，且施工员、质量员、安全员、机械员、造价员、劳务员等人员齐全。

④经考核或培训合格的中级工以上技术工人不少于30人。

⑤技术负责人（或注册建造师）主持完成过本类别资质二级以上标准要求的工程业绩不少于2项。

3. 承包工程范围

(1)取得房屋建筑施工总承包特级资质即可承接上述各专业工程的施工总承包、工程总承包和项目管理业务，及开展相应设计主导专业人员齐备的施工图设计业务。

(2)一级资质可承担单项合同额在3 000万元以上的下列建筑工程的施工：高度在200 m以下的工业、民用建筑工程；高度在240 m以下的构筑物工程。

(3)二级资质可承担高度在100 m以下的工业、民用建筑工程；高度在120 m以下的构筑物工程；建筑面积在15万 m^2 以下的建筑工程；单跨跨度在39 m以下的建筑工程。

(4)三级资质可承担高度在50 m以下的工业、民用建筑工程；高度在70 m以下的构筑物工程；建筑面积在8万 m^2 以下的建筑工程；单跨跨度在27 m以下的建筑工程。

4. 资质管理

建筑业企业资质条件符合资质等级标准，住房城乡建设主管部门颁发相应资质等级的《建筑业企业资质证书》。《建筑业企业资质证书》分为正本和副本，由国务院住房城乡建设主管部门统一印制，正、副本具有同等法律效力。资质证书有效期为5年。

任何单位和个人不得涂改、伪造、出借、转让《建筑业企业资质证书》；不得非法扣压、没收《建筑业企业资质证书》。

五、专业承包企业资质许可制度

为了加强从事专业承包企业的管理，维护建筑市场秩序，保证工程质量和安全，促进行业健康发展，原建设部（现为住房和城乡建设部）结合专业工程的特点，制定了《建筑幕墙工程设计与施工资质标准》《建筑装饰装修工程设计与施工资质标准》《消防设施工程设计与施工资质标准》《建筑智能化工程设计与施工资质标准》等一系列专业承包企业资质标准。这些标准分别按企业资信、技术条件、技术装备及管理水平对企业进行了分级，并规定了不同资质等级企业的承包业务范围。

符合资质标准的企业提出申请，经住房城乡建设主管部门审批合格后，可取得相应的资质证书，如《建筑幕墙工程设计与施工资质证书》《建筑装饰装修工程设计与施工资质证书》《消防设施工程设计与施工资质证书》《建筑智能化工程设计与施工资质证书》，并在资质等级规定的范围内承接设计与施工任务。

六、工程造价咨询企业资质许可制度

(一)资质分级

工程造价咨询企业资质等级分为甲级、乙级。

(二)资质标准

1. 甲级工程造价咨询企业资质标准

(1)已取得乙级工程造价咨询企业资质证书满 3 年;

(2)技术负责人已取得一级造价工程师注册证书,并具有工程或工程经济类高级专业技术职称,且从事工程造价专业工作 15 年以上;

(3)专职从事工程造价专业工作的人员(以下简称专职专业人员)不少于 12 人,其中,具有工程(或工程经济类)中级以上专业技术职称或者取得二级造价工程师注册证书的人员合计不少于 10 人;取得一级造价工程师注册证书的人员不少于 6 人,其他人员具有从事工程造价专业工作的经历;

(4)企业与专职专业人员签订劳动合同,且专职专业人员符合国家规定的职业年龄(出资人除外);

(5)企业近 3 年工程造价咨询营业收入累计不低于人民币 500 万元;

(6)企业为本单位专职专业人员办理的社会基本养老保险手续齐全;

(7)在申请核定资质等级之日前 3 年内无《工程造价咨询企业管理办法》第二十五条禁止的行为。

2. 乙级工程造价咨询企业资质标准

(1)技术负责人已取得一级造价工程师注册证书,并具有工程或工程经济类高级专业技术职称,且从事工程造价专业工作 10 年以上;

(2)专职专业人员不少于 6 人,其中,具有工程(或工程经济类)中级以上专业技术职称或者取得二级造价工程师注册证书的人员合计不少于 4 人;取得一级造价工程师注册证书的人员不少于 3 人,其他人员具有从事工程造价专业工作的经历;

工程造价咨询企业管理办法

(3)企业与专职专业人员签订劳动合同,且专职专业人员符合国家规定的职业年龄(出资人除外);

(4)企业为本单位专职专业人员办理的社会基本养老保险手续齐全;

(5)暂定期内工程造价咨询营业收入累计不低于人民币 50 万元;

(6)申请核定资质等级之日前无《工程造价咨询企业管理办法》第二十五条禁止的行为。

(三)资质申请和许可

1. 资质申请

申请甲级工程造价咨询企业资质的,可以向申请人工商注册所在地省、自治区、直辖市人民政府住房城乡建设主管部门或者国务院有关专业部门提交申请材料。省、自治区、直辖市人民政府住房城乡建设主管部门或者国务院有关专业部门收到申请材料后,应当在 5 日内将全部申请材料报国务院住房城乡建设主管部门,国务院住房城乡建设主管部门应当自受理之日起 20 日内作出决定。组织专家评审所需时间不计算在上述时限内,但应当明确告知申请人。

申请乙级工程造价咨询企业资质的,由省、自治区、直辖市人民政府住房城乡建设主管部门审查决定。其中,申请有关专业乙级工程造价咨询企业资质的,由省、自治区、直辖市人民政府住房城乡建设主管部门商同级有关专业部门审查决定。乙级工程造价咨询企业资质许可的实施程序由省、自治区、直辖市人民政府住房城乡建设主管部门依法确定。省、自治区、直辖市人民政府住房城乡建设主管部门应当自作出决定之日起30日内,将准予资质许可的决定报国务院住房城乡建设主管部门备案。

2. 资质许可

准予资质许可的,资质许可机关应当向申请人颁发工程造价咨询企业资质证书。工程造价咨询企业资质证书由国务院住房城乡建设主管部门统一印制,分正本和副本。正本和副本具有同等法律效力。工程造价咨询企业遗失资质证书的,应当向资质许可机关申请补办,由资质许可机关在官网发布信息。

工程造价咨询企业资质有效期为3年。资质有效期届满,需要继续从事工程造价咨询活动的,应当在资质有效期届满30日前向资质许可机关提出资质延续申请。资质许可机关应当根据申请作出是否准予延续的决定。准予延续的,资质有效期延续3年。

新申请工程造价咨询企业资质的,其资质等级依法定标准核定为乙级,设暂定期1年。暂定期届满需继续从事工程造价咨询活动的,应当在暂定期届满30日前,向资质许可机关申请换发资质证书。符合乙级资质条件的,由资质许可机关换发资质证书。

工程造价咨询企业的名称、住所、组织形式、法定代表人、技术负责人、注册资本等事项发生变更的,应当自变更确立之日起30日内,到资质许可机关办理资质证书变更手续。

(四)承揽业务范围

1. 工程造价咨询业务的范围

(1)建设项目建议书及可行性研究投资估算、项目经济评价报告的编制和审核。

(2)建设项目概预算的编制与审核,并配合设计方案比选、优化设计、限额设计等工作进行工程造价分析与控制。

(3)建设项目合同价款的确定(包括招标工程工程量清单和标底、投标报价的编制和审核);合同价款的签订与调整(包括工程变更、工程洽商和索赔费用的计算)及工程款支付,工程结算及竣工结(决)算报告的编制与审核等。

(4)工程造价经济纠纷的鉴定和仲裁的咨询。

(5)提供工程造价信息服务等。

工程造价咨询企业可以对建设项目的组织实施进行全过程或者若干阶段的管理和服务。

2. 承揽业务的限制

工程造价咨询企业依法从事工程造价咨询活动,不受行政区域限制。

甲级工程造价咨询企业可以从事各类建设项目的工程造价咨询业务。

乙级工程造价咨询企业可以从事工程造价在2亿元人民币以下各类建设项目的工程造价咨询业务。

3. 承揽业务的形式

工程造价咨询企业在承接各类建设项目的工程造价咨询业务时，应当与委托人订立书面工程造价咨询合同。工程造价咨询企业与委托人可以参照《建设工程造价咨询合同（示范文本）》(GF—2015—0212)订立合同。

工程造价咨询企业从事工程造价咨询业务，应当按照有关规定的要求出具工程造价成果文件。工程造价成果文件应当由工程造价咨询企业加盖有企业名称、资质等级及证书编号的执业印章，并由执行咨询业务的注册造价工程师签字，加盖执业印章。工程造价咨询收费应当按照有关规定，由当事人在建设工程造价咨询合同中约定。

《建设工程造价咨询合同（示范文本）》(GF—2015—0212)

4. 法定禁止行为

工程造价咨询企业不得有下列行为：

(1)涂改、倒卖、出租、出借资质证书，或者以其他形式非法转让资质证书；

(2)超越资质等级业务范围承接工程造价咨询业务；

(3)同时接受招标人和投标人或两个以上投标人对同一工程项目的工程造价咨询业务；

(4)以给予回扣、恶意压低收费等方式进行不正当竞争；

(5)转包承接的工程造价咨询业务；

(6)法律、法规禁止的其他行为。

除法律、法规另有规定外，未经委托人书面同意，工程造价咨询企业不得对外提供工程造价咨询服务过程中获知的当事人的商业秘密和业务资料。

(五)资质管理

1. 监督检查机关

县级以上地方人民政府住房城乡建设主管部门、有关专业部门应当依照有关法律、法规和《工程造价咨询企业管理办法》的规定，对工程造价咨询企业从事工程造价咨询业务的活动实施监督检查。

监督检查机关履行监督检查职责时，有权采取下列措施：要求被检查单位提供工程造价咨询企业资质证书、造价工程师注册证书，有关工程造价咨询业务的文档，有关技术档案管理制度、质量控制制度、财务管理制度的文件；进入被检查单位进行检查，查阅工程造价咨询成果文件以及工程造价咨询合同等相关资料；纠正违反有关法律、法规和《工程造价咨询企业管理办法》及执业规程规定的行为。监督检查机关应当将监督检查的处理结果向社会公布。

2. 撤销资质

有下列情形之一的，资质许可机关或者其上级机关，根据利害关系人的请求或者依据职权，可以撤销工程造价咨询企业资质：

(1)资质许可机关工作人员滥用职权、玩忽职守作出准予工程造价咨询企业资质许可的；

(2)超越法定职权作出准予工程造价咨询企业资质许可的；

(3)违反法定程序作出准予工程造价咨询企业资质许可的；

(4)对不具备行政许可条件的申请人作出准予工程造价咨询企业资质许可的;
(5)依法可以撤销工程造价咨询企业资质的其他情形。

工程造价咨询企业以欺骗、贿赂等不正当手段取得工程造价咨询企业资质的,应当予以撤销。

3. 撤回资质

工程造价咨询企业取得工程造价咨询企业资质后,不再符合相应资质条件的,资质许可机关根据利害关系人的请求或者依据职权,可以责令其限期改正;逾期不改的,可以撤回其资质。

4. 注销资质

有下列情形之一的,资质许可机关应当依法注销工程造价咨询企业资质:
(1)工程造价咨询企业资质有效期满,未申请延续的;
(2)工程造价咨询企业资质被撤销、撤回的;
(3)工程造价咨询企业依法终止的;
(4)法律、法规规定的应当注销工程造价咨询企业资质的其他情形。

第五节 工程建设从业人员执业资格许可制度

案例导入 2-5

某市某住房城乡建设主管部门收到甲建筑公司举报,称其正在进行施工的建筑施工图纸存在严重质量问题,希望对该图纸的设计单位进行查处。经调查后发现,该工程施工图纸是由宋某组织无证设计人员以乙建筑设计院的名义设计出图的。据此,住房城乡建设主管部门立即责令甲建筑公司停止建筑活动,并对宋某作出了处以5万元罚款的行政处罚。

分析:宋某以乙建筑设计院的名义设计出图纸属于违规行为;《建设工程勘察设计资质管理规定》规定,未经注册的人员,不得以注册执业人员的名义从事建设工程勘察、设计活动。未受聘于建设工程勘察、设计单位的,不得从事建设工程的勘察、设计活动。

在本案中,乙建筑设计院也存在违法行为。《建设工程勘察设计资质管理规定》规定,不得将资质出借或转让给他人从事与资质相符的建设活动。

《中华人民共和国招标投标法》规定,发包单位不得将工程发包给资质不符或无资质的单位。本案中开发单位在未验明设计单位资质的情况下,将工程设计发包给无证人员宋某,导致工程出现质量问题。因此,住房城乡建设主管部门依法对该工程的开发单位作出了"责令改正,并处3万元罚款"等的行政处罚。

工程建设从业人员执业资格制度是指对具备一定专业学历、资历的从事建筑活动的专业技术人员,通过考试和注册确定其执业的技术资格,获得相应建筑工程文件签字权的一种制度。在技术要求较高的行业,实行专业技术人员执业资格制度已成为国际惯例。《建筑法》第十四条规定:"从事建筑活动的专业技术人员,应当依法取得相应的执业资格证书,并在执业资格证书许可的范围内从事建筑活动。"

工程建设从业人员资格包括注册建筑师、注册建造师、注册工程师、注册造价工程师、注册结构工程师、注册土木工程师和工程施工现场人员岗位资格。

一、注册建造师执业资格制度

1. 注册建造师的概念

注册建造师是指从事建设工程项目总承包和施工管理关键岗位的执业注册人员。注册建造师分为一级注册建造师和二级注册建造师。取得资格证书的人员应当受聘于一个具有建设工程勘察、设计、施工、监理、招标代理、造价咨询等一项或者多项资质的单位，经注册后方可从事相应的执业活动。

注册建造师执业管理办法（试行）

2. 注册建造师的执业方向

建造师注册受聘后，可以从事建设工程项目总承包管理或施工管理、建设工程项目管理服务、建设工程技术经济咨询，以及法律、行政法规和国务院建设主管部门规定的其他业务。注册建造师的具体执业范围按照《注册建造师执业工程规模标准（试行）》执行。担任施工单位项目负责人的，应当受聘并注册于一个具有施工资质的企业。注册建造师不得同时在两个及两个以上的建设工程项目中担任施工单位项目负责人。

二、注册造价工程师执业资格制度

1. 注册造价工程师的概念

注册造价工程师是指通过土木建筑工程或者安装工程专业造价工程师职业资格考试取得造价工程师职业资格证书或者通过资格认定、资格互认，并按《注册造价工程师管理办法》注册后，从事工程造价活动的专业人员。注册造价工程师分为一级注册造价工程师和二级注册造价工程师。

注册造价工程师管理办法

全国造价工程师执业资格考试由国家原建设部与国家人事部共同组织，考试每年举行一次，造价工程师执业资格考试实行全国统一大纲、统一命题、统一组织的办法。原则上每年举行一次，只在省会城市设立考点。考试采用滚动管理，共设4个科目，单科滚动周期为2年。

国家在工程造价领域实施造价工程师执业资格制度。凡从事工程建设活动的建设、设计、施工、工程造价咨询、工程造价管理等单位和部门，必须在计价、评估、审查（核）、控制及管理等岗位配有具有造价工程师执业资格的专业技术人员。

2. 注册造价工程师执业范围

一级注册造价工程师执业范围包括建设项目全过程的工程造价管理与工程造价咨询等，具体工作内容：

(1)项目建议书、可行性研究投资估算与审核，项目评价造价分析；

(2)建设工程设计概算、施工预算编制和审核；

造价工程师职业资格制度规定

(3)建设工程招标投标文件工程量和造价的编制与审核；

(4)建设工程合同价款、结算价款、竣工决算价款的编制与管理；

(5)建设工程审计、仲裁、诉讼、保险中的造价鉴定，工程造价纠纷调解；

(6)建设工程计价依据、造价指标的编制与管理；

(7)与工程造价管理有关的其他事项。

二级注册造价工程师协助一级注册造价工程师开展相关工作，并可以独立开展以下工作：

(1)建设工程工料分析、计划、组织与成本管理，施工图预算、设计概算编制；

(2)建设工程量清单、最高投标限价、投标报价编制；

(3)建设工程合同价款、结算价款和竣工决算价款的编制。

三、工程施工现场人员岗位资格管理

1. 项目经理的概念

施工企业项目经理是指受企业法定代表人的委托，对工程项目施工过程全面负责的项目管理者，是建筑施工企业法定代表人在工程项目上的代表人。项目经理岗位是保证工程项目建设质量、安全、工期的重要岗位。项目经理责任制是我国施工管理体制上的一项重大改革，建造师执业资格制度建立以后，仍然要坚持落实项目经理岗位责任制。大、中型工程项目的项目经理必须由取得建造师执业资格的建造师担任。注册建造师资格是担任大、中型工程项目经理的一项必要条件，是国家的强制性要求。

2. 项目经理的岗位职责

(1)项目经理是施工企业法人代表在工程项目上的全权委托代理人，独立承担项目的决策、质量、进度、安全责任。

(2)负责项目部的全面工作，按施工组织设计，精心施工，实现工程的利润、成本、工期、质量目标。

(3)会同各职能部门对工程材料、设备进行计划、采购、供应、使用和管理，控制工程成本，均衡材料占用资金比例，贯彻材料管理制度，提交材料消耗报告。

(4)合理地安排、组织施工，协调技术管理部门，实行全面质量管理，推行"科学管理、质量为先；遵纪守法、关爱环境；以人为本、安全生产；诚信守诺、追求卓越"的方针。同时，推行"向顾客提供一流的产品及服务，对污染环境、危及职工身体健康与安全的危险源进行有效的控制，以达到国家相关法律、法规的要求"的目标，使工程质量达到优良。

(5)建立以项目经理为首的安全生产领导小组，落实安全生产责任制，监督检查安全工作的执行落实情况。亲自主持定期的安全生产例会，协调安全与生产间的矛盾，消除施工中的一切不安全因素。

(6)管理协调各工种、各施工单位的交叉施工，保持与管理部门的联系，树立企业形象，实行栋号经营核算，实行文明施工。

(7)管理工地日常事务，考察管理人员的工作状况，查处违规、违章、违法行为；团结同志，全心全意地为公司利益服务。

(8)认真学习国家关于职业健康安全、环境、卫生等方面的法规文件。

3. 关键岗位从业资格管理

我国实行建筑企业关键岗位持证上岗制度,规定凡需要在关键岗位工作的人员,必须经过有关部门的培训考试合格后,才能取得相应岗位证书;未取得岗位证书的人员,一律不得在关键岗位工作。目前实施施工现场人员岗位资格的有施工员、质检员、安全员和其他特种作业工种人员。

本章小结

本章围绕建设工程许可法律原理与实务展开,涉及建筑许可的概念、特点和实行建筑许可的意义,详细阐述了建筑工程施工许可、建筑企业资质管理、工程建设从业人员执业资格管理三项法律制度及其有关法律规定。此外,还介绍了关于工程建设程序的法律规定。

拓展训练

一、复习思考题

1. 什么是建设工程许可?我国的建筑许可制度包括哪些内容?
2. 工程建设的法定程序分为哪几个阶段?
3. 施工许可证的申领条件有哪些?
4. 关于施工许可证的有效期有哪些规定?
5. 什么是工程建设从业单位?施工企业资质分为哪些?
6. 不同资质等级的房屋建筑工程施工总承包企业应具备哪些条件?
7. 目前我国对从事工程建设的专业技术人员已建立哪些执业资格制度?
8. 什么是注册建造师?注册建造师的资质分为几级?
9. 什么是注册工程造价师?注册工程造价师的执业方向包括哪些?
10. 什么是项目经理?项目经理有哪些岗位职责?

二、案例分析

万方商场为了扩大营业范围,购得本市地皮一块,准备兴建万方商场分店。万方商场通过招标投标的形式与第十建筑工程公司签订了建筑工程承包合同。合同约定由第十建筑工程公司申请获得施工许可证后开工。

承包人第十建筑工程公司于2006年3月20日领取工程施工许可证,直到2006年8月20日将各种设备、材料运抵工地开始施工。

问题:

(1)万方商场是通过哪种途径取得土地使用权的?

(2)根据工程建设程序,万方商场在取得土地使用权之前还应获得哪些许可?

(3)建筑工程承包合同约定由第十建筑工程公司申请施工许可证是否符合法律规定？为什么？

三、任务实训

实训内容：每5人为一组，通过查找实物拍照或者从网站下载、截图等方法，要求至少找到一张与下列五类证书相对应的照片或图片，并说明该证书的作用，最后以 Word 文档的形式保存。进一步掌握工程建设法定程序、建筑工程施工许可、建筑企业资质管理、工程建设从业人员执业资格管理制度。实训时间为 1 h。

(1)选址意见书、建设用地规划许可证、建设工程规划许可证。

(2)土地使用权证。

(3)施工许可证。

(4)工程勘察综合资质甲级证书，工程勘察专业资质甲级、乙级、丙级证书，工程勘察劳务资质证书。

工程设计综合资质甲级证书，工程设计行业资质甲级、乙级、丙级证书，工程设计专业资质甲级、乙级、丙级、丁级证书，工程设计专项资质甲级、乙级、丙级证书。

房屋建筑工程施工总承包特级、一级、二级、三级企业资质证书。

工程造价咨询甲级、乙级企业资质证书。

(5)中华人民共和国一级、二级建造师执业资格证书，中华人民共和国造价工程师执业资格证书。

学生作业展示：_____

教师评价：_____

拓展训练参考答案

第三章　建设工程招标投标法律原理与实务

学习目标

通过本章的学习，了解建设工程招标投标的法律原理，掌握建设工程招标、投标和决标的基本法律规定，并能识别招标投标过程中的违法行为。

课件：建设工程招标投标法律原理与实务

思政目标

通过本章学习，对建设工程招投标过程中应坚持的原则、法规有充分了解，并真正将社会主义核心价值体系中平等、公正、法治、诚信等价值观融入到招投标活动中。

思政小课堂

招标投标意在通过竞争的方式选择中标人，并与之签订合同，其本质上属于一种竞争性的交易手段，对市场资源的有效配置起着积极作用，国内外，无论公共或私人部门，它都是一种被广泛使用的交易手段和竞争方式。其具有公开性、竞争性、平等性等基本特征。

视频：思政小课堂

《中华人民共和国招标投标法》第五条规定：招标投标活动应当遵循公开、公平、公正和诚实信用的原则。公开就是要求招标投标活动具有高度的透明度，使每个投标人都能获得同等的信息，公开原则是公平、公正和诚实信用原则的基础。公平就是要给每个投标人平等的竞争机会，使其享有同等的权利并履行相应义务。公正即在评标过程中严格按照事先确定和公布的标准对待所有的投标人。诚实信用就是要求参与招标投标活动的当事人始终坚持诚实、守信的原则，在主张自己权利的同时，应当以尊重他人或对方的权益为基础，切实履行自己的义务，保守他人或对方的商业秘密。

招投标活动所应当遵循的公开、公平、公正和诚实信用的原则很好体现了我国社会主义核心价值观体系中平等、公正、诚信等价值观，这就要求我们在招投标过程中首先应当将"公开、公平、公正和诚实信用原则"具体化，赋予所有招投标参与人平等的招投标机会；其次，应落实结果公正；再次，保证所提供信息的真实性并能按约定履行合同，在招投标活动中真正将社会主义核心价值观中的平等、公正、诚信等价值融入其里。

第一节 建设工程招标投标立法概述

案例导入 3-1

中标通知书是"承诺"行为

某大学附属第三医院医技大楼设计建筑面积为 19 945 m²,预计造价为 7 400 万元,其中土建工程造价约为 3 402 万元,配套设备暂定造价为 3 998 万元。当年 1 月该工程项目进入广东省建筑工程交易中心,以总承包方式向社会公开招标。经常以"广州辉宇房地产有限公司总经理"的身份对外交往的包工头郑某得知该项目的情况后,立即分别到广东省广州市 4 家建筑公司活动,要求挂靠这 4 家公司参与投标。这 4 家公司在未对郑某的"广州辉宇房地产有限公司"的资质和业绩进行审查的情况下,同意其挂靠,并分别商定了"合作"条件:一是投标保证金由郑某支付;二是广州市原告代替被告郑某编制标书,由郑某支付"劳务费",其余三家公司的经济标书由郑某编制;三是项目中标后全部或部分工程由郑某组织施工,挂靠单位收取占工程造价 3‰~5‰ 的管理费。上述 4 家公司违法出让资质证明,为郑某搞串标活动提供了条件。2019 年 1 月,被告郑某给 4 家公司各汇去 30 万元投标保证金,并支付给广州市原告 1.5 万元编制标书的"劳务费"。为揽到该项目,被告郑某还不择手段地拉拢广东省交易中心评标处副处长张某、办公室副主任陈某。郑某以咨询业务为名,经常请张某、陈某吃喝玩乐,并送给张某港币 5 万元、人民币 1 000 元,以及人参、茶叶、香烟等物品;送给陈某港币 3 万元和洋酒等物品。张某、陈某两人积极为郑某提供"咨询"服务,不惜泄露招标投标中的相关保密事项,甚至带郑某到审核标底现场向有关人员打探标底,后因现场监督严格而未得逞。1 月 22 日下午开始评标。评委会置该项目招标文件规定于不顾,把原安排 22 日下午评技术标、23 日上午评经济标两段评标内容集中在一天下午进行,致使评标委员会没有足够时间对标书进行认真、细致的评审,一些标书明显存在的违反招标文件规定的错误未能被发现。同时,评标委员在评审中还把标底价 50% 以上的配套设备暂定价 3 998 万元剔除,使造价总体下浮变为部分下浮,影响了评标结果的合理性。1 月 24 日 19 时 20 分左右,评标结束,中标单位为深圳市总公司。由于郑某挂靠的 4 家公司均未能中标,郑某便鼓动这 4 家公司向有关部门投诉,设法改变评标结果。因不断发生投诉,招标单位未发出中标通知书。广东省纪委、省监察厅、省建设厅组成联合调查组,对广东省建筑工程交易中心个别工作人员在某大学附属第三医院医技大楼工程招标投标中的违纪违法问题展开调查。

经查实,该工程项目在招标投标中存在包工头串标、建筑施工单位出让资质证照、评标委员会不依法评标、省交易中心个别工作人员收受包工头钱物等违纪违法问题。经省建设厅、省监察厅研究决定,取消该项目招标投标结果,依法重新组织招标投标。涉嫌违纪违法的交易中心工作人员张某、陈某已被停职,立案审查,其非法收受的钱物已被依法收缴。省纪委、省监察厅依照有关法规和党纪政纪对涉案单位和人员进行严肃处理。

一、建设工程招标投标法的立法现状

建设工程招标投标是当进行建筑工程、大宗建筑材料及建设服务的采购时，采购人或招标人以招标的方式提出招标条件，投标人以竞争方式分别提出投标条件，然后由招标人选择其中的最优者，并与其订立合同的一种市场交易方式。

招标投标法是指调整在招标投标活动中产生的各种关系的法律规范的总称。现行的有关招标投标管理的法律、法规和规章主要有：

(1)《招标投标法》(主席令第86号)根据2017年12月27日第十二届全国人民代表大会常务委员会第三十一次会议《关于修改〈中华人民共和国招标投标法〉〈中华人民共和国计量法〉的决定》修正，自2017年12月28日起施行。

(2)《必须招标的工程项目规定》(国家发展和改革委员会令第16号)，自2018年6月1日起施行。

(3)《工程建设项目施工招标投标办法》(七部委〔2003〕第30号令)，自2003年5月1日起实行。已按国家发改委等九部委第23号令(2013年)修改后更新。

(4)《建筑工程设计招标投标管理办法》(住建部令第33号)已经第三十二次部常务会议审议通过，自2017年5月1日起施行。

(5)《工程建设项目自行招标试行办法》(原国家发展计划委员会令第5号)，自2000年7月1日起施行，根据国家发改委会同有关部门发布的《关于废止和修改部分招标投标规章和规范性文件的决定》2013年第23号令修正。

(6)《评标委员会和评标方法暂行规定》(七部委令第12号)，自2001年7月5日起施行，根据《关于废止和修改部分招标投标规章和规范性文件的决定》2013年第23号令修正。

(7)《建筑工程施工发包与承包计价管理办法》(住房城乡建设部令第16号)经第九次部常务会议审议通过，自2014年2月1日起施行。

(8)《中华人民共和国政府采购法实施条例》(国务院令第658号)经2014年12月31日国务院第七十五次常务会议通过，自2015年3月1日起施行。

(9)《工程建设项目勘察设计招标投标办法》(八部委令第2号)自2003年8月1日起施行，根据《关于废止和修改部分招标投标规章和规范性文件的决定》2013年第23号令修正。

(10)《房屋建筑和市政基础设施工程施工分包管理办法》(原建设部令第124号)，自2004年4月1日起施行，根据2014年8月27日住房和城乡建设部令第19号修正，根据2019年3月13日中华人民共和国住房和城乡建设部令第47号第二次修正。

(11)《工程建设项目货物招标投标办法》(七部委令第27号)，自2005年3月1日起施行，于2013年3月11日根据《关于废止和修改部分招标投标规章和规范性文件的决定》(发展改革委令第23号)作出修改。

二、建设工程招标投标活动的基本原则

1. 公开、公平、公正和诚实信用的原则

《招标投标法》第五条规定:"招标投标活动应当遵循公开、公平、公正和诚实信用的原则。"公开就是要求招标投标活动具有高度的透明度,使每个投标人都能获得同等的信息,公开原则是公平、公正和诚实信用原则的基础;公平就是要给每个投标人平等的竞争机会,使其享有同等的权利并履行相应义务;公正即在评标过程中严格按照事先确定和公布的标准对待所有的投标人;诚实信用就是要求参与招标投标活动的当事人始终坚持诚实、守信的原则,在主张自己权利的同时,应当以尊重他人或对方的权益为基础,切实履行自己的义务,保守他人或对方的商业秘密。

2. 强制招标与自愿招标相结合的原则

依法必须进行招标的项目,必须严格按规定进行招标;对于可以不招标的项目,投资人可以选择招标,也可以选择不进行招标。

3. 打破地域和部门的限制、开放市场、公平竞争的原则

《招标投标法》规定:"依法必须进行招标的项目,其招标投标活动不受地区或者部门的限制。任何单位和个人不得非法限制或者排斥本地区、本系统以外的法人或者其他组织参加投标,不得以任何方式非法干涉招标投标活动。"

三、建设工程招标的范围

《招标投标法》适用中华人民共和国境内大陆地区的招标投标活动,不适用我国香港、澳门和台湾地区。根据强制招标与自愿招标相结合的原则,我国建筑工程的招标范围划分为强制招标和自愿招标两类。

(一)强制招标的范围和建设项目的规模

1. 强制招标的范围

为了确定必须招标的工程项目,规范招标投标活动,提高工作效率,降低企业成本,预防腐败,国家发展和改革委员会于2018年3月27日发布的《必须招标的工程项目规定》与2018年6月6日国家发展和改革委发布的关于印发《必须招标的基础设施和公用事业项目范围规定》的通知,将《招标投标法》第三条规定必须招标项目的范围作了进一步界定。

在中华人民共和国境内进行下列工程建设项目,包括项目的勘察、设计、施工、监理以及与工程建设有关的重要设备、材料等的采购,必须进行招标:

(1)大型基础设施、公用事业等关系社会公共利益、公众安全的项目;
(2)全部或者部分使用国有资金投资或者国家融资的项目;
(3)使用国际组织或者外国政府贷款、援助资金的项目。

前款所列项目的具体范围和规模标准,由国务院发展计划部门会同国务院有关部门制订,报国务院批准。

法律或者国务院对必须进行招标的其他项目的范围有规定的，依照其规定。

其中，全部或者部分使用国有资金投资或者国家融资的项目包括：

(1)使用预算资金在200万元人民币以上，并且该资金占投资额10%以上的项目；

(2)使用国有企业事业单位的资金，并且该资金控股或者占主导地位的项目。

使用国际组织或者外国政府贷款、援助资金的项目包括：

(1)使用世界银行、亚洲开发银行等国际组织贷款、援助资金的项目；

(2)使用外国政府及其机构贷款、援助资金的项目。

不属于上述规定情形的大型基础设施、公用事业等关系社会公共利益、公众安全的项目，必须招标的具体范围由国务院发展改革部门会同国务院有关部门按照确有必要、严格限定的原则制定，报国务院批准。

不属于《必须招标的工程项目规定》第二条、第三条规定情形的大型基础设施、公用事业等关系社会公共利益、公众安全的项目，必须招标的具体范围包括：

(1)煤炭、石油、天然气、电力、新能源等能源基础设施项目；

(2)铁路、公路、管道、水运，以及公共航空和A1级通用机场等交通运输基础设施项目；

(3)电信枢纽、通信信息网络等通信基础设施项目；

(4)防洪、灌溉、排涝、引(供)水等水利基础设施项目；

(5)城市轨道交通等城建项目。

2. 强制招标的建设项目的规模

上述规定范围内的项目，其勘察、设计、施工、监理以及与工程建设有关的重要设备、材料等的采购达到下列标准之一的，必须招标：

(1)施工单项合同估算价在400万元人民币以上；

(2)重要设备、材料等货物的采购，单项合同估算价在200万元人民币以上；

(3)勘察、设计、监理等服务的采购，单项合同估算价在100万元人民币以上。

同一项目中可以合并进行的勘察、设计、施工、监理以及与工程建设有关的重要设备、材料等的采购，合同估算价合计达到上述规定标准的，必须招标。

(二)可以不进行招标的项目

(1)《招标投标法》第六十六条、第六十七条规定可以不进行招标的项目如下：

1)涉及国家安全、国家秘密、抢险救灾或者属于利用扶贫资金实行以工代赈、需要使用农民工等特殊情况，不适宜进行招标的项目，按照国家有关规定可以不进行招标。

2)使用国际组织或者外国政府贷款、援助资金的项目进行招标，贷款方、资金提供方对招标投标的具体条件和程序有不同规定的，可以适用其规定，但违背中华人民共和国的社会公共利益的除外。

(2)根据《中华人民共和国招标投标法实施条例》的要求，有下列情形之一的，可以不进行招标：

1)需要采用不可替代的专利或者专有技术；

2)采购人依法能够自行建设、生产或者提供；

3)已通过招标方式选定的特许经营项目投资人依法能够自行建设、生产或者提供；

4)需要向原中标人采购工程、货物或者服务,否则将影响施工或者功能配套要求;

5)国家规定的其他特殊情形。

(3)《工程建设项目勘察设计招标投标办法》第四条规定,按照国家规定需要履行项目审批、核准手续的依法必须进行招标的项目,有下列情形之一的,经项目审批、核准部门审批、核准,项目的勘察设计可以不进行招标:

1)涉及国家安全、国家秘密、抢险救灾或者属于利用扶贫资金实行以工代赈、需要使用农民工等特殊情况,不适宜进行招标;

2)主要工艺、技术采用不可替代的专利或者专有技术,或者其建筑艺术造型有特殊要求;

3)采购人依法能够自行勘察、设计;

4)已通过招标方式选定的特许经营项目投资人依法能够自行勘察、设计;

5)技术复杂或专业性强,能够满足条件的勘察设计单位少于三家,不能形成有效竞争;

6)已建成项目需要改、扩建或者技术改造,由其他单位进行设计影响项目功能配套性;

7)国家规定的其他特殊情形。

(4)《工程建设项目施工招标投标办法》第十二条规定,依法必须进行施工招标的工程建设项目有下列情形之一的,可以不进行施工招标:

1)涉及国家安全、国家秘密、抢险救灾或者属于利用扶贫资金实行以工代赈需要使用农民工等特殊情况,不适宜进行招标;

2)施工主要技术采用不可替代的专利或者专有技术;

3)已通过招标方式选定的特许经营项目投资人依法能够自行建设;

4)采购人依法能够自行建设;

5)在建工程追加的附属小型工程或者主体加层工程,原中标人仍具备承包能力,并且其他人承担将影响施工或者功能配套要求;

6)国家规定的其他情形。

第二节 建设工程招标投标的程序

案例导入3-2

某工程项目,经过有关部门批准后,决定由业主自行组织施工公开招标。该工程项目为政府的公共工程,已经列入地方的年度固定资产投资计划,概算已经主管部门批准,但征地工作尚未完成,施工图及有关技术资料齐全。因估计除本市施工企业参加投标外,还可能有外省市施工企业参加投标,因此,业主委托咨询公司编制了两个标底,准备分别用于对本市和外省市施工企业投标的评定。业主要求将技术标和商务标分别封装。某承包商在封口处加盖了本单位的公章,并由项目经理签字后,在投标截止日期的前1天将投标文件报送业主。当天下午,该承包商又递交了一份补充材料,声明将原报价降低5%,但是业主的有关人员认为,一个承包商不得递交2份投标文件,因而拒收承包商的补充材料。开标会议由市招标投标管理机构主持,市公证处有关人员到会。开标前,市公证处人员对投标单位的资质进行了审查，确认所有投标文件均有效后正式开标。业主在评标之前组织了评标委员会，成员共8人，其中业主人员占5人。招标工作的主要内容如下：(1)发投标邀请函；(2)发放招标文件；(3)进行资格后审；(4)召开投标质疑会议；(5)组织现场勘察；(6)接收投标文件；(7)开标；(8)确定中标单位；(9)评标；(10)发出中标通知书；(11)签订施工合同。

从所介绍的背景资料来看，招标活动中有哪些不当之处？请排出施工招标的正确排序。

分析：本案中招标活动的不当之处体现在：①因征地工作尚未完成，因此，不能进行施工招标；②标底具有唯一性，不应编制两个标底；③在招标中，业主违反了《招标投标法》的规定，以不合理的条件排斥了潜在的投标人；④承包商的投标文件若由项目经理签字，应由法定代表人签发授权委托书；⑤在投标截止日期之前的任何一天，承包商都可以递交投标文件，也可以对投标文件作出补充与修正，业主不得拒收；⑥开标会应由招标人或者委托代理机构主持，而不应由招标投标管理机构主持；⑦市公证处人员无权对投标单位的资质进行审查；⑧评标委员会必须是5人以上的单数，而且业主方面的专家最多占1/3，本项目评标委员会不符合要求；⑨应进行资格预审，而不能进行资格后审。施工招标的正确排序：(1)→(3)→(2)→(5)→(4)→(6)→(7)→(9)→(8)→(10)→(11)。

一、建设工程招标

(一)建设工程招标应具备的条件

《招标投标法》第九条规定："招标项目按照国家有关规定需要履行项目审批手续的，应当先履行审批手续，取得批准。招标人应当有进行招标项目的相应资金或者资金来源已经落实，并应当在招标文件中如实载明。"根据这一规定，相关招标管理办法对建设工程招标应当具备的条件又作了进一步的细化，具体如下。

1. 勘察设计招标条件

《工程建设项目勘察设计招标投标办法》第九条规定，依法必须进行勘察设计招标的建设工程项目，在招标时应当具备下列条件：

(1)招标人已经依法成立；
(2)按照国家有关规定需要履行项目审批、核准或者备案手续的，已经审批、核准或者备案；
(3)勘察设计有相应资金或者资金来源已经落实；
(4)所必需的勘察设计基础资料已经收集完成；
(5)法律法规规定的其他条件。

2. 施工招标条件

《工程建设项目施工招标投标办法》第八条规定，依法必须招标的工程建设项目，应当具备下列条件才能进行施工招标：

(1)招标人已经依法成立；
(2)初步设计及概算应当履行审批手续的，已经批准；
(3)有相应资金或资金来源已经落实；

(4)有招标所需的设计图纸及技术资料。

3. 货物招标条件

《工程建设项目货物招标投标办法》第八条规定，依法必须招标的工程建设项目，应当具备下列条件才能进行货物招标：

(1)招标人已经依法成立；

(2)按照国家有关规定应当履行项目审批、核准或者备案手续的，已经审批、核准或者备案；

(3)有相应资金或者资金来源已经落实；

(4)能够提出货物的使用与技术要求。

(二)建设工程招标的方式

《招标投标法》规定，招标分为公开招标和邀请招标。

公开招标是指招标人以招标公告的方式邀请不特定的法人或者其他组织投标。依法必须进行招标项目的招标公告，应当通过国家指定的报刊、信息，网络或者其他媒介发布。

邀请招标是指招标人以投标邀请书的方式邀请特定的法人或者其他经济组织投标。

(三)建设工程招标的组织和实施

1. 招标人自行组织招标

《招标投标法》第十二条规定："招标人具有编制招标文件和组织评标能力的，可以自行办理招标事宜。任何单位和个人不得强制其委托招标代理机构办理招标事宜。依法必须进行招标的项目，招标人自行办理招标事宜的，应当向有关行政监督部门备案。"

2. 招标人委托招标代理机构代理招标

招标人不具备法律规定自行招标所应有的条件的，可以委托招标代理机构代理招标事宜。工程招标代理机构接受招标人的委托，从事工程的勘察、设计、施工、监理以及与工程建设有关的重要设备(进口机电设备除外)、材料采购招标的代理业务。《招标投标法》第十二条规定："招标人有权自行选择招标代理机构，委托其办理招标事宜。任何单位和个人不得以任何方式为招标人指定招标代理机构。"招标代理机构应当在招标人委托范围内办理招标事宜，并遵守《招标投标法》中关于招标人的规定。

(四)建设工程招标的程序

建设工程招标应当遵循以下程序：

(1)招标单位组建一个招标工作机构，或者委托建设工程项目招标代理业务的招标代理机构代理招标。

(2)向政府招标投标办事机构提交招标申请书。

(3)编制招标文件和标底，并呈报审批。《招标投标法》第十九条规定："招标人应当根据招标项目的特点和需要编制招标文件。招标文件应当包括招标项目的技术要求、对投标人资格审查的标准、投标报价要求和评标标准等所有实质性要求和条件以及拟签订合同的主要条款。"

标底是我国工程项目招标中的一个特有概念。招标人可以根据建设工程项目的特点决定是否编制标底。招标项目可以不设标底，进行无标底招标；也可以设置标底，以此为参照进行有标底招标。

招标项目按照国家有关规定需要履行项目审批手续的,应当先履行审批手续,取得批准后,招标人方可组织招标。

(4)发布招标公告或发出投标邀请书。招标人采用公开招标方式的,应当发布招标公告。依法必须进行招标的项目的招标公告,应当通过国家指定的报刊、信息网络或者其他媒介发布;招标公告应当载明招标人的名称和地址,招标项目的性质、数量、实施地点和时间以及获取招标文件的办法等事项。招标人采用邀请招标方式的,应当向三个以上具备承担招标项目的能力、资信良好的特定的法人或者其他组织发出投标邀请书。投标邀请书应当载明招标公告规定的事项。

招标属于合同订立过程中的要约邀请行为,为了吸引潜在投标者,建筑工程施工招标公告或者投标邀请书应当至少载明下列内容:

1)招标人的名称和地址;
2)招标项目的内容、规模、资金来源;
3)招标项目的实施地点和工期;
4)获取招标文件或者资格预审文件的地点和时间;
5)对招标文件或者资格预审文件收取的费用;
6)对投标人的资质等级的要求。

(5)投标单位申请投标。

(6)对投标单位进行资质审查,并将审查结果通知各申请投标者。

《工程建设项目施工招标投标办法》第二十条规定,资格审查应主要审查潜在投标人或者投标人是否符合下列条件:

1)具有独立订立合同的能力;
2)具有履行合同的能力,包括专业、技术资格和能力,资金、设备和其他物质设施状况,管理能力,经验、信誉和相应的从业人员;
3)没有处于被责令停业,投标资格被取消,财产被接管、冻结、破产状态;
4)在最近3年内没有骗取中标、严重违约及重大工程质量问题;
5)国家规定的其他资格条件。

资格审查时,招标人不得以不合理的条件限制、排斥潜在投标人或者投标人,不得对潜在投标人或者投标人实行歧视待遇。招标人不得改变载明的资格条件或者以没有载明的资格条件对潜在投标人或者投标人进行资格审查,任何单位和个人不得以行政手段或者其他不合理方式限制投标人的数量。

采取资格预审的,招标人应当在资格预审文件中载明资格预审的条件、标准和方法。资格预审应主要审查潜在投标人或投标人是否符合下列条件:

1)具有独立订立合同的能力;
2)未处于被责令停业,投标资格被取消或者财产被接管、冻结和破产状态;
3)企业没有因骗取中标,严重违约以及发生重大工程质量、安全生产事故等问题,被有关部门暂停投标资格并在暂停期内的;
4)企业的资质类别、等级和项目经理的资质等级满足招标公告要求;

5)以联合体形式申请资格预审的,联合体的资格(资质)条件必须符合要求,并附有共同投标协议;

6)资格预审申请书中的重要内容没有失实或者弄虚作假;

7)企业具备安全生产条件,并取得安全生产许可证;

8)项目经理无在建工程,或者虽有在建工程,但合同约定范围内的全部施工任务已临近竣工阶段,并已经同原发包人提出竣工验收申请,原发包人同意其参加其他工程项目的投标竞争;

9)符合法律、法规规定的其他条件。

经资格预审后,招标人应当向资格预审合格的潜在投标人发出资格预审合格通知书,告知获取招标文件的时间、地点和方法,并同时向资格预审不合格的潜在投标人告知资格预审结果。资格预审合格的潜在投标人不足三个的,招标人应当重新进行资格预审。采取资格后审的,招标人应当在招标文件中载明对投标人资格要求的条件、标准和方法。对资格后审不合格的投标人,评标委员会应当将其投标予以否决。

(7)向合格的单位分发招标文件及有关技术资料。

(8)组织投标单位踏勘现场,并对招标文件进行答疑。

(9)建立评标组织,制定评标、议标办法。

知识拓展

联合体投标

联合体投标是指两个以上法人或者其他组织,共同组成一个非法人的联合体,以该联合体的名义作为一个投标人,参加投标竞争。《招标投标法》第三十一条第一款规定:"两个以上的法人或者其他组织可以组成一个联合体,以一个投标人的身份共同投标。"《工程建设项目施工招标投标办法》第四十二条、《工程建设项目货物招标投标办法》第三十八条第一款作了相同的规定。《建筑法》第二十七条则从承包的角度规定:"大型建筑工程或者结构复杂的建筑工程,可以由两个以上承包单位联合共同承包。"在具体项目操作过程中,如果工程建设联合体中标,联合体投标就转化成联合承包。联合体投标通过资格预审的,其组成单位的任何变化都必须在提交投标文件截止之日前,征得招标人的同意。如果变化后的联合体削弱竞争力,含有事先未经过资格预审或者资格预审不合格的法人或者其他组织,或者使联合体的资质降低到资格预审文件规定的最低标准以下,招标人有权拒绝。联合体各方均应当具备承担招标项目的相应能力,由同一专业的单位组成的联合体应按照资质等级较低的单位确定资质等级。在联合体内部,各方应当签订共同投标协议,明确各方在招标项目中的权利与义务关系,并将共同投标协议连同投标文件一并提交招标人。招标人不得强制投标人组成联合体共同投标,不得限制投标人之间的竞争。联合体中标后,应当由各方共同与招标人签订合同,就中标项目向招标人承担连带责任。

二、建设工程投标

(一)投标人必须具备的条件

(1)具有独立订立合同的能力;

(2)具有履行合同的能力,包括专业、技术资格和能力,资金、设备和其他物质设施状况,管理能力,经验、信誉和相应的从业人员;

(3)没有处于被责令停业,投标资格被取消,财产被接管、冻结,破产状态;

(4)在最近三年内没有骗取中标和严重违约及重大工程质量问题;

(5)国家规定的其他资格条件。

资格审查时,招标人不得以不合理的条件限制、排斥潜在投标人或者投标人,不得对潜在投标人或者投标人实行歧视待遇。任何单位和个人不得以行政手段或者其他不合理方式限制投标人的数量。

(二)投标程序

从投标人的角度看,建设工程投标的一般程序,主要包括以下几个环节:

(1)向招标人申报资格审查,提供有关文件资料;

(2)购领招标文件和有关资料,缴纳投标保证金;

(3)组织投标班子,委托投标代理人;

(4)参加现场踏勘和投标预备会;

(5)编制、递送投标书;

(6)接受评标组织就投标文件中不清楚的问题进行的询问,举行澄清会谈;

(7)接受中标通知书,签订合同,提供履约担保,分送合同副本。

投标人应当按照招标文件的要求编制投标文件。投标文件应当对招标文件提出的实质性要求和条件作出响应。

招标项目属于建设施工的,投标文件的内容应当包括拟派出的项目负责人与主要技术人员的简历、业绩和拟用于完成招标项目的机械设备等。

三、建设工程决标

建设工程决标包括开标、评标和定标三个过程。《建筑法》规定,建设工程招标的开标、评标、定标由建设单位依法组织实施,并接受有关行政主管部门的监督。

(一)开标

开标是指招标人按照招标文件规定的时间和地点,开启投标人提交的投标文件,宣读投标人的名称、投标价格以及投标文件中的其他主要内容的行为。开标的主持人可以是招标人,也可以是招标人的代理人(招标代理机构的负责人)。开标人员至少由主持人、开标人、监标人、唱标人和记录人组成,上述人员对开标负责。

1. 开标的程序

根据《招标投标法》第三十六条的规定,开标应当遵守以下法律程序:

(1)开标前的检查。开标前,首先由投标人或者其推选的代表检查投标文件的密封情况,也可以由招标人委托的公证机构检查并公证。

(2)投标文件的拆封、宣读。经确认无误后,由工作人员当众拆封,宣读投标人名称、投标价格和投标文件的其他主要内容。招标人在招标文件要求提交投标文件的截止时间前收到的所有投标文件,开标时都应当众予以拆封、宣读。

(3)开标过程的记录和存档。开标过程应当记录,并存档备查。开标记录的内容包括项目名称、招标号、刊登招标公告的日期、发售招标文件的日期、购买招标文件的单位名称、投标人的名称及报价、截标后收到投标文件的处理情况等。

2. 无效投标

在开标时,投标文件出现下列情形之一的,评标委员会应当否决其投标:

(1)投标文件未经投标单位盖章和单位负责人签字;
(2)投标联合体没有提交共同投标协议;
(3)投标人不符合国家或者招标文件规定的资格条件;
(4)同一投标人提交两个以上不同的投标文件或者投标报价,但招标文件要求提交备选投标的除外;
(5)投标报价低于成本或者高于招标文件设定的最高投标限价;
(6)投标文件没有对招标文件的实质性要求和条件作出响应。

(二)评标

评标由招标人依法组建的评标委员会负责。评标委员会由招标人的代表和有关技术、经济等方面的专家组成,成员人数为5人以上的单数,其中技术、经济等方面的专家不得少于成员总数的2/3。前述专家应当从事相关领域工作满8年并具有高级职称或者具有同等专业水平,由招标人从国务院有关部门或者省、自治区、直辖市人民政府有关部门提供的专家名册或者招标代理机构的专家库内的相关专业的专家名单中确定;一般招标项目可以采取随机抽取方式,特殊招标项目可以由招标人直接确定。

与投标人有利害关系的人不得进入相关项目的评标委员会,已经进入的应当更换。

评标委员会成员的名单在中标结果确定前应当保密。评标一般经过评标准备、初步评审和详细评审等几个环节。

1. 评标准备

评标委员会成员应当编制供评标使用的相应表格,认真研究招标文件,做好评标准备工作,同时至少应了解和熟悉以下内容:

(1)招标的目标;
(2)招标项目的范围和性质;
(3)招标文件中规定的主要技术要求、标准和商务条款;
(4)招标文件规定的评标标准、评标方法和在评标过程中需考虑的相关因素。

评标委员会应当根据招标文件规定的评标标准和方法,对投标文件进行系统的评审和比较,招标人设有标底的,标底应当保密,并在评标时作为参考。评标委员会应当按照投标报价的高低或者招标文件规定的其他方法对投标文件排序。招标文件中没有规定的标准和方法不得作为评标的依据；招标文件中规定的评标标准和评标方法应当合理，不得含有带有倾向性或者排斥潜在投标人的内容，不得妨碍或者限制投标人之间的竞争。

2. 初步评审

初步评审的工作主要有两项：一是对投标文件中的细微偏差作进一步的澄清与补正；二是对未能对招标文件作出实质性的具有重大偏差的投标文件进行处理。

投标文件中的大写金额和小写金额不一致的，以大写金额为准；总价金额与单价金额不一致的，以单价金额为准，但单价金额小数点有明显错误的除外；对不同文字文本投标文件的解释发生异议的，以中文文本为准；正本与副本不一致时，以正本为准。

3. 详细评审

经过初步评审合格的投标文件，评标委员会应当根据招标文件确定的评标方法和标准，对各投标书的实施方案和计划进行实质性的评价和优劣比较。评审时不允许采用招标文件中要求投标人考虑因素以外的任何条件作为标准。详细评审通常分两个步骤进行。首先，对各投标书进行技术和商务方面的审查，评定其合理性，以及若将合同授予该投标人后，在履行过程中可能给招标人带来的风险。在此基础上，再由评标委员会对各投标书分项进行量化比较，从而评定出优劣次序。

4. 评标报告

评标报告是评标委员会经过对各投标书的评审后，向招标人提出的结论性报告，应抄送有关行政监督部门。评标委员会完成评标后，应当向招标人提出书面评标报告，向招标人推荐合格的中标候选人，评标委员会推荐的中标候选人应当限定在1~3人，并标明排列顺序。

(三) 定标

定标是指招标人根据评标委员会提出的书面评标报告和推荐的中标候选人确定中标人，并签订合同的行为。招标人也可以授权评标委员会直接确定中标人。

1. 中标人的条件

根据《评标委员会和评标方法暂行规定》第四十六条的规定，中标人的投标应当符合下列条件之一：

(1)能够最大限度地满足招标文件中规定的各项综合评价标准；

(2)能够满足招标文件的实质性要求，并且经评审的投标价格最低，但是投标价格低于成本的除外。

2. 中标后续事宜

(1)发出中标通知书。中标人确定后，招标人应当向中标人发出中标通知书，并同时将中标结果通知所有未中标的投标人。中标通知书对招标人和中标人具有法律效力。中标通知书发出后，招标人改变中标结果的，或者中标人放弃中标项目的，应当依法承担法律责任。

(2)招标人与中标人签订合同。招标人和中标人应当自中标通知书发出之日起30日内，按照招标文件和中标人的投标文件订立书面合同。招标人和中标人不得再行订立背离合同实质性内容的其他协议。招标文件要求中标人提交履约保证金的，中标人应当提交。

(3)备案。依法必须进行招标的项目，招标人应当自确定中标人之日起15日内，向有关行政监督部门提交招标投标情况的书面报告。

中标人应当按照合同约定履行义务，完成中标项目。中标人不得向他人转让中标项目，也不得将中标项目肢解后分别向他人转让。中标人按照合同约定或者经招标人同意，可以将中标项目的部分非主体、非关键性工作分包给他人完成。接受分包的人应当具备相应的资格条件，并不得再次分包。中标人应当就分包项目向招标人负责，接受分包的人就分包项目承担连带责任。

【案例 3-1】

中标通知书是"承诺"行为

被告就某住宅项目进行邀请招标，结果原告中标。中标通知书发出后，原告按被告的要求提出，为抓紧工期，先做施工准备后签工程合同。随后，原告进场，平整场地，将打桩桩架运至现场，并配合被告打了两根桩，完成了项目的开工仪式。但是，开工后，还没有等到正式签订承包合同，双方就因为对合同内容的意见不一致而发生了争执。2000 年 3 月 1 日，被告函告原告："将另行落实施工队伍。"双方协商不成，原告诉至法院。

法院在审理后认为，按照我国《招标投标法》第四十五条"中标人确定后，招标人应当向中标人发出中标通知书，并同时将中标结果通知所有未中标的投标人。中标通知书对招标人和中标人具有法律效力。中标通知书发出后，招标人改变中标结果的，或者中标人放弃中标项目的，应当依法承担法律责任"的规定，很显然，被告的行为不符合法律规定，法院认定被告违约，并判决被告补偿原告经济损失158万元。

分析：招标人发出中标通知书的行为，属于《民法典》规定的承诺。这时，双方虽然尚未签订书面合同，但是中标通知书已经对当事人具有法律约束力。任何一方拒绝签订合同，即违反了诚实信用原则，应当承担缔约过失责任，而不是违约责任。

第三节 建设工程招标投标的管理与监督

案例导入 3-3

温州市九瑞市政建设有限公司经理杨旭暖、无锡市政建筑工程有限公司温州分公司经理王贺民、温州市创新市政建设有限公司董事长郑荣弟等人，在温州市瓯海区、龙湾区相关市政建筑工程公开招标过程中，采取联系多家企业串通投标、相互串通投标报价、议定买标人等方式，在温州市铁路新客站配套工程等多个项目中中标。2011 年 5 月，法院以串通投标罪依法判处杨旭暖有期徒刑 2 年 3 个月，缓刑 4 年；依法判处王贺民有期徒刑 2 年 6 个月，缓刑 4 年；依法判处郑荣弟有期徒刑 2 年，缓刑 3 年。

一、建设工程招标投标监督管理制度

工业(含内贸)、水利、交通、铁道、民航、信息产业等行业和产业项目的招标投标活动的监督执法，分别由经贸、水利、交通、铁道、民航、信息产业等行政主管部门负责；各类房屋建筑及其附属设施的建造和与其配套的线路、管道、设备的安装项目和市政工程项目的招标投标活动的监督执法，由住房城乡建设主管部门负责；进口机电设备采购项目的招标投标活动的监督执法，由外经贸行政主管部门负责。

《建筑法》第二十一条规定："建设工程招标的开标、评标、定标由建设单位依法组织实施，并接受有关行政主管部门的监督。"

《招标投标法》第四十七条规定："依法必须进行招标的项目，招标人应当自确定中标人之日起15日内，向有关行政监督部门提交招标投标情况的书面报告。"

《工程建设项目施工招标投标办法》第六条规定："各级发展改革、工业和信息化、住房城乡建设、交通运输、铁道、水利、商场、民航等部门依照《国务院办公厅印发国务院有关部门实施招标投标活动行政监督的职责分工意见的通知》（国办发〔2000〕34号）和各地规定的职责分工，对工程施工招标投标活动实施监督，依法查处工程施工招标投标活动中的违法行为。"

《国务院办公厅印发国务院有关部门实施招标投标活动行政监督的职责分工意见的通知》规定："对于招标投标过程（包括招标、投标、开标、评标、中标）中泄露保密资料、泄露标底、串通招标、串通投标、歧视排斥投标等违法活动的监督执法，按现行的职责分工，分别由有关行政主管部门负责并受理投标人和其他利害关系人的投诉。"

二、招标投标活动中的违法行为

招标投标过程涉及招标人、投标人、招标代理机构、有关行政监督部门、评标委员会成员、有关单位对招标投标活动直接负责的主管人员和其他直接责任人员，以及任何干涉招标投标活动正常进行的单位或个人多方主体，违法行为的表现形式多种多样。此处，仅对招标人和投标人常见的违法行为进行介绍。

(1)投标人串通投标报价的行为。
1)投标者之间相互约定，一致抬高或者压低投标报价；
2)投标者之间相互约定，在招标项目中轮流以高价位或者低价位中标；
3)投标者之间先进行内部竞价，内定中标人，然后再参加投标；
4)投标者之间串通投标的其他行为。

【案例3-2】
辽宁省沈阳欧盟经济开发区二期道路排水基础设施工程串通投标案

赵祺在担任沈阳欧盟经济开发区规划建设局副局长兼招标投标管理办公室主任期间，利用职务便利，为请托人提供帮助，多次收受贿赂共计人民币67万余元。其中，在负责开发区二期道路排水基础设施7个工程项目公开招标中，为使太平洋建设集团有限公司顺利中标，在未办理审批手续的情况下，委托招标代理机构办理招标事宜；授意招标代理机构与太平洋公司进行实质性谈判；向太平洋公司的张某泄露标底，指使张某寻找单位串通投标，4次收受张某贿赂共计人民币5.5万元。赵祺受到开除党籍、开除公职处分，2010年11月，因犯受贿罪被依法判处有期徒刑6年。

(2)投标人与招标人相互勾结，排挤竞争对手的非公平竞争的行为。

1) 招标者在公开开标前，开启标书，并将投标情况告知其他投标者，或者协助投标者撤换标书，更改报价；

2) 招标者向投标者泄露标底；

3) 投标者与招标者商定，在招标投标时压低或者抬高标价，中标后再给投标者或者招标者额外补偿；

4) 招标者预先内定中标者，在确定中标者时，以此决定取舍；

5) 投标人以向招标人或者评标委员会成员行贿的手段谋取中标。

【案例3-3】

江西省南昌大学基建处原处长周光文

违规插手干预建设工程项目招标投标受贿案

2003—2010年，周光文利用职务便利，在南昌大学图书馆、建工楼等工程建设中，采取在招标投标领导小组会议上推荐中国建筑工程总公司南方公司、汕头市建安实业集团有限公司等企业作为入围单位，纵容投标企业串通投标等方式，使上述公司中标。周光文先后收受贿赂计人民币339万余元、港币65万元、美元6.5万元。周光文受到开除党籍处分，2011年3月，因犯受贿罪被依法判处有期徒刑13年。

(3) 骗取中标的行为。《招标投标法》第三十三条规定："投标人不得以低于成本的报价竞标，也不得以他人名义投标或者以其他方式弄虚作假，骗取中标。"在工程实践中，投标人以非法手段骗取中标的现象主要表现为：

1) 非法挂靠或者借用其他企业的资质证书参加投标；

2) 故意在投标文件的商务标和技术标上采用模糊的语言骗取中标，中标后提供低档劣质货物、工程和服务；

3) 投标时递交虚假业绩证明、资料文件；

4) 假冒法定代表人签名，私刻公章，递交假的委托书等。

三、法律责任

《招标投标法》规定的法律责任主体有招标人、投标人、招标代理机构、有关行政监督部门、评标委员会成员、有关单位对招标投标活动直接负责的主管人员和其他直接责任人员，以及任何干涉招标投标活动正常进行的单位或个人。其各自应承担的法律责任如下。

1. 招标人违法行为应承担的法律责任

(1) 违反《招标投标法》的规定，必须进行招标的项目而不招标的，将必须进行招标的项目化整为零或者以其他任何方式规避招标的，责令限期改正，可以处项目合同金额5‰以上10‰以下的罚款；对全部或者部分使用国有资金的项目，可以暂停项目执行或者暂停资金拨付；对单位直接负责的主管人员和其他直接责任人员依法给予处分。

(2) 招标人以不合理的条件限制或者排斥潜在投标人的，对潜在投标人实行歧视待遇的，强制要求投标人组成联合体共同投标的，或者限制投标人之间竞争的，责令改正，可以处1万元以上5万元以下的罚款。

(3)依法必须进行招标的项目的招标人向他人透露已获取招标文件的潜在投标人的名称、数量或者可能影响公平竞争的有关招标投标的其他情况的,或者泄露标底的,给予警告,可以并处1万元以上10万元以下的罚款;对单位直接负责的主管人员和其他直接责任人员依法给予处分;构成犯罪的,依法追究刑事责任。若该行为影响中标结果,中标无效。

(4)依法必须进行招标的项目,招标人违反规定,与投标人就投标价格、投标方案等实质性内容进行谈判的,给予警告,对单位直接负责的主管人员和其他直接责任人员依法给予处分。若该行为影响中标结果,中标无效。

(5)招标人在评标委员会依法推荐的中标候选人以外确定中标人的,依法必须进行招标的项目在所有投标被评标委员会否决后自行确定中标人的,中标无效,责令改正,可以处中标项目金额5‰以上10‰以下的罚款;对单位直接负责的主管人员和其他直接责任人员依法给予处分。

(6)招标人与中标人不按照招标文件和中标人的投标文件订立合同的,或者招标人、中标人订立背离合同实质性内容的协议的,责令改正;可以处中标项目金额5‰以上10‰以下的罚款。

2. 招标代理机构违法行为应承担的法律责任

违反《招标投标法》的规定,泄露应当保密的与招标投标活动有关的情况和资料的,或者与招标人、投标人串通,损害国家利益、社会公共利益或者他人合法权益的,处5万元以上25万元以下的罚款;对单位直接负责的主管人员和其他直接责任人员处单位罚款数额5%以上10%以下的罚款;有违法所得的,并处没收违法所得;情节严重的,禁止其1～2年内代理依法必须进行招标的项目并予以公告,直至由工商行政管理机关吊销营业执照;构成犯罪的,依法追究刑事责任;给他人造成损失的,依法承担赔偿责任。若该行为影响中标结果的,中标无效。

3. 投标人违法行为应承担的法律责任

(1)投标人相互串通投标或者与招标人串通投标的,投标人以向招标人或者评标委员会成员行贿的手段谋取中标的,中标无效,处中标项目金额5‰以上10‰以下的罚款,对单位直接负责的主管人员和其他直接责任人员处单位罚款数额5%以上10%以下的罚款;有违法所得的,并处没收违法所得;情节严重的,取消其1～2年内参加依法必须进行招标的项目的投标资格并予以公告,直至由工商行政管理机关吊销营业执照;构成犯罪的,应依法追究刑事责任。给他人造成损失的,依法承担赔偿责任。

(2)投标人以他人名义投标或者以其他方式弄虚作假,骗取中标的,中标无效,给招标人造成损失的,依法承担赔偿责任;构成犯罪的,依法追究刑事责任。依法必须进行招标的项目的投标人有前款所列行为且尚未构成犯罪的,处中标项目金额5‰以上10‰以下的罚款,对单位直接负责的主管人员和其他直接责任人员处单位罚款数额5%以上10%以下的罚款;有违法所得的,并处没收违法所得;情节严重的,取消其1～3年内参加依法必须进行招标的项目的投标资格并予以公告,直至由工商行政管理机关吊销营业执照。

(3)中标人将中标项目转让给他人的,将中标项目肢解后分别转让给他人的,违反《招标投标法》的规定,将中标项目的部分主体、关键性工作分包给他人的,或者分包人再次分包的,转让、分包无效,处转让、分包项目金额5‰以上10‰以下的罚款;有违法所得的,并处没收违法所得;可以责令停业整顿;情节严重的,由工商行政管理机关吊销营业执照。

(4)中标人不履行与招标人订立的合同的,履约保证金不予退还,给招标人造成的损失超过履约保证金数额的,还应当对超过部分予以赔偿;没有提交履约保证金的,应当对招标人的损失承担赔偿责任。中标人不按照与招标人订立的合同履行义务,情节严重的,取消其2~5年内参加依法必须进行招标的项目的投标资格并予以公告,直至由工商行政管理机关吊销营业执照。

4. 评标委员会成员违法行为应承担的法律责任

评标委员会成员收受投标人的财物或者其他好处的,评标委员会成员或者参加评标的有关工作人员向他人透露对投标文件的评审和比较、中标候选人的推荐以及与评标有关的其他情况的,给予警告,没收收受的财物,可以并处3 000元以上50 000元以下的罚款,对有所列违法行为的评标委员会成员取消担任评标委员会成员的资格,不得再参加任何依法必须进行招标的项目的评标;构成犯罪的,依法追究刑事责任。

5. 监管人违法行为应承担的法律责任

对于招标投标活动依法负有行政监督职责的国家机关工作人员徇私舞弊、滥用职权或者玩忽职守,构成犯罪的,依法追究刑事责任;不构成犯罪的,依法给予行政处分。

6. 其他情况

(1)任何单位和个人违反《招标投标法》的规定,限制或者排斥本地区、本系统以外的法人或者其他组织参加投标的,为招标人指定招标代理机构的,强制招标人委托招标代理机构办理招标事宜的,或者以其他方式干涉招标投标活动的,责令改正;对单位直接负责的主管人员和其他直接责任人员依法给予警告、记过、记大过的处分,情节较重的,依法给予降级、撤职、开除的处分。

(2)依法必须进行招标的项目违反《招标投标法》的规定,中标无效的,应当依照《招标投标法》规定的中标条件从其余投标人中重新确定中标人或者依照《招标投标法》重新进行招标。

本章小结

本章从建设工程招标投标的立法现状、建设工程招标活动的基本原则、建设工程招标的范围、建设工程招标投标程序、建设工程招标投标的管理与监督等方面对建设工程招标投标的法律原理与实务进行了阐述。建设工程招标活动应当严格按照《招标投标法》的规定,打破地域和部门的限制,坚持公开、公平、公正和诚实信用的原则,对强制招标范围的项目进行公开招标(其他项目可自愿招标)。招标、投标、决标及其各环节应当严格按照法律规定的程序、条件、方式组织实施,并接受有关行政主管部门的监督,触犯法律强制性规定的应当承担相应的法律责任。

拓展训练

一、复习思考题

1. 什么是建设工程招标？其应遵循什么原则？
2. 建设工程施工招标应具备的条件有哪些？
3. 招标方式有哪几种？它们之间的主要区别是什么？
4. 投标人应该具备什么条件？
5. 什么是联合体投标？
6. 何谓开标？
7. 确定中标人后,招标人应进行哪些活动？

二、案例分析

某市地震局要建设一栋地震监测预报大楼,大楼建筑面积为 4 000 m²,连体附属 3 层停车楼一座,总造价 3 100 万元。工程采用招标方式进行发包。由于地震监测预报大楼在设计上要求比较复杂,根据当地建设局的建议并经建设单位常委会研究决定,对参加投标单位的主体要求是最低不得低于二级资质。经过公开招标,有 A 和 B 单位参加了投标,两个投标单位在施工资质、施工力量、施工工艺和水平及社会信誉上都相差不大,地震局的领导及招标工作领导小组的成员对选择哪一家作为中标单位也是存在分歧。

正在局领导犹豫不决时,有 C 单位参入其中,C 单位的法定代表人是地震局某主要领导的亲戚,但是其施工资质是三级,经 C 单位的法定代表人的私下活动,局常委会同意让 C 与 A 单位联合承包工程,并明确向 A 单位暗示,如果不接受这个投标方案,则该工程的中标将授予 B 单位。A 单位为了获得该项工程,同意了与 C 单位联合承包该工程,并同意将停车楼交给 C 单位施工。于是 A 和 C 单位联合投标获得成功。A 单位与地震局签订了《建设工程施工合同》,A 与 C 单位也签订了联合承包工程的协议。

问题：

(1)在上述招标过程中,地震局作为该项目的建设单位其行为是否合法？
(2)从上述背景资料来看,A 和 C 组成的投标联合体是否有效？为什么？
(3)通常,招标人和投标人串通投标的行为有哪些表现形式？

三、任务实训

实训内容：根据所给资料进行讨论,进一步掌握建设工程招标投标的法律原理与实务。实训时间为 1 h。

背景资料：某公路大桥为某高速公路跨越长江的一座特大型公路桥梁,其引桥和接线一期土建招标划分了多个标段,且招标人首先对投标人进行了资格预审。资格预审评审后,各标段通过投标人个数均为 8 家左右,且均为具有良好履约信誉和施工管理综合能力的大型国有施工企业。

受招标人委托，某招标代理单位编制了本项目招标文件，根据国家相关法规规定在招标文件中约定"本项目评标采用合理低价法。招标人将于开标前7日以书面形式通知各投标人本项目的招标人最高限价"，但在开标前7日，招标人出于某些考虑和对通过资格预审各投标人在投标市场会遵守公平竞争规则的信任，发出书面通知告知投标人取消本项目的投标最高限价。

开标后，各标段投标人的投标报价均远远超出批准的概算；且经过评审，从投标人报价文件可以明显看出存在投标人串通投标、哄抬标价的行为，为此，评标委员会否决了所有投标。

问题：
(1)指出本案做法不妥当之处，并说明其理由。
(2)评标委员会否决所有投标的理由是否充分？招标人应怎样处理后续事项？

问题1学生代表发言：_____
教师评价：_____
问题2学生代表发言：_____
教师评价：_____

拓展训练参考答案

第四章　建设工程合同法律原理与实务

学习目标

通过本章的学习，了解建设工程合同的概念及特征，熟悉建设工程合同的签订程序；学会判定建设工程合同的效力；掌握建设工程合同履行中的担保、抗辩和保全等制度；能够分析建设工程合同的违约责任；处理索赔问题；掌握建设工程勘察设计合同、建设工程施工合同、建设工程监理合同的主要内容，明确合同中双方当事人各自的权利和义务；能处理建设工程合同实务问题。

课件：建设工程合同法律原理与实务

思政目标

通过本章的学习，首先认识到合同的基本原则就是社会主义核心价值观中"平等、公正、法治、诚信"等要求的体现，要将社会主义核心价值体系贯彻和落实在建设工程合同从起草到履行的各个环节。在掌握合同相关知识的基础上，培养遵纪守法、诚实守信的公民责任意识。在明确合同中权利与义务、违约责任等基础上，使学生恪守职业道德、规范职业行为、规避合同风险。

思政小课堂

无论是自1999年至2020年12月31日施行的《中华人民共和国合同法》（以下简称《合同法》，现已失效），还是自2021年1月1日起施行的《民法典》，在对合同相关条款的修订中，始终强调诚实信用原则，诚实信用原则已是合同中一项极为重要的原则，它常常被称为是"帝王规则"。如今，该原则已经成为具有世界意义的法律现象，而且随着社会、经济的迅速发展，诚实信用原则在近一个世纪以来出现了扩张的迹象。许多法律概念、规则、规范乃至原理、制度均在诚实信用原则的影响下发生了或正在发生着巨大的变化。

视频：思政小课堂

在我国合同条款中，不仅在一般规定中确立了诚实信用原则，而且围绕着诚实信用原则，建立了一整套科学的合同义务体系和适用规则，从合同的订立、履行、变更、解除、解释乃至终止，整个交易过程始终贯彻着诚实信用原则的要求，体现了对当事人保护周密化、精致化的趋向。

社会主义市场经济需要具备诚信意识和契约精神。它不仅承载了自然法的精神，而且是中华民族的传统美德，体现了公平正义等人类社会的最高理想。诚信既是市场经济的道德基石，也是企业的立身之本、成功之基。对于建筑企业而言如果没有诚信，就不会有过硬的工程质量。就建筑施工企业而言，诚信就是对工程质量的有效保障。建筑类高职学生是未来建筑业的从业人员，也是未来建筑企业诚信精神的实践者，因此，必须在大学教育过程中强化学生的诚信意识。

第一节 建设工程合同概述

案例导入 4-1

2019年10月12日，原告某建设工程有限公司中标被告某县人民政府招标的污水处理项目。10月17日，被告某县人民政府与原告某建设工程有限公司签订《建设工程施工合同协议书》。合同签订后，涉案工程于2019年10月20日开工，于2020年1月13日通过主体工程的验收。根据原告与被告之间的付款约定，竣工验收合格后支付至97%，质保金3%在1年质保期满后无质量问题返还，即被告应于2021年6月18日付清全部工程款。原告多次向被告催要工程款，但被告至今没有支付，故原告依法起诉。

分析：法院认定双方签订《建设工程施工合同协议书》系双方真实意思表示，且不违反法律强制性规定，合法有效，双方均应按合同约定履行义务。通过庭审查明，本案涉案工程已经竣工验收并已经过结算，原告主张被告付工程款及相应利息的请求符合法律规定和当事人约定，法院予以支持。关于利息，按《建设工程施工合同协议书》中相关约定和全国银行间同业拆借中心公布的贷款市场报价利率支付2021年6月19日起至给付完毕之日止的利息的请求符合法律规定，法院予以支持。

《建筑法》第十五条规定："建筑工程的发包单位与承包单位应当依法订立书面合同，明确双方的权利和义务。发包单位和承包单位应当全面履行合同约定的义务。不按照合同约定履行义务的，依法承担违约责任。"由于建设工程合同是合同的一种，因此，它的签订、履行、变更和终止除受到《建筑法》的约束外，还受到《民法典》中第三编"合同"法（以下简称"合同法"）的约束。

一、合同法概述

《民法典》第三编"合同"的前身是《合同法》。2020年5月28日，第十三届全国人民代表大会第三次会议表决通过了《民法典》，自2021年1月1日起施行，《合同法》同时废止。

《民法典》第三编"合同"分为三个分编。第一分编"通则"介绍了各类合同所涉及共性问题的一般规定，包括合同的订立、合同的效力、合同的履行、合同的保全、合同的变更和转让、合同的权利义务终止、违约责任等内容。第二分编"典型合同"，分别对买卖合同，供用电、水、气、热力合同，赠与合同，借款合同，建设工程合同等19种典型合同进行了具体的规定。第三分编"准合同"，对无因管理、不当得利等进行了规定。

(一)合同的概念

合同又称契约,其概念有广义和狭义之分。广义的合同泛指发生一定权利、义务关系的协议;狭义的合同专指平等主体的自然人、法人、其他组织之间设立、变更、终止民事权利、义务关系的协议。根据《民法典》第四百六十四条规定:"合同是民事主体之间设立、变更、终止民事法律关系的协议。"

(二)合同的特点

(1)合同的主体可以是自然人、法人或其他组织;

(2)合同主体订立合同的目的是通过双方享受权利、履行义务来实现各自的经济目的;

(3)合同的内容是有关设立、变更和终止民事法律关系的约定,是合同主体协商一致的结果,是通过合同条款来体现、明确双方的权利和义务;

(4)法律对依法成立的合同有约束力。

(三)合同的种类

1. 按合同内容划分

根据合同内容的不同,将合同分为买卖合同,供用电、水、气、热力合同,赠与合同,借款合同,保证合同,租赁合同,融资租赁合同,保理合同,承揽合同,建设工程合同,运输合同,技术合同,保管合同,仓储合同,委托合同,物业服务合同,行纪合同,中介合同和合伙合同共19种典型合同。

在上述合同种类中,工程建设常用的合同有施工承包合同、设备材料采购合同、工程监理委托合同、货物运输合同、工程建设资金借贷合同、机械设备租赁合同、工程项目承包合同等。

2. 按合同订立形式划分

根据订立形式,合同可划分为书面形式、口头形式或者其他形式。最为常见的是书面形式。所谓书面形式,是指合同书、信件、电报、电传、传真等可以有形地表现所载内容的形式。此外,以电子数据交换、电子邮件等方式能够有形地表现所载内容,并可以随时调取查用的数据电文,视为书面形式。《民法典》第七百八十九条规定:"建设工程合同应当采用书面形式。"

3. 按合同订立方式划分

根据订立方式,合同可划分为要约、承诺方式或者其他方式。要约是希望与他人订立合同的意思表示,该意思表示应当符合下列条件:内容具体确定;表明经受要约人承诺,要约人即受该意思表示约束。要约邀请是希望他人向自己发出要约的表示。拍卖公告、招标公告、招股说明书、债券募集办法、基金招募说明书、商业广告和宣传、寄送的价目表等为要约邀请。承诺是受要约人同意要约的意思表示。承诺应当以通知的方式作出;但是,根据交易习惯或者要约表明可以通过行为作出承诺的除外。

二、建设工程合同的概念和分类

(一)建设工程合同的概念

建设工程合同是指在工程建设过程中,发包人与承包人依法订立的承包人进行工程建设、发包人支付价款,明确双方权利、义务关系的协议。在建设工程合同中,承包人的主要义务是进行工程建设,权利是得到工程价款;发包人的主要义务是支付工程价款,权利是得到完整、符合约定的建筑产品。建设工程合同是建设工程法律关系中的当事人为了实现完成建筑工程的经济目的,明确双方权利、义务关系而达成的协议。

在建设工程中,主要的建设合同关系如图 4-1 所示。

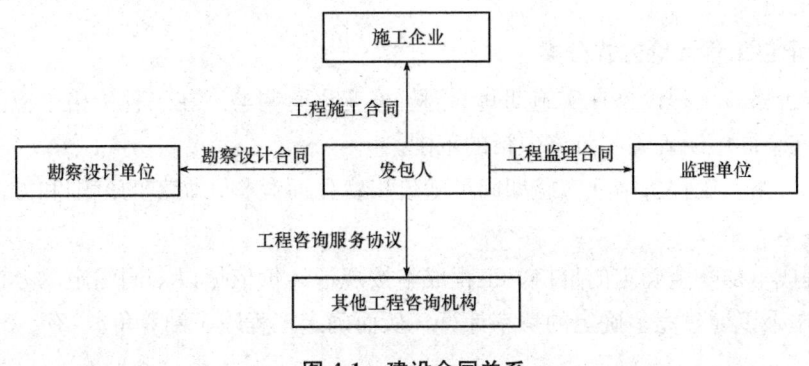

图 4-1 建设合同关系

建设工程合同是一种诺成合同,合同订立生效后双方应当严格履行。建设工程合同也是一种双务、有偿合同,当事人双方在合同中都有各自的权利和义务,在享有权利的同时必须履行义务。

(二)建设工程合同的分类

1. 按照承包的工程范围和承包关系分类

(1)设计、建造及交钥匙承包合同,即全包合同。业主将工程的设计、施工、供应、管理全部委托给一个承包商,即业主仅面对一个承包商。

(2)施工总承包,即承包商承担一个工程的全部施工任务,包括土建、水电安装、设备安装等。

(3)管理总承包,即 CM 承包方式。

(4)单位工程施工承包。这是最常见的工程承包合同,包括土木工程施工合同、电气与机械工程承包合同等。在工程中,业主可以将专业性很强的单位工程分别委托给不同的承包商。这些承包商之间为平行关系。

(5)分包合同。它是承包合同的分合同。承包商将承包合同范围内的一些工程或工作委托另外的承包商来完成,他们之间签订分包合同。

2. 按照建设工程合同标的性质分类

按照建设工程合同标的性质,建设工程合同可分为建筑工程勘察合同、建筑工程设计合同、建设工程施工合同和建设工程监理合同。

(1)建筑工程勘察合同是指发包方与勘察方就完成建筑工程地理、地质状况的调查研究工作达成的协议。

(2)建筑工程设计合同包括初步设计合同和施工设计合同。

1)初步设计合同是指在建筑工程立项阶段，承包方为项目决策提供可行性资料的设计而与发包方达成的协议。

2)施工设计合同是指承包方与发包方就具体施工设计达成的协议。

(3)建设工程施工合同是指承包方完成工程的建筑安装工作，发包方验收后接受该工程并支付价款的合同。

(4)建设工程监理合同是指委托人与监理人就委托的工程项目管理内容签订的明确双方权利和义务的协议。

3. 按照承包工程计价方式分类

(1)固定价格。工程价格在实施期间不因价格变化而调整。在工程价格中应考虑价格风险因素，并在合同中明确固定价格包括的范围。

(2)可调价格。工程价格在实施期间可随价格变化而调整，调整的范围和方法应在合同中约定。

(3)工程成本加酬金确定的价格。工程成本按现行计价依据以合同约定的办法计算，酬金按工程成本乘以通过竞争确定的费率计算，从而确定工程竣工结算价。

三、建设工程合同的特征

建设工程合同除具有一般合同共有的特征之外，还具有以下特征。

1. 合同标的的特殊性

建设工程合同的标的是涉及建设工程的服务，而建设工程又具有以下特点：产品固定、不能流动；产品多样、需单个完成；产品耗费材料多、所需资金量大；产品使用时间长、对社会影响极大。这些特点都决定了建设工程合同的重要性，也使建设工程合同具有一些有别于一般合同的法律特征。

2. 合同主体的特殊性

工程建设技术含量较高、社会影响很大，所以，法律对建设工程合同主体的资格有严格的限制。只有经国家主管部门审查，具有相应资质等级，并经登记注册，领取营业执照的单位，才具有签约承包的民事权利能力和民事行为能力。任何个人及其他单位都不得承包工程，也不具有签约资格。

3. 合同形式的特殊性

工程建设过程周期长，涉及因素多，专业技术性强。当事人之间的权利、义务关系十分复杂，不是简单的口头约定就能解决的问题，所以，我国法律规定，建设工程合同必须采用书面形式。另外，为使合同内容更为严谨、周密，双方当事人的权利、义务更为平等、合理，相关国际组织及各国政府或行业协会组织专家进行研究，制定了一批合同样本或示范文本，推荐给当事人加以选择使用，如国际咨询工程师联合会（FIDIC）制定的《土木工程施工合同条件》《设计—建造与交钥匙工程合同条件》，世界银行制定的《土木工程国际竞争性招标文件》，我国住房城乡建设部、原工商总局制定的《建设工程勘察合同(示范文本)》(GF—2016—0203)、《建设工程设计合同示范文本(房屋建筑工程)》(GF—2015—0209)、《建设工程设计合同示范文本(专业建设工程)》(GF—2015—0210)、《建设工程施工合同(示范文本)》(GF—2017—0201)等。这些示范文本对节省当事人的时间和精力，保证当事人权利、义务的平等提供了极大的便利。

4. 合同监督管理的特殊性

正因为建设工程合同具有上述特殊性，所以，国家对建设工程合同的监督管理也十分严格。如工程承发包双方的资质要接受有关部门的审查；建设工程合同签订以后，必须报有关住房城乡建设主管部门审查批准后才能生效；合同履行的过程，也要接受有关部门的监督检查；建筑工程的拨款、贷款、结算，要接受银行的监督等。

第二节 建设工程合同的签订

案例导入 4-2

原告某装修公司，被告某酒店于2018年5月就某大酒店装饰工程签订了《装饰装修工程施工承包合同》。原告于2018年5月进场施工，因被告拖欠工程款，2019年7月，原告、被告签订了《某酒店装修收尾工程付款与工程进度协商约定》。同年10月，原告向被告发出《关于某酒店装饰装修工程告知函》要求支付工程款，被告未予履行和回复，也未与原告进行工程价款结算，且涉案工程处于无人管理状态。2020年，被告将涉案酒店租赁给某商务有限公司使用，说明被告认可了原告施工的工程质量。原告向法院提起诉讼，要求被告支付工程款 15 112 506 元。法院会支持原告的诉讼请求吗？为什么？

分析：法院会支持原告的诉讼请求。本案所涉工程虽未进行竣工验收，但被告将涉案酒店租赁给某商务有限公司使用，说明被告认可了原告施工的工程质量。依照《民法典》的相关规定，工程竣工验收合格的，发包人应当按照约定支付价款。《最高人民法院关于审理建设工程施工合同纠纷案件适用法律问题的解释(一)》规定，未竣工的建设工程质量合格，承包人请求支付承建工程的价款的，人民法院应予支持。

一、建设工程合同的内容

合同的内容是指确定当事人权利、义务和责任的具体规定，其通过合同条款具体体现。合同一般包括以下内容：

(1)当事人的姓名或者名称和住所。

(2)标的。标的，即合同当事人的权利和义务共同指向的对象。合同的标的可以为财产或行为，是合同的必备条款。

(3)数量。数量是对标的的计量，是以数字和计量单位来衡量标的的尺度。

(4)质量。质量是指标的内在素质和外观形态的综合,如产品的品种、规格、执行标准等。当事人约定质量条款时,必须符合国家有关规定和要求。

(5)价款或报酬。价款或报酬统称"价金",是合同当事人一方向另一方所支付的代价。它包括价金的确定标准、价格的计算方法、货币种类、计算和支付的时间和方式。当事人在约定价款或者报酬时,应遵守国家有关价格方面的法律和规定,并接受工商行政管理机关和物价管理部门的监督。

(6)履行期限、地点和方式。履行期限是合同当事人履行义务的时间界限,是确定当事人是否按时履行的客观标准,也是当事人主张合同权利的时间依据;履行地点是当事人交付标的或者支付价款的地方,当事人应在合同中予以明确;履行方式是指当事人完成合同义务的方式。合同标的不同,则履行方式有所不同,即使合同标的相同,也有不同的履行方式。

(7)违约责任。违约责任是指因合同当事人不履行合同或履行合同不符合法定条件而应承担的民事责任。在违约责任条款中,当事人应明确约定承担违约责任的方式。

(8)解决争议的办法。根据我国现有法律规定,争议解决的方法有和解、调解、仲裁和诉讼四种。

(9)根据法律规定或按合同性质必须具备的条款。

(10)当事人一方要求必须规定的条款,如担保条款、风险转移条款、合同终止条款、仲裁条款、不可抗力条款等。

二、建设工程合同签订的原则和程序

(一)建设工程合同签订的原则

签订建设工程合同时,必须遵循《民法典》所规定的基本原则:平等原则,合同自由原则,公平原则,诚实信用原则和遵守法律、遵守社会公德、不损害社会公共利益的原则。

(1)平等原则:是指合同的当事人,无论其是自然人还是法人,也无论其经济实力的强弱或地位的高低,他们在法律上的地位一律平等,任何一方都不得把自己的意志强加给对方。同时,法律也给双方提供平等的法律保护及约束。

(2)合同自由原则:是指合同的当事人在法律允许的范围内享有完全的自由,其可按自己的意愿缔结合同,自己设定权利和义务,任何机关、组织和个人都不得非法干预。合同自由原则主要表现在当事人有缔结或不缔结合同的自由、选择与谁缔结合同的自由、决定合同内容的自由、选择合同形式的自由、变更和解除合同的自由。当然,上述自由不是自由放任,而是在法律允许范围内所享有的自由。

(3)公平原则:是指以利益均衡作为价值判断标准,以此确定合同当事人的民事权利、民事义务及其承担的民事责任。它具体表现为合同的当事人应有同等进行交易活动的机会;当事人所享有的权利与其所承担的义务应大致相当,不得显失公平;当事人所承担的违约责任与其违约行为所造成的实际损害应大致相当;当实际情况发生重大变化导致不能维持合同效力时,合同内容应得到相应变更等。

(4)诚实信用原则:简称诚信原则,是指合同当事人在行使权利、履行义务时,都应本着诚实、善意的态度,恪守信用,不得滥用权力,也不得规避法律或合同规定的义务。诚实信用原则是一切民事行为都应遵循的"黄金原则",它可平衡当事人之间及当事人与社会之间的利益关系。

(5)遵守法律、遵守社会公德、不损害社会公共利益的原则:当事人订立、履行合同,应当遵守法律、行政法规,遵守社会公德,不得扰乱社会经济秩序,不得损害社会公共利益。

(二)建设工程合同签订的程序

签订经济合同一般要经过要约与承诺两个步骤,而建设工程合同的签订有其特殊性,需要经过要约邀请、要约和承诺三个步骤。

1. 要约邀请

要约邀请是指当事人一方邀请不特定的另一方向自己提出要约的意思表示。在建设工程合同签订的过程中,发包方发布招标通告或招标邀请书的行为就是一种要约邀请行为,其目的在于邀请承包方投标。

2. 要约

要约是指当事人一方向另一方提出合同条件,希望与另一方订立合同的意思表示。提出要约的一方称为要约人,另一方则称为受要约人。要约是以签订合同为目的的一种意思表示,首先其内容必须具体明确,并应包括合同应具备的主要条款,而且必须向受要约人提出。要约具有法律约束力。在建设工程合同签订过程中,承包方向发包方递交投标文件的投标行为就是一种要约行为,投标文件中应包含建设工程合同应具备的主要条款,如工程造价、工程质量、工程工期等内容,作为要约的投标对承包方具有法律约束力,表现为承包方在投标生效后无权修改或撤回投标以及一旦中标就必须与发包方签订合同,否则要承担相应责任等。

法定的要约失效的情形有:拒绝要约的信息到达要约人;要约人依法撤销要约;承诺期限届满,受要约人未作出承诺;受要约人对要约内容作出实质性变更。

3. 承诺

承诺是指受要约人同意要约的意思表示。它是受要约人意愿按照要约的内容与要约人订立合同的允诺。承诺应当以通知的方式作出;但是,根据交易习惯或者要约表明可以通过行为作出承诺的除外。以通知方式作出的承诺,到达相对人时生效;承诺不需要通知的,根据交易习惯或者要约的要求作出承诺的行为时生效。受要约人超过承诺期限发出承诺,或者在承诺期限内发出承诺,按照通常情形不能及时到达要约人的,为新要约;但是,要约人及时通知受要约人该承诺有效的除外。承诺的内容应当与要约的内容一致。受要约人对要约的内容作出实质性变更的,为新要约。有关合同标的、数量、质量、价款或者报酬、履行期限、履行地点和方式、违约责任和解决争议方法等的变更,是对要约内容的实质性变更。在招标投标活动中,发包方经过开标、评标过程,最后发出中标通知书,确立承包方的行为,即承诺。

第三节 建设工程合同的效力

案例导入 4-3

2020 年 3 月，原告（乙方）与被告（甲方）签订《工程协议》，约定某村 3 个钢结构厂房交由乙方施工。工程完工后即交付使用至今，被告已向原告支付工程款共计 510 000 元，尚欠 199 736.3 元未付。原告向法院提起诉讼。

分析：本案为建设工程施工类案件，原告无钢结构建筑资质承建涉案工程，违背了《建筑法》关于资质要求及自然人不得承建建设工程的法律规定，因此，法院认定双方签订的《工程协议》为无效合同。

一、合同效力概述

合同效力有广义与狭义之分。狭义的合同效力是指法律赋予依法成立的合同所产生的约束力。广义的合同效力是法律对已经成立的合同，根据其是否满足生效要件而对其效力作出的评价，可分为四大类，即有效合同、无效合同、效力待定合同、可变更或可撤销合同。

建设工程合同的效力是指建设工程合同依法成立后所具有的法律约束力，即建设工程合同当事人必须严格遵守建设工程合同的约定。建设工程合同的效力内容是指其所具有的法律约束力，这种约束力体现为建设工程合同的履行力。如果违反建设工程合同，就要承担相应的法律责任。

二、有效建设工程合同

依法成立、具有法律约束力、受国家法律保护的建设工程合同，即有效建设工程合同。

（一）有效建设工程合同应当符合的条件

（1）主体合格。建设工程合同的当事人必须符合法律规定的要求，企业法人必须受其设立宗旨、目的、章程及经营范围、专营许可和资质等级的约束。

（2）内容合法。建设工程合同中约定的当事人权利和义务必须合法。凡是涉及法律法规、有强制性规定的，必须符合有关规定，不得利用建设工程合同进行违法活动，扰乱社会经济秩序，损害国家利益和社会公共利益。

（3）意思表示真实。建设工程合同中必须贯彻平等互利、协商一致的原则，任何一方不得把自己的意志强加给对方。

（4）符合建设工程合同生效条件。建设工程合同应当符合法定或约定的形式要件。建设工程合同除应采用书面形式外，如依法律规定或依工程建设合同约定，应当采用公证、签证、登记、批准等形式后才生效，合同双方当事人依照一般程序就建设工程合同的主要条款达成合意，该工程建设合同成立，依法或依约经过公证、验证、批准等特别程序后，该建设工程合同才生效。未履行特别程序，不影响建设工程合同的成立。

(二)有效建设工程合同的效力

1. 对内效力

建设工程合同的约束力首先表现为在建设工程合同当事人之间产生特定的法律效果，在当事人之间产生相应的权利和义务，当事人应依约正确行使自己的权利，认真履行自己的义务，不得滥用权利，逃避义务，也不得擅自变更和解除该建设工程合同。

2. 对外效力

一般建设工程合同的效力只涉及建设工程合同双方当事人，即所谓合同相对性原则。但是，这并不排除建设工程合同对当事人以外的第三人也可能发生一定的法律效力。依法成立的建设工程合同不受任何非法干预，是其对外效力的典型表现。任何单位和个人不得利用任何方式侵犯建设工程合同当事人依据建设工程合同约定所享有的权利，也不得用任何方式非法阻挠当事人履行义务，更不得用行政命令的方式废除建设工程合同的效力。

3. 制裁效力

建设工程合同的效力还表现在当事人作出违反建设工程合同约定的行为时，将依法承担相应的法律责任。

三、无效建设工程合同

无效建设工程合同是指虽然已经订立，但不具有法律约束力，不受国家法律保护的建设工程合同。如果当事人签订建设工程合同的行为不符合法律规定，就不能产生设立、变更和终止当事人之间的权利、义务关系的效力。这些无效约定本身就没有必要履行，即使履行也不能达到预期的目的。

1. 引起建设工程合同无效的原因

按《最高人民法院关于审理建设工程施工合同纠纷案件适用法律问题的解释》《民法典》七百九一条规定，建设工程合同无效的常见的情形包括：

(1)承包人未取得建筑施工企业资质或者超越资质等级；
(2)没有资质的实际施工人借用有资质的建筑施工企业名义；
(3)建设工程必须进行招标而未招标或者中标无效；
(4)承包人非法转包、违法分包建设工程。

2. 无效建设工程合同的处理方法

无效建设工程合同从订立起，就没有法律约束力，不产生履行建设工程合同的效力，但它仍然要发生一定的法律后果。建设工程合同被确认无效后，建设工程合同尚未履行的，不得履行；已经履行的，应当立即终止履行。

当事人在订立合同过程中有下列情形之一，造成对方损失的，应当承担赔偿责任：假借订立合同，恶意进行磋商；故意隐瞒与订立合同有关的重要事实或者提供虚假情况；有其他违背诚信原则的行为。

建设工程施工合同无效，但是建设工程经验收合格的，可以参照合同关于工程价款的约定折价补偿承包方。建设工程施工合同无效，且建设工程经验收不合格的，按照以下情形处理：修复后的建设工程经验收合格的，发包方可以请求承包方承担修复费用；修复后的建设工程经验收不合格的，承包方无权请求参照合同工程价款的约定折价补偿。

建设工程合同被确认无效后，应视不同情况进行处理，主要有返还财产、折价补偿、赔偿损失、收归国有、返还集体或者第三人五种方式。

在我国，建设工程合同的效力由人民法院或仲裁机构确认。其他任何单位和个人都无权宣布建设工程合同是否有效。

四、可变更或可撤销的建设工程合同

可变更或可撤销的建设工程合同是指基于法定原因，建设工程合同当事人有权诉请人民法院或仲裁机构予以变更或撤销的建设工程合同，也称为相对无效的建设工程合同。确认可变更或可撤销的建设工程合同的机构为人民法院或仲裁机构。对于可变更或可撤销的建设工程合同，只能由建设工程合同当事人提出，由人民法院或仲裁机构进行审查，并确认该建设工程合同是否有效或是否应予以撤销。人民法院或仲裁机构审查、判决或裁决的范围不超出当事人的诉讼请求。

1. 确定建设工程合同变更或撤销的依据

变更或撤销建设工程合同须具备一定的法律事实。在下列三种情况下，建设工程合同可以变更或撤销：

(1)重大误解。建设工程合同中的误解又称协议错误，是建设工程合同当事人对建设工程合同关系中某种事实因素产生的错误认识。因重大误解而订立的建设工程合同，是基于主观认识上的错误而订立的建设工程合同，建设工程合同履行的后果与建设工程合同缔约人的真实意思相悖，因此，因重大误解而订立的建设工程合同是意思表示有瑕疵的建设工程合同，它使建设工程合同效力处于可动摇的地位。

(2)显失公平。在订立建设工程合同时，一方当事人利用优势或利用对方没有经验，致使双方的权利和义务明显违反公平、等价有偿等原则，建设工程合同当事人之间享有的权利和承担的义务严重不对等，如价款与标的价值过于悬殊、责任承担或风险承担明显不合理，都构成显失公平。

(3)一方以欺诈、胁迫的手段或者乘人之危，使对方在违背真实意思的情况下订立的建设工程合同，受损害方有权请求人民法院或者仲裁机构变更或者撤销。

2. 可变更或可撤销的建设工程合同的效力

对于可变更或可撤销的建设工程合同，如果当事人没有向人民法院或仲裁机构提出申请要求变更或撤销，则该建设工程合同仍然有效。只有在当事人提出了申请，人民法院或仲裁机构作了变更或撤销的判决或裁决，已变更部分建设工程合同的内容或已被撤销了的建设工程合同才无效。

第四节 建设工程合同的履行

案例导入 4-4

2021年2月，黄某（乙方，是不具备建设工程施工资质条件的自然人）与南充某设备租赁有限公司（甲方）就某鱼塘建设签订《工程项目承包合同》。2021年3月，黄某将涉案建设工程交付给该设备租赁有限公司。2021年7月，甲方向黄某出具欠条一张，载明"本人因修建私人鱼塘人工工资共计132 000元，已付30 000元，本人承诺在2021年8月30日前支付黄某32000元，剩余尾款在本年年底一次性结清"。出具欠条后至今，甲方一直未向黄某支付款项。同时查明，涉案建设工程于2021年9月开业。南充某设备租赁有限公司向法院提起诉讼。法院认为，南充某设备租赁有限公司将鱼塘工程承包给黄某进行施工，双方构成建设工程施工合同关系。本案争议焦点：黄某主张的工程价款金额是否有效。

分析：关于如何认定黄某主张的工程价款金额的问题。因黄某是不具备建设工程施工资质条件的自然人，其与甲方订立的《工程项目承包合同》无效，但工程已实际修建完工，鱼塘已交付使用。根据《民法典》第七百九十三条第一款"建设工程施工合同无效，但是建设工程经验收合格的，可以参照合同关于工程价款的约定折价补偿承包人"之规定，故黄某有权主张参照双方约定折价补偿工程价款。

一、建设工程合同履行的定义和原则

1. 建设工程合同履行的定义

建设工程合同的履行是指建设工程合同双方当事人依法完成建设工程合同约定义务的行为。它是建设工程合同法律制度的核心，集中体现了建设工程合同所具有的法律约束力。合同履行的程序会因合同种类、内容的不同而有所区别。一般来说，合同履行大致经过交付标的、验收标的、结算过程。建设工程合同履行的过程：施工方进行施工，业主按照合同规定的期限定期支付工程款，施工完成后，双方以及法律法规规定的各有关部门共同参加工程的验收，结算工程款，施工方履行保修义务等。

2. 建设工程合同履行的原则

建设工程合同的履行应当遵守实际履行原则和全面履行原则。

（1）实际履行原则。实际履行原则是指合同当事人按照合同规定的标的履行。除非由于不可抗力，签订合同当事人应交付和接收标的，不得任意降低标的物的标准、变更标的物或以货币代替实物。建设工程合同的实际履行就是合同当事人必须依据建设工程合同规定的标的不折不扣地实现其内容的行为。由于建筑工程项目是特定的不动产产品，具有不可替代的特点，因此建设工程合同签订后，合同当事人就必须按照合同规定的内容和范围实际履行，承包方应按期保质地交付勘察设计成果和建筑工程，发包方则应及时予以接收。

（2）全面履行原则。全面履行原则是指合同当事人必须按照合同规定的标的、质量和数量、履行地点、履行价格、履行时间和履行方式等，全面地完成各自应当履行的义务。建设工程合同的全面履行就是合同当事人必须按照合同规定的所有条款完成工程建设任务，包括履行标的——工程项目的建设行为、履行期限——工程工期、履行地点——工程所在地、履行价格——工程造价等。同时，对建设工程合同全面履行的检验，需经过工程竣工、验收和竣工决算。

二、建设工程合同履行的担保

合同履行的担保是保证合同履行的一项法律制度，是合同当事人为全面履行合同，避免因对方违约遭受损失而设定的保证措施。《中华人民共和国担保法》自1995年10月1日起实施，后被2021年1月1日起施行的《民法典》废止。相关内容体现在《民法典》第二编"物权"中。合同履行的担保是通过签订担保合同或在合同中设立担保条款来实现的。担保合同是从合同，被担保合同是主合同。担保合同将随着被担保合同的履行而消失。当被担保人不履行其义务且不承担相应责任时，担保人应承担担保责任。建设工程合同的担保形式主要有保证、抵押、定金和留置四种。

1. 保证

保证是指保证人与债权人约定，当债务人（被保证人）不履行债务时，由保证人按照约定代为履行或代为承担责任的担保方式。保证人是指除合同当事人（被保证人与债权人）以外的第三人。一旦担保成立，保证人就成为被保证人所负债务的从债务人。当被保证人不履行自己的债务时，保证人就有代为履行的义务；而当其代为履行或代为赔偿后，就成为被担保人的债权人，可对被保证人行使追偿权。建设工程合同中最常见的是银行为工程承包单位开具履约保函，即银行充当保证人为承包单位担保的保证方式。

2. 抵押

抵押是指合同当事人一方或者当事人以外的第三人向另一方当事人提供一定的财产，以保证合同履行的担保方式。交出财产进行抵押的一方为抵押人，接受财产抵押的一方为抵押权人。当合同当事人一方不履行合同义务时，当事人另一方（抵押权人）就有权依照法律规定以抵押物折价或将抵押物变卖，并从中优先受偿。在国际上，抵押是一种非常受欢迎的担保方式，因为它能充分地保障债权人的利益。当采用抵押担保时，抵押人和抵押权人应以书面形式订立抵押合同。《民法典》第二编"物权"的第三分编"用益物权"中第十七章"抵押权"还规定，以建筑物和其他土地附着物、建设用地使用权、海域使用权、正在建造的建筑物抵押的，应当办理抵押登记。抵押权自登记时设立，否则，抵押合同无效。

3. 定金

定金是合同签订后还没有履行前，当事人一方向另一方支付一定数额的金钱或其他有价代替物，以保证合同履行的担保方式。其担保作用体现在：交付定金的一方不履行合同，则无权要求返还定金；收取定金的一方不履行合同，则应双倍返还定金。定金不同于违约金，定金是合同的一种担保方式，而违约金只是对违约的一种制裁手段，违约金并不事先支付，被违约方只能通过事后请求支付的方式才能真正获得违约金。在建筑工程勘察和设计合同中，通常采用定金的担保方式。

4. 留置

留置是指合同当事人一方依据合同事先合法占有对方财产，当对方不履行合同时，可依法将该财产折价或变卖后从中优先受偿的担保方式。留置的担保方式只能用于一方已事先合法占有了对方财产的特定情况。建筑工程在竣工验收交付使用前，工程由承包方负责看管，从法律上看，承包方是事先合法掌握了发包方的财产。根据《民法典》第二编"物权"的第四分编"担保特权"中第十九章"留置权"相关规定，承包方与发包方应当约定建筑工程后的债务履行期限；没有约定或者约定不明确的，承包方应当给发包方60日以上履行债务的期限，发包人逾期未履行的，承包方可以与发包方协议以建筑工程折价，也可以就拍卖、变卖该工程所得的价款优先受偿。发包方可以请求承包方在债务履行期限届满后行使留置权；承包方不行使的，发包方可以请求人民法院拍卖、变卖建设工程。建设工程折价或者拍卖、变卖后，其价款超过债权数额的部分归发包方所有，不足部分由发包方清偿。

三、建设工程合同履行中的抗辩权

抗辩权是指当事人一方依法对抗对方要求和权利主张的权利。合同履行中的抗辩权，就是在合同中，在满足一定法定条件的情况下，合同当事人一方可以对抗对方当事人的履行要求，暂时拒绝履行合同约定的义务的权利。

同时履行抗辩权是指当事人互负债务，没有先后履行顺序的，应当同时履行。一方在对方履行之前有权拒绝其履行请求。一方在对方履行债务不符合约定时，有权拒绝其相应的履行请求。

先履行抗辩权是指当事人互负债务，有先后履行顺序，应当先履行债务一方未履行的，后履行一方有权拒绝其履行请求。先履行一方履行债务不符合约定的，后履行一方有权拒绝其相应的履行请求。

不安抗辩权是指应当先履行债务的当事人，有确切证据证明对方有下列情形之一的，可以中止履行：经营状况严重恶化；转移财产、抽逃资金，以逃避债务；丧失商业信誉；有丧失或者可能丧失履行债务能力的其他情形。当事人没有确切证据中止履行的，应当承担违约责任。

四、建设工程合同的保全

合同的保全是指法律为防止合同债务人财产的不当减少，维护其财产状况，允许合同的债权人向债务人行使一定权利的制度。建设工程合同的保全，是指建筑工程在竣工验收交付使用前，为防止发包方财产的不当减少，维护其财产状况，允许承包方向发包方行使一定权利的制度。《民法典》所规定的合同保全有两种：代位权和撤销权。

建设工程合同中的代位权，是指建筑工程在竣工验收交付使用前，因发包方怠于行使其债权或者与该债权有关的从权利，影响承包方的到期债权实现的，承包方可以向人民法院请求以自己的名义代位行使发包方对相对人的权利，但是该权利专属于发包方自身的除外。代位权的行使范围以承包方的到期债权为限。承包方行使代位权的必要费用由发包方负担。

建设工程合同中，承包方撤销权的行使分为以下几种情形：

(1)无偿处分时的承包方撤销权行使。发包方以放弃其债权、放弃债权担保、无偿转让财产等方式无偿处分财产权益，或者恶意延长其到期债权的履行期限，影响承包方的债权实现的，承包方可以请求人民法院撤销发包方的行为。

(2)不合理价格交易时的承包方撤销权行使。发包方以明显不合理的低价转让财产、以明显不合理的高价受让他人财产或者为他人的债务提供担保，影响承包方的债权实现，发包方的相对人知道或者应当知道该情形的，承包方可以请求人民法院撤销发包方的行为。

撤销权的行使范围以承包方的债权为限。承包方行使撤销权的必要费用，由发包方负担。

撤销权自承包方知道或者应当知道撤销事由之日起1年内行使。自发包方的行为发生之日起5年内没有行使撤销权的，该撤销权消灭。发包方影响承包方的债权实现的行为被撤销的，自始没有法律约束力。

第五节　建设工程合同的变更、转让和终止

案例导入4-5

2015年5月，原告某消防公司（承包方）与案外人某文化有限公司（发包方）签订了一份《消防工程承揽合同书》，合同约定原告以包工包料的方式承包某商业广场主楼消防安装工程。某文化有限公司后因经营变化将《消防工程承揽合同书》的权利义务一并转让给某酒店，某酒店后又将该合同权利义务转让给被告某国际酒店。2016年11月，涉案消防工程验收合格。2018年2月，原告、被告（某国际酒店）对工程进行了结算，已付工程款1 400 000元，尚欠工程款972 166元。原告在进场施工前支付了50 000元消防押金，涉案消防工程验收合格后，被告未退还该押金，故结算时被告将该笔款项计入了欠款金额。2018年4月，经协商原告愿意将欠款尾数抹去，被告重新出具了一张消防工程结算单，该结算单未加盖公章。原告向法院提起诉讼，要求支付工程欠款加算同期银行利息。

分析：合同签订后，某文化有限公司将合同权利义务一并转让给某酒店，某酒店之后又将合同权利义务转让给被告，原告对上述合同权利义务转让行为均无异议，并依照合同约定履行了施工义务，故上述合同权利义务转让行为合法有效。法院认为，原告与案外人某文化有限公司签订的《消防工程承揽合同书》系双方的真实意思表示，未损害他人利益，未违反法律、行政法规的强制性规定，属于合法有效合同。被告作为涉案合同相对方，应当依约履行付款义务。虽然确定最终欠款额的结算单仅有被告签名而未加盖被告公章，但原告以该结算单为依据要求支付工程欠款未损害被告的利益，法院予以支持。

涉案工程于2016年11月即验收合格并交付使用，而被告截止诉前仍未支付全部工程款，严重违反了合同约定的付款时间，故原告诉请自2021年8月3日起计算逾期付款利息符合法律规定，法院予以采纳。建设工程合同依法成立即具有法律效力，建设工程合同当事人应当严格遵照履行。但是如果建设工程合同成立后客观情况发生了变化，则可能使建设工程合同发生变化。

一、建设工程合同的变更

建设工程合同的变更有广义和狭义之分。狭义的变更是指合同内容的变更，即在主体不变的条件下，对建设工程合同的某些条款进行修改和补充；广义的变更是指除合同内容的变更外，还包括合同主体的变更，即由新的主体取代原合同的某一方主体，这实质上是建设工程合同的转让。建设工程合同的变更是在合同没有履行或者没有全部履行前，由于一定的原因，由当事人对合同约定的权利、义务进行局部调整。通常表现为对合同某些条款的修改和补充，包括标的数量和质量的变更，价款和报酬的变更，履行期限、地点及方式的变更等。

建设工程合同的变更须具备的条件有：
(1)建设工程合同的变更以合同有效成立为前提；
(2)建设工程合同的变更须有双方当事人协商一致的文件；
(3)建设工程合同的变更须有工程建设合同内容的变化；
(4)建设工程合同的变更须遵循法定的形式。

建设工程合同的变更的主要法律效力体现在以下几方面：
(1)当事人应当按照变更后的建设工程合同内容履行；
(2)建设工程合同的变更只对建设工程合同未履行的部分有效，对已履行的建设工程合同内容不发生法律效力；
(3)建设工程合同的变更不影响当事人请求赔偿损失的权利。

另外，当事人通过协商一致对建设工程合同内容进行变更时，变更协议的内容应当具体、明确。如果当事人对建设工程合同变更的内容约定不明确，推定为未变更。

二、建设工程合同的转让

建设工程合同的转让是指在不变更合同内容的前提下，将建设工程合同规定的权利、义务或者权利、义务一并转让给第三方，由受让方承担建设工程合同的权利和义务。习惯上，将建设工程合同的转让称为建设工程合同主体的变更。建设工程合同的转让体现了债权债务关系是动态的财产关系这一特性。建设工程合同的转让根据转让的程度，可分为全部转让和部分转让；根据转让对象的不同，可分为债权的转让、债务的转让和债权债务的一并转让三种情形。

1. 债权的转让

债权的转让也称建设工程合同权利的转让，是指建设工程合同债权人通过协议，将建设工程合同权利转让给第三人的行为。在债权转让法律关系中，将债权转让给第三人的称为转让人，接受债权转让的第三人称为受让人。所转让的债权可以是全部，也可以是部分。

债权转让应当符合以下条件：
(1)须有有效的建设工程合同债权存在；
(2)转让人与受让人应达成转让协议；

(3)转让人与受让人达成的转让协议应当通知债务人；

(4)转让的建设工程合同债权必须是依法可以转让的债权。

根据《民法典》第五百四十五条规定，债权人可以将债权的全部或者部分转让给第三人，但是有下列情形之一的除外：

(1)根据债权性质不得转让；

(2)按照当事人约定不得转让；

(3)依照法律规定不得转让。

当事人约定非金钱债权不得转让的，不得对抗善意第三人。当事人约定金钱债权不得转让的，不得对抗第三人。

建设工程合同债权一经转让，应由受让方享有建设工程合同的权利，同时，也产生一系列的法律后果，具体包括从权利的转移、抗辩权的转移、抵销权的转移。

2. 债务的转让

债务的转让也称建设工程合同义务的转让，是指债务人将建设工程合同义务转让给第三人的行为。在债务转让法律关系中，将债务转让给第三人的称为转让人，接受债务转让的第三人称为受让人。所转让的债务可以是全部，也可以是部分。债务转让应当符合下列条件：

(1)须有有效的建设工程合同债务存在；

(2)须有建设工程合同债务转移的内容；

(3)转让的建设工程合同债务是依法可以转让的债务；

(4)建设工程合同义务的转移，应当取得债权人的同意。

值得注意的是，法律、行政法规规定债务人转让债务应当办理批准、登记手续，在依法办理了批准或者登记手续后，债务转让才具有法律效力。建设工程合同债务一经转让，就由受让方承担建设工程合同义务的法律后果，具体包括从权利的转移、抗辩权的转移。

3. 债权债务的一并转让

债权债务的一并转让也称建设工程合同权利、义务的一并转让，是指建设工程合同当事人一方将建设工程合同的权利、义务一并转移给第三人，由第三人概括地继受这些权利、义务。

根据《民法典》的规定，债权债务的一并转让有以下几种：

(1)债务转移时从债务一并转移。债务人转移债务的，新债务人应当承担与主债务有关的从债务，但是该从债务专属于原发包方自身的除外。

(2)合同权利义务一并转让。当事人一方经对方同意，可以将自己在合同中的权利和义务一并转让给第三人。合同的权利和义务一并转让的，适用债权转让、债务转移的有关规定。

三、建设工程合同的终止与解除

1. 建设工程合同的终止

建设工程合同的终止是指由于一定事由的发生而使工程建设合同的效力失效。有下列情形之一的,债权债务终止:

(1)债务已经履行;

(2)债务相互抵销;

(3)债务人依法将标的物提存;

(4)债权人免除债务;

(5)债权债务同归于一人;

(6)法律规定或者当事人约定终止的其他情形。

合同解除的,该合同的权利义务关系终止。

2. 建设工程合同的解除

建设工程合同的解除是指有效成立的建设工程合同在尚未履行完毕前,因一定法定事由的发生而使合同法律关系归于消灭。允许解除工程建设合同的条件如下:

(1)因不可抗力致使不能实现合同目的;

(2)在履行期限届满前,当事人一方明确表示或者以自己的行为表明不履行主要债务;

(3)当事人一方迟延履行主要债务,经催告后在合理期限内仍未履行;

(4)当事人一方迟延履行债务或者有其他违约行为致使不能实现合同目的;

(5)法律规定的其他情形。

以持续履行的债务为内容的不定期合同,当事人可以随时解除合同,但是应当在合理期限之前通知对方。

根据《民法典》第五百六十五条,合同解除有以下程序。当事人一方依法主张解除合同的,应当通知对方。

(1)合同自通知到达对方时解除;通知载明债务人在一定期限内不履行债务则合同自动解除,债务人在该期限内未履行债务的,合同自通知载明的期限届满时解除。

(2)对方对解除合同有异议的,任何一方当事人均可以请求人民法院或者仲裁机构确认解除行为的效力。

(3)当事人一方未通知对方,直接以提起诉讼或者申请仲裁的方式依法主张解除合同,人民法院或者仲裁机构确认该主张的,合同自起诉状副本或者仲裁申请书副本送达对方时解除。

建设工程合同的权利、义务终止后,当事人应当遵循诚实信用原则,根据交易习惯履行通知、协助、保密等义务。

第六节　建设工程合同的违约责任和索赔

案例导入 4-6

2016年3月，陕西某公司与恒大公司签订了某恒大绿洲二期首6号商住楼及底商防火门供货及安装工程合同，约定由陕西某公司实施某恒大绿洲二期首6号商住楼及底商防火门供货及安装。合同签订后，陕西某公司进场施工，并按照合同约定进行了防火门的供应及安装。2018年11月27日，双方对工程进行了竣工验收；后双方进行了结算。2019年10月30日，某区住房和城乡建设局对恒大公司申报的恒大绿洲二期建设项目进行了消防验收备案。现恒大公司仅支付551 340.14元，尚有46 586.52元工程款未付。陕西某公司向法院提起诉讼，要求恒大公司支付余款，并加算同期银行利息。

分析：陕西某公司依约定完成了防火门供货及安装工程，恒大公司理应按合同约定支付已完成工程的工程款。法院认为，陕西某公司与恒大公司双方之间形成建设工程合同关系，双方均应依据合同约定履行各自义务。法院对陕西某公司要求恒大公司支付工程款的请求应予支持。恒大公司抗辩陕西某公司所主张的工程款实为质保金，现质保期未到期，不予支付工程款的意见，因涉案工程于2019年10月30日完成了消防验收备案，质保期为两年，现已过质保期，恒大公司理应按照合同约定支付剩余工程款，对其抗辩理由不予支持。

依照《民法典》第三条、第七百八十八条之规定，判决如下：恒大公司支付给陕西某公司工程款46 586.52元。限于判决生效后30日内付清。如果未按本判决指定的期间履行给付金钱义务，应当依照《中华人民共和国民事诉讼法》第二百六十条规定，加倍支付迟延履行期间的债务利息。

一、建设工程合同的违约责任

违约责任是指当事人一方不履行合同义务或者履行合同义务不符合约定的，应当承担继续履行、采取补救措施或者赔偿损失等违约责任。

违约责任有以下特点：

(1)违约责任产生的前提是当事人未能履行有效成立的合同的义务，并且当事人有过错；

(2)违约责任的大小可以由当事人自由约定，这使违约责任与侵权责任有所不同；

(3)违约责任具有补偿性，一般情况下都是为了补偿受害方的损失。

当事人都违反合同的，应当各自承担相应的责任。当事人一方违约造成对方损失，对方对损失的发生有过错的，可以减少相应的损失赔偿额。

违约责任的类型有以下三种：

(1)预期违约责任。当事人一方明确表示或者以自己的行为表明不履行合同义务的，对方可以在履行期限届满前请求其承担违约责任。

(2)金钱债务实际履行责任。当事人一方未支付价款、报酬、租金、利息，或者不履行其他金钱债务的，对方可以请求其支付。

(3)非金钱债务实际履行责任及违约责任。当事人一方不履行非金钱债务或者履行非金钱债务不符合约定的,对方可以请求履行,但是有下列情形之一的除外:法律上或者事实上不能履行;债务的标的不适于强制履行或者履行费用过高;承包方在合理期限内未请求履行。

承担违约责任的方式:支付违约金和赔偿金;价格制裁;担保制裁;继续履行合同义务。

二、建设工程合同的索赔

(一)建设工程合同索赔的概念

建设工程合同索赔是指当事人在建设工程合同实施过程中,根据法律、合同规定及惯例,对并非由于自己的过错,而是属于应由合同对方承担责任且实际发生的损失,向对方提出给予补偿或赔偿的权利。

索赔是发包方和承包方都拥有的权利。提出索赔的主体既可以是承包方,也可以是发包方。发包方对承包方的索赔主要集中在承包方的工程质量和工期未达到合同要求上,而承包方向发包方索赔的范围更广,这是因为在合同实施过程中,发包方一直处于主动地位,合同风险主要落在承包方身上。

在工程实践中,一般把发包方向承包方的索赔要求称作反索赔。反索赔是指合同当事人一方向对方提出索赔要求时,被索赔方从自己的利益出发,依据合法理由减少或抵消索赔方的要求,甚至反过来向对方提出索赔要求的行为。发包方在索赔中处于主动地位,其既可以从工程款中抵扣,也可以从保险金中扣款,以补偿损失。

索赔的含义一般包括以下几个方面:

(1)一方违约使另一方蒙受损失,受损失方向另一方提出赔偿损失的要求;

(2)发生了应由发包方承担责任的特殊风险事件或遇到不利的自然条件等情况,使承包方蒙受了较大损失而向发包方提出补偿损失的要求;

(3)承包方本应当获得正当利益,但由于没有及时得到监理工程师的确认和发包方应给予的支付,而以正式函件的方式向发包方索赔。

索赔的性质属于经济补偿行为,而不是惩罚。索赔方所受到的损害,与被索赔方的行为并不一定存在法律上的因果关系。索赔事件的发生,可以是一方行为造成的,也可以是任何第三方行为所导致的。索赔工作是承发包双方之间经常发生的管理业务,是双方合作的方式。一般情况下,索赔都可以通过协商方式解决,只有发生较大争议时才会提出仲裁或诉讼。

施工索赔法律和合同赋予当事人的正当权利,是落实和调整合同当事人双方权利、义务关系的手段,可以确保合同的正确实施,有助于对外承、发包工程的开展,促使工程造价更加合理。

建筑工程,尤其是规模大、工期长、结构复杂的工程的施工,由于受到水文气象、地质条件变化的影响,以及规划变更和其他一些人为因素的干扰,超出合同约定的条件及相关事项的事例可谓层出不穷,当事人,尤其是承包方往往会遭受意料之外的损失。这时,从合同公平原则及诚实信用原则出发,法律应该对当事人给予保护,允许其通过索赔对合同约定的条件进行公正、适当的调整,以弥补其不应承担的损失。在我国,《民法典》对合同工程索赔作出了相应规定,各种合同示范文本中也有相应的索赔条款。

(二)建设工程合同索赔的分类

1. 按索赔有关当事人分类

建设工程合同索赔按索赔有关当事人分类，可分为承包方与发包方之间的索赔、承包方与分包方之间的索赔、承包方与供应方之间的索赔和承包方向保险公司提出的损害赔偿索赔。

2. 按索赔的目的分类

建设工程合同索赔按索赔的目的分类，可分为工期索赔和费用索赔。

(1)工期索赔。工期索赔是指由于非承包方责任的原因而导致施工进度延误，承包方向发包方提出要求延长工期、推迟竣工日期的索赔。工期索赔形式上是对权利的要求，目的是避免在原定的竣工日不能完工时，被发包方追究拖期违约的责任。获准合同工期延长，不仅意味着免除拖期违约赔偿的风险，而且有可能得到提前工期的奖励，最终仍反映在经济效益上。

(2)费用索赔。费用索赔是指承包方向发包方提出在施工过程中，由于客观条件改变而导致承包方增加开支或损失的索赔，以挽回不应由承包方负担的经济损失。费用索赔的目的是要求经济补偿。承包方在进行费用索赔时，应当遵循两个原则：所发生的费用应该是承包方履行合同所必需的，如果没有该费用支出，合同将无法继续履行；给予补偿后，承包方应按约定继续履行合同。常见的费用索赔项目包括人工费、材料费、机械使用费、低值易耗品、工地管理费等。为便于管理，承发包双方和监理工程师应事先将这些费用列出清单。

3. 按索赔事件的性质分类

建设工程合同索赔按索赔事件的性质分类，可分为工程变更索赔、工程中断索赔、工期延长索赔和其他原因索赔。

(1)工程变更索赔。工程变更索赔是指由于发包方或监理工程师指令增加或减少工程量或增加附加工程、变更工程顺序，造成工期延长或费用损失，承包方为此提出的索赔。

(2)工程中断索赔。工程中断索赔是指由于工程施工受到承包方不能控制的因素而不能继续进行，中断一段时间后，承包方提出的索赔。

(3)工期延长索赔。工期延长索赔是指承包方因发包方未能按合同提供施工条件，如未及时交付设计图纸、技术资料、场地、道路不附合条件等，造成工期延长而提出的索赔。这是工程中极为常见的一种索赔。

(4)其他原因索赔。其他原因索赔是指如货币贬值、汇率变化、物价和工资上涨、政策法令变化等原因引起的索赔。

4. 按索赔的处理方式分类

建设工程合同索赔按索赔的处理方式分类，可分为单项索赔和综合索赔。

(1)单项索赔。单项索赔是指针对某一干扰事件提出的索赔。索赔的处理是在合同实施过程中，干扰事件发生时或发生后立即进行。它由合同管理人员处理，并在合同规定的索赔有效期内向发包方提交索赔报告。单项索赔通常原因单一，责任简单，分析起来比较容易，处理起来比较简单。

(2)综合索赔。综合索赔又称一揽子索赔。一般在工程竣工前，承包方将施工过程中未解决的单项索赔集中起来进行综合考虑，提交一份总索赔报告。合同双方在工程交付前后进行最终谈判，以一揽子方案解决索赔问题。由于在一揽子索赔中，许多干扰事件交织在一起，影响因素比较复杂，责任分析和索赔值的计算很困难，给索赔处理和谈判增加了难度。

(三)建设工程合同索赔的原因

建设工程合同索赔的原因与一般商务合同索赔不完全相同。在商务合同中，只有在对方违约时才有索赔的问题；而在工程建设过程中，由于影响因素多、施工风险大，在建设工程合同实施过程中可以提起索赔的原因有很多。建设工程合同索赔的原因主要有以下几个方面：

(1)发包方违约行为。发包方未按照合同约定的时间和要求提供原材料、设备、场地、资金、技术资料；发包方未及时进行图纸会审和设计交底；发包方拖延合同规定的责任，如拖延图纸的批准、隐蔽工程的验收、对承包方问题的答复，造成施工延误；未按合同约定支付工程款；发包方要求赶工或延长工期；发包方提前占用部分永久性工程，对施工造成不利的影响。

(2)发生了不可抗力事件。不可抗力具体有以下几种：

1)自然灾害。我国法律规定，自然灾害是典型的不可抗力。虽然随着科学技术的进步，人类不断提高对自然灾害的预见能力，但是自然灾害频繁发生依旧会影响施工合同的履行。认定不可抗力的标准是自然灾害的发生是否超出了合同规定。

2)政府行为。政府行为指当事人在订立合同以后，政府当局颁发新的政策、法律和行政措施而导致合同不能履行。

3)社会异常事件。社会异常事件主要指一些突发的事件阻碍合同的履行，如社会动乱、暴乱等。

4)施工中发现文物、古墓、古建筑基础和结构、化石、钱币等具有考古、地质研究价值的物品或其他影响施工的障碍物。

(3)监理工程师的不正当行为。监理工程师是接受发包方委托进行工作的。从施工合同的角度看，监理工程师的不正当行为给承包方造成的损失应当由发包方承担。监理工程师的不正当行为包括：

1)委派具体管理人员未提前通知承包方，即未按合同约定提前通知承包方，对施工造成不利影响。

2)发出错误的指令，影响正常的施工。

3)对承包方的施工组织进行不合理的干预，影响施工的正常进行。

4)因协调不力或无法进行合理协调，导致承包方的施工受到其他承包方的干扰。由于不同承包方之间无合同关系，因此，应向发包方提出索赔要求。

(4)合同变更。合同的变更可能会导致承包方不能按施工合同中的约定正常履行。合同变更包括：

1)发包方对工程项目提出新的要求，如提高或降低建筑标准、项目的用途发生变化、核减预算投资等。

2)设计出现错误,对设计图纸进行修改。
3)施工现场条件与原地质勘察有很大出入。
4)发生不可抗力,必须进行合同变更。
5)采用新的技术和方法,有必要修改原设计及实施方案。当然,合同的变更并不一定导致索赔的发生。

第七节 建设工程勘察、设计合同和建设工程施工合同

案例导入 4-7
远阳公司(被告)为了承包某广场片区提升改造工程,其作为发包人于 2019 年 12 月与方业公司(原告)签订了《建设工程勘察合同》,约定由原告进行某广场片区提升改造建设项目地质勘察。在施工完成后,因被告未及时支付原告勘察费用,在催要未果的情况下,原告向法院提起诉讼。

分析:本案中,被告基于想承包涉案工程项目的意图与原告签订了《建设工程勘察合同》,该合同系合同双方真实意思表示,未违反法律法规的强制性规定,且未损害第三方利益,故该合同为有效合同。原告按照合同约定进场勘察,且完成了既定的工作任务,故被告理应按照合同约定进行结算。对于被告提出的:其是基于承包涉案工程项目的目的而与原告签订了勘察合同,但是因最终未取得分包人资格,故而认为合同并未履行的辩解主张,法院认为,根据合同相对性原则,原告根据合同约定按照被告要求进场施工并完成勘察工作,合同已经履行完毕,被告是否分包成功系被告与第三方的另一法律关系,故不能作为本案合同签订但未履行的抗辩理由,为此对被告的该项抗辩主张,法院不予支持。

在工程建设活动过程中,所使用的各类合同本质上是规范的合同,其内容也符合合同的一般条款,但是由于工程建设活动本身太过复杂和专业,以及建设工程合同的当事人不可能事先具备完全熟练的签订建设工程合同的专门经验、技能和有关法律知识,因此,有必要制定建设工程合同示范文本,以避免合同的瑕疵给双方造成不必要的麻烦。由具备专门经验和技能的机构和人员制定建设工程合同示范文本是国际上通用的做法。需要说明的是,任何合同示范文本都不是法律强制使用的。

一、建设工程勘察、设计合同概述

(一)建设工程勘察、设计合同的内容

勘察、设计合同是委托方与承包方为完成一定的勘察、设计任务,明确相互权利、义务关系的协议。勘察、设计合同属于诺成合同,即合同当事人意思达成一致即可。勘察合同、设计合同主要条款如下。

1. 建设工程勘察合同条款主要内容

《建设工程勘察合同(示范文本)》(GF—2016—0203)适用岩土工程勘察、岩土工程设计、岩土工程物探/测试/检测/监测、水文地质勘察及工程测量等工程勘察活动,由合同协议书、通用合同条款和专用合同条款三部分组成。合同协议书集中约定了合同当事人基本的合同权利义务,主要包括工程概况、勘察范围和阶段、技术要求及工作量、合同工期、质量标准、合同价款、合同文件构成、承诺、词语定义、签订时间、签订地点、合同生效和合同份数等内容。通用合同条款是就工程勘察的实施及相关事项对合同当事人的权利义务作出的原则性约定。专用合同条款是对通用合同条款原则性约定的细化、完善、补充、修改或另行约定的条款。

2. 建设工程设计合同条款主要内容

建设工程设计合同示范文本按照适用工程种类的不同分为两个版本,合同内容如下:

(1)《建设工程设计合同示范文本(房屋建筑工程)》(GF—2015—0209)。《建设工程设计合同示范文本(房屋建筑工程)》(GF—2015—0209)适用建设用地规划许可证范围内的建筑物构筑物设计、室外工程设计、民用建筑修建的地下工程设计及住宅小区、工厂厂前区、工厂生活区、小区规划设计及单体设计等,以及所包含的相关专业的设计内容(总平面布置、竖向设计、各类管网管线设计、景观设计、室内外环境设计及建筑装饰、道路、消防、智能、安保、通信、防雷、人防、供配电、照明、废水治理、空调设施、抗震加固等)等工程设计活动。其由合同协议书、通用合同条款和专用合同条款三部分组成。合同协议书集中约定了合同当事人基本的合同权利义务。通用合同条款是就工程设计的实施及相关事项,对合同当事人的权利义务作出的原则性约定。专用合同条款是对通用合同条款原则性约定的细化、完善、补充、修改或另行约定的条款。

(2)《建设工程设计合同示范文本(专业建设工程)》(GF—2015—0210)。《建设工程设计合同示范文本(专业建设工程)》(GF—2015—0210)适用房屋建筑工程以外各行业建设工程项目的主体工程和配套工程(含厂/矿区内的自备电站、道路、专用铁路、通信、各种管网管线和配套的建筑物等全部配套工程)以及与主体工程、配套工程相关的工艺、土木、建筑、环境保护、水土保持、消防、安全、卫生、节能、防雷、抗震、照明等工程设计活动。其由合同协议书、通用合同条款和专用合同条款三部分组成。合同协议书集中约定了合同当事人基本的合同权利义务。通用合同条款是就工程设计的实施及相关事项,对合同当事人的权利义务作出的原则性约定。专用合同条款是对通用合同条款原则性约定的细化、完善、补充、修改或另行约定的条款。

(二)建设工程勘察、设计合同当事人的权利和义务

建设工程勘察、设计合同双方当事人的权利、义务是相互对应的,即发包方的权利往往是承包方的义务,而承包方的权利又往往是发包方的义务。

1. 建设工程勘察、设计合同发包方的主要义务

(1)发包方应向工程勘察项目承包方提供勘察范围图和建筑平面布置图,提交勘察技术要求及附图;向工程设计项目承包方提供设计任务书,选址报告,满足初步设计要求的勘察资料及经过批准的资源、燃料、水电、运输等方面的协议文件。

(2)向勘察、设计项目的承包方提供必要的生活和工作条件。

(3)负责勘查现场的通水、通电、通路和场地平整工作。

(4)及时向有关部门申请取得各设计阶段的批准文件，明确设计的范围和深度。

(5)尊重勘察、设计方的勘察、设计成果，不得私自修改，不得转借他人，如双方约定了保密义务，则委托方不得泄露文件内容。

2. 建设工程勘察、设计合同承包方的主要义务

(1)按照建设工程勘察、设计合同的要求向委托方按时提交勘察成果和设计文件。

(2)初步设计经上级主管部门审查后，原定任务书内容的必要修改由承包方负责，承包方对于勘察工作中的遗漏项目应及时进行补充勘察并自行承担补充勘察的有关费用。

(3)勘察人、设计人对勘察、设计成果负瑕疵担保责任。勘察人、设计人应对其提交给委托人的勘察、设计成果的质量进行担保。工程即使进入施工安装阶段，如发现勘察人、设计人的勘察、设计成果有质量瑕疵从而导致工程返工、窝工、建设费用增加，应由勘察人、设计人承担其所造成的损失。

(4)承包方对所承担设计任务的建设项目应配合施工，施工前进行设计技术交底，解决施工过程中的有关设计问题，负责设计变更和修改预算，参加试车考核和隐蔽工程及工程竣工验收，必要时应派有关人员现场设计。

(三)建设工程勘察、设计合同当事人的违约责任

1. 发包方的违约责任

发包方因所提供勘察、设计的资料不准确或未按合同约定支付勘察、设计费等，应承担相应的违约责任。发包方的违约责任主要表现在以下几个方面：

(1)发包方未按期提供勘察、设计所需的原材料、设备、场地、资金、技术资料，致使工程未能按期进行的，承包方可以顺延工期，承包人由此造成的损失，应由发包人承担。

(2)发包方提供的资料不准确，或中途改变建设计划而造成勘察、设计工作的返工、窝工、停工或修改计划的，发包方应按承包方的实际消耗工作量增付费用。

(3)发包方未能按期接收承包方的工作成果的，应偿付逾期违约金。

(4)发包方如不履行合同，无权请求返还定金。

2. 承包方的违约责任

承包方的违约责任主要是承包方未能按合同的约定提交勘察、设计文件以及由于勘察、设计错误而应承担的有关违约责任。承包方的违约责任主要表现在以下几个方面：

(1)因勘察、设计质量低劣而导致工程返工，勘察、设计单位应当承担返工所支出的各种费用。

(2)勘察、设计单位未能按期提交勘察、设计文件，致使拖延工期造成损失的，由勘察、设计单位继续完善勘察、设计，承担相应部分的勘察、设计费，并赔偿拖延工期造成的损失。

(3)勘察、设计错误而造成工程重大质量事故的，承包方除免收损失部分的勘察、设计费用外，还应承担一定数额的赔偿金。

(4)承包方如不能履行合同,应双倍返还定金。

二、建设工程施工合同

1. 建设工程施工合同的内容

建设工程施工合同是发包方(建设单位或总包单位)和承包方(施工单位)为完成特定的建筑安装工程任务,明确相互权利、义务关系而签订的协议。建设工程施工合同是建筑、安装合同的合称。

建设工程施工合同应具备的主要条款如下:

(1)工程名称和地点;
(2)建设工期,中间交工工程开、竣工时间;
(3)工程质量;
(4)工程造价;
(5)承包工程的预付金、工程进度款及工程决算的支付时间与方式;
(6)材料和设备的供应责任;
(7)当一方提出延迟开工或中止工程的全部或一部分时,有关工期变更、承包金额变更或损失的承担及估算方法;
(8)由于价格变动而变更承包金额或工程内容的规定和估算方法;
(9)竣工验收;
(10)违约责任;
(11)合同争议的解决方式;
(12)其他约定条款。

2. 建设工程施工合同当事人的权利和义务

(1)建设工程施工合同发包方的主要义务:

1)进行土地征用,青苗树木赔偿,房屋拆迁,清除地面、架空和地下障碍等工作,使施工场地具备施工条件,并在开工后继续负责解决以上事项的遗留问题。

2)将施工所需水、电、通信线路从施工场地外部接至协议条款约定地点,并保证施工期间的需要。

3)开通施工场地与城乡公共道路的通道,以及协议条款约定的施工场地内的主要交通干道,保证其畅通,满足施工运输的需要。

4)向承包方提供施工场地的工程地质和地下管网线路资料,保证数据真实准确。

5)办理施工所需各种证件、批件和临时用地、占道及铁路专用线的申报批准手续(证明承包方自身资质的证件除外)。

6)将水准点与坐标控制点以书面形式交给承包方,并进行现场交验。

7)组织承包方和设计单位进行图纸会审,向承包方进行设计交底。

8)协调处理对施工现场周围地下管线和邻近建筑物、构筑物的保护,并承担有关费用。若发包方不按合同约定完成以上工作而造成延误,应承担由此造成的经济支出,赔偿承包方有关损失,工期也应相应顺延。

(2)建设工程施工合同承包方的主要义务:

1)在设计资格证书允许的范围内,按发包方的要求完成施工组织设计或与工程配套的设计,经发包方批准后使用。

2)向发包方提供年、季、月工程进度计划及相应进度统计报表和工程事故报告。

3)按工程需要提供和维修非夜间施工使用的照明、看守、围栏和警卫等,如承包方未履行上述义务造成工程、财产和人身伤害的,由承包方承担责任及所需的费用。

4)按协议条款约定的数量和要求,向发包方提供在施工现场办公和生活的房屋及设施,发生的费用由承包方承担。

5)遵守地方政府和有关部门对施工场地交通和施工噪声等的管理规定,经发包方同意后办理有关手续,发包方承担由此产生的费用,但因承包方责任造成的罚款除外。

6)已竣工工程未交付发包方之前,承包方按协议条款约定负责已完工程的成品保护工作,保护期间发生损坏时,承包方应自费予以修复。要求承包方采取特殊措施保护的单位工程部位和相应经济支出,在协议条款内约定。发包方提前使用后发生损坏的修理费用,由发包方承担。

7)按合同的要求做好施工现场地下管线和邻近建筑物、构筑物的保护工作。

8)保证施工现场清洁并符合有关规定,交工前清理现场使其达到合同文件的要求,承担因违反有关规定造成的损失和罚款(合同签订后颁发的规定和非承包方原因造成的损失和罚款除外)。承包方不履行上述各项义务,造成工期延误和工程损失,应对发包方的损失给予赔偿。

3. 建设工程施工合同的违约责任

(1)建设工程施工合同发包方的违约责任。

1)经济赔偿责任。发包方未按照约定的时间和要求提供原材料、设备、场地、资金、技术资料的,承包方可以顺延工程日期,并有权请求赔偿停工、窝工等损失;因发包方的原因致使工程中途停建、缓建的,发包方应当采取措施弥补或者减少损失,赔偿承包方因此造成的停工、窝工、倒运、机械设备调迁、材料和构件积压等损失和实际费用;因发包方变更计划,提供的资料不准确,或者未按照期限提供必需的勘察、设计工作条件而造成勘察、设计的返工、停工或者修改设计,发包方应当按照勘察人、设计人实际消耗的工作量增付费用。

2)发包方未按照约定支付价款的,承包方可以催告发包方在合理期限内支付价款。发包方逾期不支付的,除根据建设工程的性质不宜折价、拍卖外,承包方可以与发包方协议将该工程折价,也可以请求人民法院将该工程依法拍卖。建设工程的价款就该工程折价或者拍卖的价款优先受偿。

3)工程未经验收,发包方因提前使用或擅自动用而发生的质量或其他问题由发包方承担责任。

4)超过合同规定日期验收,按合同违约责任条款的规定偿付逾期违约金。

(2)建设工程施工合同承包方的违约责任。

1)承包方交付的工作成果不符合质量要求的,发包方可以合理选择请求承包方承担修理、重作、减少报酬、赔偿损失等违约责任。

2）因施工方的原因致使建设工程质量不符合约定的，发包方有权请求施工方在合理期限内无偿修理或者返工、改建。经过修理或返工、改建后，造成逾期交付的，施工方应当承担违约责任。

3）工程交付时间不符合合同规定的，按合同中违约责任条款的规定偿付逾期违约金。

4）由于承包方的责任，造成发包方提供的材料、设备等丢失或损坏，应负赔偿责任。

5）因承包方的原因致使建设工程在合理使用期限内造成人身损害和财产损失的，承包方应当承担赔偿责任。

建设工程施工合同（示范文本）

第八节　建设工程监理合同

案例导入 4-8

某工程项目，建设单位通过招标选择了一个具有相应资质的监理单位承担施工招标代理和施工阶段的监理工作，并按照《建设工程施工合同（示范文本）》（GF—2017—0201）与G施工单位签订了施工合同。工程按期进入安装调试阶段后，雷电引发了一场火灾。火灾结束后24 h内，G施工单位向项目监理机构通报了火灾损失情况：工程本身损失150万元；总价值100万元的待安装设备彻底报废；G施工单位人员烧伤所需医疗费及补偿费预计为15万元，租赁的施工设备损坏赔偿费用为10万元；其他单位临时停放在现场的一辆价值25万元的汽车被烧毁。另外，大火扑灭后G施工单位停工5天，造成其他施工机械闲置损失2万元以及必要的管理保卫人员费用支出1万元，并预计工程所需清理、修复费用为200万元。损失情况经项目监理机构审核属实。此项损失属于什么原因造成，责任如何分担？（在不考虑保险责任的前提下）

分析：本案例考核《建设工程施工合同（示范文本）》（GF—2017—0201）中17.3.2款规定的由不可抗力导致的人员伤亡、财产损失、费用增加和（或）工期延误等后果，由合同当事人承担责任的原则。依据《民法典》180条之规定精神，不可抗力属于天灾人祸，合同各方均无责任，应各自承担各自的损失。实践中，工程本身的损害、因工程损害导致第三方人员伤亡和财产损失以及运至施工场地用于施工的材料和待安装的设备的损害，由发包人承担；发包人、承包人人员伤亡由其所在单位负责，并承担相应费用；承包人的施工机械设备损坏及停工损失，由承包人承担；停工期间，承包人应发包人要求留在施工场地的必要的管理人员及保卫人员的费用，由发包人承担；工程所需清理、修复费用，由发包人承担。据此规定，本案责任分担为：①施工单位人员所需医疗费预计15万元，租赁的施工机械损坏赔偿10万元；造成其他施工机械闲置损失2万元以及必要的管理保卫人员费用支出1万元应由施工单位自行承担；②工地非停车场，没有保管义务，其他单位临时停放在现场的一辆价值25万元的汽车被烧毁由其他单位自行承担；③工程本身损失150万元；并预计工程所需清理、修复费用200万元，由建设单位承担；④总价值100万元的待安装设备，谁购置的谁来承担。

一、建设工程监理合同的类型

建设工程根据工程建设进程可划分为建设前期（投资决策咨询）、设计阶段、施工招标阶段、施工阶段等几个阶段，建设工程监理合同也可根据不同的阶段分为不同的类型。业主既可委托一个监理单位承担所有阶段的监理业务，也可分别委托几个监理单位承担。

1. 建设前期监理合同

在建设前期监理合同中，监理单位主要从事建设项目的可行性研究并参与设计任务书的编制。

2. 设计监理合同

在设计监理合同中，监理单位的监理内容是审查或评选设计方案，审查设计实施文件；选择勘察、设计单位，代签或参与签订勘察、设计合同或监督合同的实施；代编或代审概预算等。

3. 施工招标监理合同

在施工招标监理合同中，监理单位的监理内容是准备招标文件，代理招标、评标、决标，与中标单位商签工程承包合同。

4. 施工监理合同

在施工监理合同中，监理单位的监理内容是审查工程计划和施工方案；监督施工单位严格按规范和标准施工，审查技术变更；控制工程进度和质量；检查安全防护设施；检测原材料和构配件质量；认定工程质量和数量；验收工程和签发付款凭证；审查工程价款；整理合同文件和技术档案；提出竣工报告；处理质量事故等。

二、建设工程监理合同(示范文本)简介

《建设工程监理合同(示范文本)》(GF—2012—0202)(以下简称《建设工程监理合同》)，由三部分组成：

第一部分是协议书，类似其他示范文本的协议书，主要包括工程概况、词语限定、组成本合同的文件、总监理工程师、签约酬金、期限、双方承诺、合同订立等条款。

第二部分是通用条件，主要包括定义与解释，监理人义务，委托人义务，违约责任，支付，合同生效、变更、暂停、解除与终止，争议解决，其他等条款。

第三部分是专用条件，主要包括定义与解释，监理人义务，委托人义务，违约责任，支付，合同生效、变更、暂停、解除与终止，争议解决，其他等条款。

《建设工程监理合同(示范文本)》(GF—2012—0202)

本章小结

本章围绕建设工程合同法律原理与实务展开，主要涉及建设工程合同的概念及特征，建设工程合同的签订，建设工程合同的效力，建设工程合同的履行，建设工程合同的违约责任和索赔，建筑工程勘察、设计合同，建设工程施工合同，建设工程监理合同八个方面的内容。

拓展训练

一、复习思考题
1. 什么是建设工程合同？它与一般的合同相比有哪些特征？
2. 建设工程合同签订的原则有哪些？
3. 有效的建设工程合同应符合哪些条件？
4. 建设工程合同履行的原则是什么？
5. 变更建设工程合同需要具备哪些条件？
6. 什么是工程建设索赔？哪些原因可以引起索赔？
7. 建设工程勘察、设计合同当事人各自有哪些权利和义务？
8. 建设工程监理合同有哪些主要条款？

二、案例分析
某厂房建设场地原为农田。按设计要求在厂房地坪范围内的耕植土应清除，基础必须埋在老土层下 2.00 m 处。为此，业主在"三通一平"阶段就委托土方施工公司清除了耕植土并用好土回填压实至一定设计标高，故在施工招标文件中指出，施工单位无须再考虑清除耕植土问题。某施工单位通过投标方式获得了该项工程施工任务，并与建设单位签订了固定价格合同。然而，施工单位在开挖基坑时发现相当一部分基础开挖深度虽已达到了设计标高，但仍未见老土，且在基坑和场地范围内仍由一部分深层的耕植土和池塘淤泥等必须清除。

问题：

(1) 在工程中遇到地基条件与原设计所依据的地质资料不符时，承包方应该怎么办？

(2) 对于工程施工中出现变更工程价款和工期的事件之后，甲乙双方需要注意哪些时效性问题？

(3) 根据修改的设计图纸，基坑开挖需要加深、加大，造成土方工程量增加，施工工效降低。在施工中又发现了较有价值的出土文物，造成承包方部分施工人员和机械窝工，同时承包方为保护文物付出了一定的措施费用。为此，承包方应如何处理此事？

三、任务实训
实训内容：分成两组，分别扮演发包方和承包方，通过查找资料制定一份建设工程施工合同，进一步掌握建设工程合同当事人的权利、义务和责任。实训时间为 1 h。

一组学生(发包方)作业展示：＿＿＿＿＿＿＿＿＿＿＿＿＿＿＿＿＿＿＿＿

教师评价：＿＿＿＿＿＿＿＿＿＿＿＿＿＿＿＿＿＿＿＿

二组学生(承包方)作业展示：＿＿＿＿＿＿＿＿＿＿＿＿＿＿＿＿＿＿＿＿

教师评价：＿＿＿＿＿＿＿＿＿＿＿＿＿＿＿＿＿＿＿＿

拓展训练参考答案

第五章　建设工程安全管理法律原理与实务

学习目标

通过本章的学习，熟悉建设工程安全生产监督管理的机制和具体内容；了解我国建设工程安全管理相关立法，建设工程安全生产责任制、建设工程安全教育培训制、施工现场安全保障措施及我国建设工程安全生产意外伤害保险的相关法规；掌握施工安全生产许可证的办理条件、申办程序、有效时间、变更、注销及补办，以及生产安全事故的应急救援和调查处理相关程序及具体要求。

课件：建设工程安全管理法律原理与实务

思政目标

通过本章的学习，培养安全意识，提升对国家、集体财产安全和个人生命安全的重视程度。培养认真、细致的工作态度，增强责任感，提升对安全生产是建设工程首要目标的深刻认识。

思政小课堂

根据住建部的统计数据，2018年，全国共发生房屋市政工程生产安全事故734起、死亡840人。2018年，全国房屋市政工程生产安全事故按照类型划分，高处坠落事故383起，占总数的52.2%；物体打击事故112起，占总数的15.2%；起重伤害事故55起，占总数的7.5%；坍塌事故54起，占总数的7.3%；机械伤害事故43起，占总数的5.9%；车辆伤害、触电、中毒和窒息、火灾和爆炸及其他类型事故87起，占总数的11.9%。

视频：思政小课堂

2019年，全国共发生房屋市政工程生产安全事故773起、死亡904人，比2018年事故起数增加39起、死亡人数增加64人，分别上升5.31%和7.62%。2019年，全国房屋市政工程生产安全事故按照类型划分，高处坠落事故415起，占总数的53.69%；物体打击事故123起，占总数的15.91%；土方、基坑坍塌事故69起，占总数的8.93%；起重机械伤害事故42起，占总数的5.43%；施工机具伤害事故23起，占总数的2.98%；触电事故20起，占总数的2.59%；其他类型事故81起，占总数的10.47%。

从数据中可以看出，建设工程安全事故发生的频率和程度都较大，产生的经济损失和人民生命财产损失也很大，尤其是高空坠落事故，更是占到总数的一半以上。所以，从自我做起，提高安全意识，注重细节，防患于未然就是建筑从业者所需要具备的职业素养。

第一节　建设工程安全立法概述

案例导入 5-1

某地一栋在建的 13 层楼倒塌。倒塌的楼整体向南倾倒。倒塌后，其整体结构基本没有遭到破坏，甚至其中玻璃都完好无损，但大楼底部的桩基完全断裂。

事故原因分析：基坑开挖堆土产生重压；基坑开挖在楼的南面形成临空面；软土地基承载力偏低，只有 80 kPa；PHC 管桩的抗剪强度较差；连日暴雨。

专家分析：事发前，楼房附近有过两次堆土施工。第一次堆土施工，堆土距离楼房约 20 m，离防汛墙 10 m，高度为 3～4 m。第二次堆土施工，施工方在事发楼盘前方开挖基坑，土方紧贴建筑物堆积在楼房北侧，堆土在 6 天内即高达 10 m。第二次堆土是造成楼房倒塌的主要原因。土方在短时间内快速堆积，产生了 3 000 t 左右的侧向力，加之楼房前方由于开挖基坑出现凌空面，导致楼房产生 10 cm 左右的位移，对 PHC 管桩产生很大的偏心弯矩，最终破坏桩基，引起楼房整体倾覆。

该地检察院对该项目房地产开发公司董事长兼总经理张某等 7 名责任人以涉嫌重大责任事故罪批准逮捕。同时被批捕的另外 6 人分别为：该房地产开发公司工作人员秦某，某建筑公司法人代表、董事长张某及工作人员夏某、陆某，无业人员张某和某建设监理公司总工程师兼该项目总监理乔某等。

一、建设工程安全管理所依据的主要法律

建设工程安全管理所依据的主要法律包括《中华人民共和国安全生产法》(2021 年修正)、《建筑法》(2019 年修正)、《中华人民共和国消防法》(2021 年修正)、《中华人民共和国铁路法》(2015 年修正)、《中华人民共和国港口法》(2018 年修正)、《中华人民共和国公路法》(2017 年修正)、《中华人民共和国行政处罚法》(2021 年修正)。

中华人民共和国安全生产法

二、建设工程安全管理所依据的主要行政法规

2007 年 3 月 28 日，经国务院第一百七十二次常务会议通过，自 2007 年 6 月 1 日起施行的《生产安全事故报告和调查处理条例》；2004 年 1 月 7 日国务院第三十四次常务会议通过，自公布之日起施行的《安全生产许可证条例》(2014 年修订)；2003 年 11 月 12 日国务院第二十八次常务会议通过，自 2004 年 2 月 1 日起施行的《建设工程安全生产管理条例》；2009 年 1 月 14 日国务院第四十六次常务会议签署，自 2009 年 5 月 1 日起施行的《特种设备安全监察条例》(2009 年修订)；2006 年 4 月 26 日国务院第一百三十四次常务会议通过，自 2006 年 9 月 1 日起施行的《民用爆炸物品安全管理条例》(2014 年修订)。

三、建设工程安全管理所依据的部门规章

住房和城乡建设部、国家铁路局、交通运输部、水利部、应急管理部、国资委、国家质量监督检验检疫总局等部委和直属机构的部门规章和规范性文件均涉及建筑安全内容，以及多个部门规章和规范性文件。

四、与建设工程安全生产相关的主要技术标准、规范

自2007年12月1日起执行的《头部防护安全帽》(GB 2811—2019)；自2009年2月1日起实施的《水运工程爆破技术规范》(JTS 204—2008)；2008年12月11日正式颁布，并于2009年10月1日正式实施的国家标准《安全标志及其使用导则》(GB 2894—2008)等。

第二节 建设工程安全生产许可

案例导入 5-2

某建安公司与某租赁公司签订一份租赁合同，由租赁公司向建安公司提供QTZ80A塔式起重机一台，并约定：租赁期限、租金标准及支付办法及设备在运输、装拆过程中因违章作业所造成的事故由建安公司负责，其间发生的机械损伤由建安公司赔偿；设备在使用过程中建安公司不得违章指挥，不得强令司机违章作业，并对上述行为产生的后果负全责；租赁公司应派随机司机2名，工资由建安公司负责；设备的运输、安装均由建安公司负责，建安公司必须具备或委托具备塔式起重机装拆资质的单位进行装拆活动，人员必须持证上岗；双方对各自派出的人员负责，各自对违章作业引发的后果或损失负责。

签约后，租赁公司派出了刘某和穆某两名塔式起重机司机。建安公司将该设备实际用于其承建的某市住宅工程工地。施工开始后刘某因其他工作离开该工地，并推荐同行业另一名塔式起重机司机顾某接替其工作，但未通知租赁公司。

监理公司在安全检查时发现该塔式起重机的垂直偏差已超出相关规范的允许范围，即发出《监理工程师通知单》，要求立即停止使用该塔式起重机。建安公司准备次日上午派人到工地对该塔式起重机进行纠偏。在纠偏人员尚未到达工地的情况下，顾某与工地另一名塔式起重机司机唐某擅自违规，对该塔式起重机进行垂直度纠偏，导致该塔式起重机整体倾覆在工地的10号楼房顶上，造成1名工人死亡、3名工人轻伤以及塔式起重机报废的事故。

经有关部门调查核实，该建安公司没有建筑施工安全生产许可证，而是与某机械施工公司达协议，由该公司提供建筑施工安全生产许可证。在这起事故中应当如何认定责任？

分析：根据《安全生产许可证条例》第十九条、二十一条规定，该塔吊由建安公司自行安装，建安公司对随机作业人员安全教育不力、管理不严，对事故负主要责任；机械施工公司转让建筑施工安全生产许可证承担连带责任。司机由租赁公司随机派去，也应酌情负一定责任。

一、施工安全生产许可证制度

《中华人民共和国行政许可法》(2019修正)规定,"直接涉及国家安全、公共安全、经济宏观调控、生态环境保护以及直接关系人身健康、生命财产安全等特定活动,需要按照法定条件予以批准的事项",可以设定行政许可。

《安全生产许可证条例》(2014修订)规定:"国家对矿山企业、建筑施工企业和危险化学品、烟花爆竹、民用爆破器材生产企业(以下统称企业)实行安全生产许可制度。企业未取得安全生产许可证的,不得从事生产活动。"

《建筑施工企业安全生产许可证管理规定》规定:"国家对建筑施工企业实行安全生产许可制度。建筑施工企业未取得安全生产许可证的,不得从事建筑施工活动。国务院住房城乡建设主管部门负责中央管理的建筑施工企业安全生产许可证的颁发和管理。省、自治区、直辖市人民政府住房城乡建设主管部门负责前款规定以外的建筑施工企业安全生产许可证的颁发和管理,并接受国务院住房城乡建设主管部门的指导和监督。"

二、安全生产许可证的取得条件

建筑施工企业取得安全生产许可证,应当具备下列安全生产条件:

(1)建立、健全安全生产责任制,制定完备的安全生产规章制度和操作规程;
(2)保证本单位安全生产条件所需资金的投入;
(3)设置安全生产管理机构,按照国家有关规定配备专职安全生产管理人员;
(4)主要负责人、项目负责人、专职安全生产管理人员经住房城乡建设主管部门或者其他有关部门考核合格;
(5)特种作业人员经有关业务主管部门考核合格,取得特种作业操作资格证书;
(6)管理人员和作业人员每年至少进行一次安全生产教育培训并考核合格;
(7)依法参加工伤保险,依法为施工现场从事危险作业的人员办理意外伤害保险,为从业人员交纳保险费;
(8)施工现场的办公、生活区及作业场所和安全防护用具、机械设备、施工机具及配件符合有关安全生产法律、法规、标准和规程的要求;
(9)有职业危害防治措施,并为作业人员配备符合国家标准或者行业标准的安全防护用具和安全防护服装;
(10)有对危险性较大的分部分项工程及施工现场易发生重大事故的部位、环节的预防、监控措施和应急预案;
(11)有生产安全事故应急救援预案、应急救援组织或者应急救援人员,配备必要的应急救援器材、设备;
(12)法律、法规规定的其他条件。

三、安全生产许可证的申请和颁发

建筑施工企业从事建筑施工活动前,应当依照《建筑施工企业安全生产许可证管理规定》向省级以上住房城乡建设主管部门申请领取安全生产许可证。

(1)申办单位划分。中央管理的建筑施工企业(集团公司、总公司)应当向国务院住房城乡建设主管部门申请领取安全生产许可证。

上述规定以外的其他建筑施工企业,包括中央管理的建筑施工企业(集团公司、总公司)下属的建筑施工企业,应当向企业注册所在地省、自治区、直辖市人民政府住房城乡建设主管部门申请领取安全生产许可证。

(2)建筑施工企业申请安全生产许可证时,应当向住房城乡建设主管部门提供下列材料:

1)建筑施工企业安全生产许可证申请表;

2)企业法人营业执照;

3)《建筑施工企业安全生产许可证管理规定》第四条规定的相关文件、材料。

建筑施工企业申请安全生产许可证,应当对申请材料实质内容的真实性负责,不得隐瞒有关情况或者提供虚假材料。

住房城乡建设主管部门应当自受理建筑施工企业的申请之日起45日内审查完毕;经审查符合安全生产条件的,颁发安全生产许可证;不符合安全生产条件的,不予颁发安全生产许可证,书面通知企业并说明理由。企业自接到通知之日起应当进行整改,整改合格后方可再次提出申请。

住房城乡建设主管部门审查建筑施工企业安全生产许可证申请,涉及铁路、交通、水利等有关专业工程时,可以征求铁路、交通、水利等有关部门的意见。

四、安全生产许可证的有效期

安全生产许可证的有效期为3年。安全生产许可证有效期满需要延期的,企业应当于期满前3个月向原安全生产许可证颁发管理机关申请办理延期手续。企业在安全生产许可证有效期内,严格遵守有关安全生产的法律法规,未发生死亡事故的,安全生产许可证有效期届满时,经原安全生产许可证颁发管理机关同意,不再审查,安全生产许可证有效期可延期3年。

五、安全生产许可证的变更、注销及补办

建筑施工企业变更名称、地址、法定代表人的,应当在变更后10日内,到原安全生产许可证颁发管理机关办理安全生产许可证变更手续。

建筑施工企业破产、倒闭、撤销的,应当将安全生产许可证交回原安全生产许可证颁发管理机关予以注销。

建筑施工企业遗失安全生产许可证的,应当立即向原安全生产许可证颁发管理机关报告,并在公众媒体上声明作废后,方可申请补办。

第三节 施工现场安全管理

案例导入 5-3

某工程正在进行人工挖孔桩施工,因下雨而暂时停工,雨停后,工人们又返回工作岗

位继续施工。后来又下了一阵雨，大部分工人停止施工返回宿舍。其中有两个桩孔因地质情况特殊需要继续施工，而就在此时，由于配电箱进线端的电线无穿管保护而被箱体割破绝缘层，造成电箱外壳、提升机械以及钢丝绳、吊桶带电。工人江某等人在没有进行任何检查的情况下，习惯性地按正常情况准备施工，当他触及带电的吊桶时，遭到强烈的电击，后经抢救无效死亡。

事故直接原因：①电源线进配电箱处无套管保护，金属箱体电线进口处也未设护套，使电线磨损破皮。②重复接地装置设置不符合要求。③漏电保护装置参数选择偏大、不匹配，没起到保护作用。

施工现场的安全管理应当在确保实施建设工程安全生产责任制、建设工程安全教育培训制及建设安全生产劳动保护制的基础上采取必要的保障措施，保证"百年大计，安全第一"的实现。

一、建设工程安全生产责任制

1. 建筑工程活动主体负责人安全生产责任制

建筑企业要加强安全生产的领导，尊重科学，严格管理，应当逐级建立安全责任制度。企业领导尤其是主管生产领导的责任是：认真贯彻执行国家和政府部门制定的劳动保护和安全生产政策、法令和规章制度；制定安全生产工作规划和安全生产责任制，拟定安全生产的奖惩办法，建立并不断完善安全生产管理制度；定期分析安全生产情况，及时研究、解决安全生产问题，并定期向企业职工代表会议报告安全生产情况和措施；审批劳动保护技术措施计划，并组织实施；定期组织安全检查，积极开展安全竞赛活动；对职工进行安全、遵章守纪及劳动保护法制教育，领导和督促各级职能部门及广大职工做好本职范围内的安全工作；主持现场重大伤亡事故的调查处理，拟定并落实整改措施。

企业总工程师（技术负责人）对本企业劳动保护和安全生产的技术工作负总的技术责任；项目经理、施工队长、车间主任对本单位劳动保护和安全生产负具体领导责任。工长、施工员对所管工程的安全负直接责任。

2. 专职工作人员安全生产责任制

企业应根据实际情况建立安全机构，并按照职工总数配备相应的专职人员，负责安全管理工作和安全监督检查工作。依据《关于印发〈建筑施工企业安全生产管理机构设置及专职安全生产管理人员配备办法〉》（建质〔2008〕91号）的规定，建筑施工企业安全生产管理机构专职安全生产管理人员在施工现场检查过程中具有以下职责：查阅在建项目安全生产有关资料、核实有关情况；检查危险性较大工程安全专项施工方案落实情况；监督项目专职安全生产管理人员履责情况；监督作业人员安全防护用品的配备及使用情况；对发现的安全生产违章、违规行为或安全隐患，有权当场予以纠正或作出处理决定；对不符合安全生产条件的设施、设备、器材，有权当场作出查封的处理决定；对施工现场存在的重大安全隐患，有权越级报告或直接向建设主管部门报告；企业明确的其他安全生产管理职责。

3. 岗位人员安全生产责任制

岗位人员不得进行违章作业，对违章作业应予以制止，同时积极参加安全生产活动，主动提出改进意见，爱护和正确使用机器设备、工具及个人防护用品。

二、建设工程安全教育培训制

广泛开展安全生产宣传教育，使各级领导和广大职工群众真正认识到安全生产的重要性、必要性，懂得安全生产、文明生产的科学知识，牢固树立"安全第一"的思想，自觉地遵守各项安全生产法令和规章制度。企业要建立经常性的安全教育和培训考核制度，内容包括：

（1）对新工人（包括合同工、临时工、学徒工、实习和代培人员）、职工进行教育，特殊工种的工人需经培训考试合格，方可持证上岗操作。教育内容包括安全技术知识、设备性能、操作规程、安全制度和严禁事项，经考核合格后，工人方可进入操作岗位。

（2）电工，焊工，架工，司炉工，爆破工，机操工及起重、打桩机和各种机动车辆司机等特殊工种的工人，除进行一般安全教育外，还要经过本工种的安全技术教育，经考核合格发证后，方可独立操作，每年还要进行一次复审。

（3）采用新技术、新工艺、新设备施工和调换工作岗位时，要对操作人员进行新技术操作和新岗位的安全教育，未经教育不得上岗操作。

（4）定期轮训企业各级领导干部和安全部门干部，提高政策思想水平，熟悉安全技术、劳动卫生业务知识，做好安全工作。

三、施工现场安全保障措施

1. 编制安全技术措施及专项施工方案

建筑施工企业在编制施工组织设计时，应当根据建筑工程的特点制定相应的安全技术措施；对专业性较强的工程项目，应当编制专项安全施工组织设计，并采取安全技术措施。

施工单位应当在施工组织设计中编制安全技术措施和施工现场临时用电方案，对下列达到一定规模且危险性较大的分部分项工程编制专项施工方案，并附具安全验算结果，经施工单位技术负责人、总监理工程师签字后方可实施，由专职安全生产管理人员进行现场监督：

（1）基坑支护与降水工程；
（2）土方开挖工程；
（3）模板工程；
（4）起重吊装工程；
（5）脚手架工程；
（6）拆除、爆破工程；
（7）国务院住房城乡建设主管部门或者其他有关部门规定的其他危险性较大的工程。

建设工程安全生产管理条例

对以上所列工程中涉及深基坑、地下暗挖工程、高大模板工程的专项施工方案，施工单位还应当组织专家进行论证、审查。

2. 安全施工技术交底

在建设工程施工前，施工单位负责项目管理的技术人员应当就有关安全施工的技术要求向施工作业班组、作业人员作出详细说明，并由双方签字确认。

3. 施工现场的安全防护

(1)施工单位应当在施工现场入口处，施工起重机械，临时用电设施，脚手架，出入通道口，楼梯口，电梯井口，孔洞口，桥梁口，隧道口，基坑边沿，爆破物及危险、有害气体和液体存放处等危险部位，设置明显的安全警示标志。安全警示标志必须符合国家标准。

(2)施工单位应当根据不同施工阶段和周围环境及季节、气候的变化，在施工现场采取相应的安全施工措施。施工现场暂时停止施工的，施工单位应当做好现场防护，所需费用由责任方承担，或者按照合同约定执行。

(3)施工单位应当将施工现场实行封闭式管理，城市市区内的建设工程，施工单位应当对施工现场实行封闭围挡，高度不得低于1.8 m。

4. 施工现场生活区和作业区环境管理

施工单位应当将施工现场的办公、生活区与作业区分开设置，并保持安全距离；办公、生活区的选址应当符合安全性要求。职工的膳食、饮水、休息场所等应当符合卫生标准。施工单位不得在尚未竣工的建筑物内设置员工集体宿舍。施工现场临时搭建的建筑物应当符合安全使用要求。施工现场使用的装配式活动房屋应当具有产品合格证。

5. 施工现场的消防管理

施工单位应当在施工现场建立消防安全责任制度，确定消防安全责任人，制定用火、用电、使用易燃易爆材料等各项消防安全管理制度和操作规程，设置消防通道、消防水源，配备消防设施和灭火器材，并在施工现场入口处设置明显标志。

6. 施工现场的环境保护

《建筑法》第四十一条规定："建筑施工企业应当遵守有关环境保护和安全生产的法律、法规的规定，采取控制和处理施工现场的各种粉尘、废气、废水、固体废物以及噪声、振动对环境的污染和危害的措施。"

《建设工程安全生产管理条例》第三十条第二款规定："施工单位应当遵守有关环境保护法律、法规的规定，在施工现场采取措施，防止或者减少粉尘、废气、废水、固体废物、噪声、振动和施工照明对人和环境的危害和污染。"

施工现场可采取以下措施保护环境：

(1)妥善处理泥浆水，未经处理不得直接排入城市排水设施和河流。

(2)除设有符合规定的装置外，不得在施工现场熔融沥青或者焚烧油毡、油漆以及其他会产生有毒、有害、烟尘和恶臭气体的物质。

(3)使用密封式设备或者采取其他措施处理高空废弃物。

(4)采取有效措施控制施工过程中的扬尘。

(5)禁止将有毒有害废弃物用作土方回填。

(6)对产生噪声、振动的施工机械，应采用有效控制措施，降低噪声以防扰民。

7. 安全设备管理

(1)安全设备的设计、制造、安装、使用、检测、维修、改造和报废，应当符合国家标准和行业标准。生产经营者应该对安全设备进行经常性维护、保养，并定期检测，保证正常运转。

(2)施工现场不得使用国家明令淘汰、禁止使用的危及生产安全的工艺、设备。
(3)完善起重机械等自升式架设设施的检验、验收、登记备案制度。

第四节　建设工程安全生产监督管理

案例导入5-4

2019年4月25日,某市某项目1号楼建筑工地发生一起施工升降机轿厢(吊笼)坠落的重大事故,造成11人死亡、2人受伤,直接经济损失约1800万元。

发生原因：事故施工升降机在安装过程中,第16、17节标准节连接位置西侧的两条螺栓未安装,第17节以上的标准节不具有抵抗侧向倾翻的能力,形成重大事故隐患。但事故施工升降机安装完毕后,未按规定进行自检、调试、试运转,未组织验收即违规投入使用,最终导致事故发生。

分析：一是施工单位项目主要负责人系挂靠人员,实际上不在现场执业,施工现场以包代管,安全管理混乱；二是专项施工方案内容不完整且与事故施工升降机机型不符,不能指导安装作业,安装前未按规定进行安全技术交底,安装过程中未安排专职安全员进行现场监督；三是施工单位未组织验收即违规投入使用,在收到停止违规使用的监理通知后,仍不整改、继续使用；四是政府及相关监管部门对施工现场存在的明显违法违规行为整治不力,安全监管流于形式。

一、监督管理机制

建设工程安全生产监督管理机制是上级管理部门或企业自身对安全生产状况进行监督管理的制度。在我国,建设工程安全生产监督管理机制实行国务院住房城乡建设主管部门对全国的建设工程安全生产实施统一的监督管理模式。县级以上地方人民政府住房城乡建设主管部门对本行政区域内的建设工程安全生产实施监督管理。

二、监督内容

1. 国务院住房城乡建设主管部门的主要职责

(1)贯彻执行国家有关安全生产的法律、法规和方针、政策,起草或者制定建筑安全生产管理的法规、标准。

(2)统一监督管理国家工程建设方面的安全生产工作,完善建筑安全生产的组织保证体系。

(3)制定建筑安全生产管理的中、长期规划和近期目标,组织建筑安全生产技术的开发和推广应用。

(4)指导和监督检查省、自治区、直辖市人民政府住房城乡建设主管部门开展建筑安全生产的行业监督管理工作。

(5)统计全国建筑职工因公伤亡人数,掌握并发布全国建筑安全生产动态。

(6)负责对申报资质等级一级的企业和国家一、二级企业以及国家和部级建筑企业进行安全资格审查或者审批，行使安全生产否决权。

(7)组织全国建设安全生产检查，总结交流建设安全生产管理经验，并表彰先进。

(8)检查和督促建设工程重大事故的调查处理，组织或者参与工程建设特别重大事故的调查。

2. 县级以上地方人民政府住房城乡建设主管部门的职责

(1)贯彻执行国家和地方有关安全生产的法律、法规和方针、政策，起草或者制定本行政区域内的建筑安全生产管理的法规、标准。

(2)制定本行政区域内建筑安全生产管理的中、长期规划和近期目标，组织建筑安全生产技术的开发和推广应用。

(3)建立建筑安全生产的监督管理体系，落实本行政区域内各级领导分工责任的建筑安全生产责任制。

(4)统计本行政区域内建筑职工因公伤亡人数，掌握并发布本行政区域的建筑安全生产动态。

(5)负责对申报晋升企业机制等级、企业升级和报评先进企业的安全资格进行审查，行使安全生产否决权。

(6)组织本行政区域的建设安全生产检查。

(7)组织开展本行政区域的建筑企业生产管理人员、作业人员的安全生产教育、培训、考核及发证工作，监督检查建筑企业对安全技术措施费的提取和使用。

3. 生产经营单位对安全生产的监督管理

(1)建筑施工单位应当设置安全生产管理机构或者配备专职安全生产管理人员。

(2)生产经营单位的安全生产管理人员应当根据本单位的生产经营特点，对安全生产状况进行经常性检查；对检查中发现的安全问题，应当立即处理，不能处理的，应当及时报告本单位有关负责人。检查及处理情况应当记录在案。

(3)生产经营单位应当教育和督促从业人员严格执行本单位的安全生产规章制度和安全操作规程，并向从业人员如实告知作业场所和工作岗位存在的危险因素、防范措施及事故应急措施。

(4)生产经营单位进行爆破、吊装等危险作业时，应当安排专门人员进行现场安全管理，确保操作规程的遵守和安全措施的落实。

(5)生产经营单位对重大危险源应当登记建档，进行定期检测、评估、监控，并制定应急预案，告知从业人员和相关人员在紧急情况下应当采取的应急措施。

(6)生产经营单位不得使用国家明令淘汰、禁止使用的危及生产安全的工艺、设备；对安全设备应进行经常性维护、保养，并定期检测，保证正常运转。维护、保养、检测时应当做好记录，并由相关人员签字。

(7)法律、法规规定的其他职责。

第五节　建设工程安全生产意外伤害保险

案例导入 5-5

某商务中心高层建筑,总建筑面积约为15万m²,地下2层,地上22层。业主与施工单位签订了施工总承包合同,并委托监理单位进行工程监理。开工前,施工单位进行了三级安全教育。在地下桩基施工中,由于是深基坑工程,项目经理部按照设计文件和施工技术标准编制了基坑支护及降水工程专项施工组织方案,并签字后组织施工。同时,项目经理安排负责质量检查的人员兼任安全工作。当土方开挖至坑底设计标高时,监理工程师发现基坑四周地表出现大量裂纹,坑边部分土石有滑落现象,即向现场作业人员发出口头通知,要求停止施工,撤离相关作业人员,但施工作业人员担心拖延施工进度,对监理通知不予理睬,继续施工。随后,基坑发生大面积坍塌,基坑下6名作业人员被埋,造成3人死亡、2人重伤、1人轻伤。事故发生后,经查施工单位未办理意外伤害保险。

本案中,施工单位有哪些违法行为?

分析:本案中,施工单位违法行为主要4点。①专项施工方案审批程序有误。《建设工程安全生产管理条例》第26条规定,施工单位对达到一定规模的危险性较大的分部分项工程编制专项方案后须经施工单位技术负责人、总监理工程师签字。本案中仅由项目经理签字即组织施工,是违法的。②安全生产管理环节严重缺失。《建设工程安全生产管理条例》第23条规定,施工单位应当设立安全生产管理机构,配备专职安全生产管理人员。本案中,项目经理部安排质量检查人员兼安全管理人员,是违法的。③施工作业人员迫于施工进度压力冒险作业,违反《建设工程安全生产管理条例》第32条规定。④施工单位未办理意外伤害保险,违反《建设工程安全生产管理条例》第38条规定。

一、建筑职工意外伤害保险是法定的强制性保险

根据中华人民共和国国务院令第586号《国务院关于修改〈工伤保险条例〉的决定》,将原《工伤保险条例》第二条修改为:"中华人民共和国境内的企业、事业单位、社会团体、民办非企业单位、基金会、律师事务所、会计师事务所等组织和有雇工的个体工商户(以下称"用人单位")应当依照本条例规定参加工伤保险,为本单位全部职工或者雇工(以下称"职工")缴纳工伤保险费。"中华人民共和国境内的企业、事业单位、社会团体、民办非企业单位、基金会、律师事务所、会计师事务所等组织的职工和个体工商户的雇工,均有依照本条例的规定享受工伤保险待遇的权利。"因此,工伤保险是属于法定的强制性保险。目前大多数规范的企业都能够为施工的员工参保工伤保险。比较大的工程项目还需要投保商业的施工工地意外保险(建工险),没有这些保险就不能取得施工许可证。但是仍有一些施工企业为了减少支出,心存侥幸,明知有风险、有规定,仍然采取拖延的手段不为施工员工办理工伤保险,一旦发生事故,不仅给受害人造成极大损害,还给自己造成巨大的经济损失。目前,国家在行业安全监督管理方面再次加大了督导力度,对于安全管理防范不力的企业,进一步加大处罚力度。

二、意外伤害保险的保险期限和最低保险金额

保险期限应涵盖工程项目开工之日到工程竣工验收合格日。提前竣工的，保险责任自行终止。延长工期的，应当办理保险顺延手续。

由各地住房城乡建设主管部门结合本地区的实际情况，确定合理的最低保险金额。最低保险金额要能够保障施工伤亡人员得到有效的经济补偿。施工企业办理建筑意外伤害保险时，投保的保险金额不得低于此标准。

三、意外伤害保险的投保

施工企业应在工程项目开工前办理完投保手续。鉴于建设工程项目施工工艺流程中各工种调动频繁、用工流动性大，投保应实行不记名和不计人数的方式。工程项目中有分包单位的，由总承包施工企业统一办理，分包单位合理承担投保费用。业主直接发包的工程项目由承包企业直接办理。

各级住房城乡建设主管部门要强化监督管理，把在建工程项目开工前是否投保建筑意外伤害保险作为审查企业安全生产条件的重要内容之一；未投保的工程项目，不予发放施工许可证。

投保人办理投保手续后，应将投保有关信息以布告形式张贴于施工现场，告之被保险人。

四、意外伤害保险的索赔

建筑意外伤害保险应规范和简化索赔程序，完善索赔服务。各地住房城乡建设主管部门要积极创造条件，引导投保企业在发生意外事故后即向保险公司提出索赔，使施工伤亡人员能够得到及时、足额的赔付。各级住房城乡建设主管部门应设置专门电话接收举报，凡被保险人发生意外伤害事故，企业和工程项目负责人隐瞒不报、不索赔的，要严肃查处。

第六节 生产安全事故的应急救援和调查处理

案例导入 5-6

某建筑公司承建的某市电视台演播中心裙楼工地发生一起施工重大安全事故。大演播厅舞台在浇筑顶部混凝土时，因模板支撑系统失稳致使大演播厅舞台屋盖坍塌，造成6人死亡、35人受伤（其中重伤11人），直接经济损失为70.7815万元。

分析：本案应定为较大事故。《生产安全事故报告和调查处理条例》第三条规定："较大事故，是指造成3人以上10人以下死亡，或者10人以上50人以下重伤，或者1 000万元以上5 000万元以下直接经济损失的事故"。

事故发生后，依据《生产安全事故报告和调查处理条例》的规定，施工单位应采取下列措施：①报告事故。事故发生后，事故现场有关人员应当立即向本单位负责人报告；单位负责人接到报告后，应当于1 h内向事故发生地县级以上人民政府安全生产监督管理部门

和负有安全生产监督管理职责的有关部门报告。情况紧急时，事故现场有关人员可以直接向事故发生地县级以上人民政府安全生产监督管理部门和负责安全生产监督管理职责的有关部门报告。②启动事故应急预案，组织抢救。事故发生单位负责人接到事故报告后，应当立即启动事故相应应急预案，或者采取有效措施，组织抢救，防止事故扩大。

一、生产安全事故的等级划分标准

《生产安全事故报告和调查处理条例》规定，根据生产安全事故（以下简称"事故"）造成的人员伤亡或者直接经济损失，事故一般分为四个等级：

（1）特别重大事故：造成30人以上死亡，或者100人以上重伤（包括急性工业中毒，下同），或者1亿元以上直接经济损失的事故；

（2）重大事故：造成10人以上30人以下死亡，或者50人以上100人以下重伤，或者5 000万元以上1亿元以下直接经济损失的事故；

（3）较大事故：造成3人以上10人以下死亡，或者10人以上50人以下重伤，或者1 000万元以上5 000万元以下直接经济损失的事故；

（4）一般事故：造成3人以下死亡，或者10人以下重伤，或者1 000万元以下直接经济损失的事故。

国务院安全生产监督管理部门可以会同国务院有关部门，制定事故等级划分的补充性规定。规定中所称的"以上"包括本数，所称的"以下"不包括本数。

二、生产安全事故的应急救援预案的规定

县级以上地方人民政府住房城乡建设主管部门应当根据本级人民政府的要求，制定本行政区域内建设工程特大生产安全事故应急救援预案，其基本内容包括：

（1）立即组织营救受害人员；

（2）迅速控制事态；

（3）消除危害后果；

（4）查清事故原因。

施工单位应当制定本单位生产安全事故应急救援预案，建立应急救援组织或者配备应急救援人员，配备必要的应急救援器材、设备，并定期组织演练。

施工单位应当根据建设工程施工的特点、范围，对施工现场易发生重大事故的部位、环节进行监控，制定施工现场生产安全事故应急救援预案。实行施工总承包的，由总承包单位统一组织编制建设工程生产安全事故应急救援预案，工程总承包单位和分包单位按照应急救援预案，各自建立应急救援组织或者配备应急救援人员，配备救援器材、设备，并定期组织演练。

三、生产安全事故报告及调查处理的规定

1. 生产安全事故报告

事故发生后，事故现场有关人员应当立即向本单位负责人报告；单位负责人接到报告

后，应当于1h内向事故发生地县级以上人民政府安全生产监督管理部门和负有安全生产监督管理职责的有关部门报告。情况紧急时，事故现场有关人员可以直接向事故发生地县级以上人民政府安全生产监督管理部门和负有安全生产监督管理职责的有关部门报告。

安全生产监督管理部门和负有安全生产监督管理职责的有关部门接到事故报告后，应当依照下列规定上报事故情况，并通知公安机关、劳动保障行政部门、工会和人民检察院。

（1）特别重大事故、重大事故逐级上报至国务院安全生产监督管理部门和负有安全生产监督管理职责的有关部门。

（2）较大事故逐级上报至省、自治区、直辖市人民政府安全生产监督管理部门和负有安全生产监督管理职责的有关部门。

（3）一般事故上报至设区的市级人民政府安全生产监督管理部门和负有安全生产监督管理职责的有关部门。

安全生产监督管理部门和负有安全生产监督管理职责的有关部门依照前款规定上报事故情况，应当同时报告本级人民政府。国务院安全生产监督管理部门和负有安全生产监督管理职责的有关部门以及省级人民政府接到发生特别重大事故、重大事故的报告后，应当立即报告国务院。

（4）安全生产监督管理部门和负有安全生产监督管理职责的有关部门逐级上报事故情况，每级上报的时间不得超过2h。

报告事故应当包括下列内容：
（1）事故发生单位概况；
（2）事故发生的时间、地点以及事故现场情况；
（3）事故的简要经过；
（4）事故已经造成或者可能造成的伤亡人数（包括下落不明的人数）和初步估计的直接经济损失；
（5）已经采取的措施；
（6）其他应当报告的情况。

2. 生产安全事故的调查及处理

特别重大事故由国务院或者国务院授权有关部门组织事故调查组进行调查。

重大事故、较大事故、一般事故分别由事故发生地省级人民政府、设区的市级人民政府、县级人民政府负责调查。省级人民政府、设区的市级人民政府、县级人民政府可以直接组织事故调查组进行调查，也可以授权或者委托有关部门组织事故调查组进行调查。

未造成人员伤亡的一般事故，县级人民政府也可以委托事故发生单位组织事故调查组进行调查。

上级人民政府认为必要时，可以调查由下级人民政府负责调查的事故。

事故调查组的组成应当遵循精简、效能的原则。根据事故的具体情况，事故调查组由有关人民政府、安全生产监督管理部门、负有安全生产监督管理职责的有关部门、监察机关、公安机关以及工会派人组成，并应当邀请人民检察院派人参加。事故调查组可以聘请有关专家参与调查。事故调查组成员应当具有事故调查所需要的知识和专长，并与所调查的事故没有直接利害关系。事故调查组组长由负责事故调查的人民政府指定。事故调查组组长主持事故调查组的工作。事故调查组履行下列职责：

（1）查明事故发生的经过、原因、人员伤亡情况及直接经济损失；
（2）认定事故的性质和事故责任；

(3) 提出对事故责任者的处理建议；

(4) 总结事故教训，提出防范和整改措施；

(5) 提交事故调查报告。

事故调查组成员在事故调查工作中应当诚信公正、恪尽职守，遵守事故调查组的纪律，保守事故调查的秘密。重大事故、较大事故、一般事故，负责事故调查的人民政府应当自收到事故调查报告之日起 15 日内做出批复；特别重大事故，30 日内做出批复，特殊情况下，批复时间可以适当延长，但延长的时间最长不超过 30 日。

有关机关应当按照人民政府的批复，依照法律、行政法规规定的权限和程序，对事故发生单位和有关人员进行行政处罚，对负有事故责任的国家工作人员进行处分。

事故发生单位应当按照负责事故调查的人民政府的批复，对本单位负有事故责任的人员进行处理。

负有事故责任的人员涉嫌犯罪的，依法追究刑事责任。

事故发生单位应当认真吸取事故教训，落实防范和整改措施，防止事故再次发生。防范和整改措施的落实情况应当接受工会和职工的监督。

安全生产监督管理部门和负有安全生产监督管理职责的有关部门应当对事故发生单位落实防范和整改措施的情况进行监督检查。

事故处理的情况由负责事故调查的人民政府或者其授权的有关部门、机构向社会公布，依法应当保密的除外。

本章小结

建设工程安全生产管理的方针是安全第一、预防为主。通过学习安全生产监督管理制度、安全生产责任制度、安全生产认证制度、安全生产教育培训制度、安全生产劳动保护制度、安全生产事故的应急救援和调查处理制度、安全生产许可证制度，可明确项目实施过程中各方主体的安全责任，重点掌握安全许可的相关工作流程及施工现场的安全管理措施，树立安全防范意识，避免安全隐患。

拓展训练

一、复习思考题

1. 安全生产许可证的取得条件有哪些？
2. 安全生产教育和培训的内容有哪些？
3. 简述施工现场的安全防护具体措施。
4. 安全事故发生后如何进行应急救援与调查处理？

二、案例分析

2009 年 8 月，某建筑公司按合同约定对其施工并已完工的路面进行维修，路面经铲挖后形成凹凸和小沟，路边堆有砂石料，但在施工路面和路两头均未设置任何提示过往行人及车辆注意安全的警示标志。2009 年 8 月 16 日，张某骑摩托车经过此路段时，因不明路况，摩托车碰到路面上的施工材料而翻倒，造成 10 级伤残。张某受伤后多次要求该建筑公司赔偿，但建筑公司认为张某受伤与己方无关。张某将建筑公司起诉至人民法院。

问题：
(1)本案例中的建筑公司是否存在违法施工行为？
(2)该建筑公司是否应当承担赔偿的民事法律责任？

三、任务实训

试分析以下工程施工过程事件中的不妥之处，并说明理由。

事件1：由于工程施工紧迫，建筑施工企业在未取得安全生产许可证的情况下，要求开始施工。

事件2：项目经理安排负责质量检查的人员兼职负责安全生产工作。

事件3：当土方开挖到坑底设计标高时，监理工程师发现基坑四周出现大量裂纹，要求现场人员立即停止施工，但施工人员担心拖延施工进度，对监理通知不予理睬，继续施工。

事件4：施工单位未在临时用电设施周边设置明显标识。

事件5：起重机司机王某因为临时有事找其朋友李某代替，在吊运过程中发生事故，经查李某没有起重机司机操作证。

事件6：事故发生后，经查施工单位未办理意外伤害保险。

模块一：事件1中的不妥之处。
学生代表发言：＿＿＿＿＿＿＿＿＿＿＿＿＿＿＿＿＿＿＿＿＿＿＿＿＿＿＿
教师评价：＿＿＿＿＿＿＿＿＿＿＿＿＿＿＿＿＿＿＿＿＿＿＿＿＿＿＿＿＿

模块二：事件2中的不妥之处。
学生代表发言：＿＿＿＿＿＿＿＿＿＿＿＿＿＿＿＿＿＿＿＿＿＿＿＿＿＿＿
教师评价：＿＿＿＿＿＿＿＿＿＿＿＿＿＿＿＿＿＿＿＿＿＿＿＿＿＿＿＿＿

模块三：事件3中的不妥之处。
学生代表发言：＿＿＿＿＿＿＿＿＿＿＿＿＿＿＿＿＿＿＿＿＿＿＿＿＿＿＿
教师评价：＿＿＿＿＿＿＿＿＿＿＿＿＿＿＿＿＿＿＿＿＿＿＿＿＿＿＿＿＿

模块四：事件4中的不妥之处。
学生代表发言：＿＿＿＿＿＿＿＿＿＿＿＿＿＿＿＿＿＿＿＿＿＿＿＿＿＿＿
教师评价：＿＿＿＿＿＿＿＿＿＿＿＿＿＿＿＿＿＿＿＿＿＿＿＿＿＿＿＿＿

模块五：事件5中的不妥之处。
学生代表发言：＿＿＿＿＿＿＿＿＿＿＿＿＿＿＿＿＿＿＿＿＿＿＿＿＿＿＿
教师评价：＿＿＿＿＿＿＿＿＿＿＿＿＿＿＿＿＿＿＿＿＿＿＿＿＿＿＿＿＿

模块六：事件6中的不妥之处。
学生代表发言：＿＿＿＿＿＿＿＿＿＿＿＿＿＿＿＿＿＿＿＿＿＿＿＿＿＿＿
教师评价：＿＿＿＿＿＿＿＿＿＿＿＿＿＿＿＿＿＿＿＿＿＿＿＿＿＿＿＿＿

拓展训练参考答案

第六章　建设工程质量管理法律原理与实务

学习目标

通过本章的学习，了解建设工程质量、建设工程质量管理体系的概念以及建设工程质量法规现状，重点掌握各建设行为主体的质量责任和义务，质量体系认证、政府对工程质量的监督和管理，以及竣工验收制度。

课件：建设工程质量管理法律原理与实务

思政目标

通过本章的学习，树立以法律来规范工程建设活动、保证建筑产品的质量、维护公平公正的市场秩序已经成为当今社会的共识，提升科学施工、精益求精、严谨求实、吃苦耐劳的职业精神和敬业、廉洁的责任意识，具有良好的个人心理承受能力，有较强的法律意识和团队精神。

思政小课堂

我国建筑行业蓬勃发展，在激烈竞争下存在着大量的工程质量问题、安全问题。部分建筑企业之间存在一定程度的"低价竞标""串标""陪标""围标"等不正当竞争，有的建筑施工企业甚至与材料供应商互相串通，进场材料以次充好，施工过程偷工减料。有的施工单位采取的施工安全措施不到位，盲目作业，施工人员不按施工规范施工；甚至有的施工单位无视法规法纪，将工程非法转包、违法分包等。有的监理单位不履行监理职责，使建筑物的"百年大计"大打折扣。

视频：思政小课堂

建设工程质量关乎广大人民群众的生命与财产安全，相关从业人员必须接受法律、法规教育以维护行业底线。

第一节　建设工程质量管理立法概述

案例导入 6-1

2020年4月1日，某施工单位中标承包了某建设单位的住宅工程施工项目，双方于同年4月10日签订了建设工程施工合同。2021年11月该工程封顶时，建设单位发现该住宅楼的顶层防水工程做得不到位，认为是施工单位使用的防水卷材不符合标准，要求施工单位采取措施，对该顶层防水工程重新施工。而施工单位则认为，防水卷材符合标准，不同意重新施工或者采取其他措施。双方协商未果，建设单位将施工单位起诉至法院，要求施工单位对顶层防水工程重新施工或采取其他措施，并赔偿建设单位的相应损失。

根据当事人的请求，受诉法院委托某建筑工程质量检测中心对顶层防水卷材进行检测，检测结果表明：本工程使用的"弹性体改性沥青防水卷材"不符合《弹性体改性沥青防水卷材》(GB 18242—2008)的要求。施工单位则认为，施工单位合同中并未约定使用此国家标准，不同意重新施工或者采取其他措施。

本案中建设单位的诉讼请求能否得到支持？为什么？

分析：《中华人民共和国标准化法》（以下简称《标准化法》）规定："强制性标准必须执行。"本案中的"弹性体改性沥青防水卷材"有强制性国家标准，所以，不应该遵守适用的观点。而且，在有国家强制性标准的情况下，即使双方当事人在合同中约定了采用某项推荐性标准，也属于无效约定，仍然必须适用于国家强制性标准。因此，对本案中建设单位的诉讼请求应该给予支持，施工单位应该对顶层防水工程重新施工或者采取其他措施，并赔偿建设单位的相应损失。

工程建设标准是指为在工程建设领域内获得最佳秩序，对建设工程的勘察、规划、设计、施工、安装、验收、运营维护及管理等活动和结果需要协调统一的事项所制定的共同的、重复使用的技术依据和准则。工程建设标准通过行之有效的标准规范，特别是工程建设强制性标准，为建设工程实施安全防范措施、消除安全隐患提供统一的技术要求，以确保在现有的技术、管理条件下尽可能地保障建设工程质量安全，从而最大限度地保障建设工程的建造者、使用者和所有者的生命财产安全以及人身健康安全。

按照《标准化法》的规定，我国的标准分为国家标准、行业标准、地方标准和企业标准。国家标准、行业标准分为强制性标准和推荐性标准。

强制性标准关系到人体健康，人身及财产安全的保障和法律、行政法规规定强制执行的标准；其他标准为推荐性标准。强制性标准一经颁布，必须贯彻执行，未执行强制性标准的单位和个人，以及造成恶劣后果和重大损失的要接受经济制裁或承担法律责任。

一、工程建设国家标准

《标准化法》规定，对需要在全国范围内统一的技术要求，应当制定国家标准。

1. 工程建设国家标准的范围和类型

《工程建设国家标准管理办法》规定，在全国范围内统一制定的下列技术要求标准为国家强制性标准：

(1)工程建设勘察、规划、设计、施工（包括安装）及验收等通用的综合标准和重要的通用的质量要求；

(2)工程建设通用的有关安全、卫生和环境保护的技术要求；

(3)工程建设重要的通用术语、符号、代号、量与单位、建筑模数和制图方法；

(4) 工程建设重要的通用试验、检验和评定等方法;

(5) 工程建设重要的通用信息技术要求;

(6) 国家需要控制的其他工程建设通用的技术要求。

强制性标准以外的标准是推荐性标准。工程建设国家标准的制定程序分为准备、征求意见、送审和报批四个阶段。

2. 工程建设国家标准的审批发布和编号

工程建设国家标准由国务院工程建设行政主管部门审查批准,由国务院标准化行政主管部门统一编号,由国务院标准化行政主管部门和国务院工程建设行政主管部门联合发布。

工程建设国家标准的编号由国家标准代号、发布标准的顺序号和发布标准的年号组成。强制性国家标准的代号为"GB",推荐性国家标准的代号为"GB/T"。例如,《建筑工程工程量清单计价规范》(GB 50500—2013),其中"GB"表示强制性国家标准,"50500"表示标准发布顺序号,"2013"表示是 2013 年批准发布的;《国民经济行业分类》(GB/T 4754—2017),其中"GB/T"表示推荐性国家标准,"4754"表示标准发布的顺序号,"2017"表示是 2017 年批准发布的。

二、工程建设行业标准

《工程建设行业标准管理办法》规定:"对没有国家标准而又需要在全国某个行业范围内统一的技术要求,可以制定行业标准。工程建设行业标准分为强制性标准和推荐性标准。"

行业标准不得与国家标准抵触。行业标准的某些规定与国家标准不一致时,必须有充分的科学依据和理由,并经国家标准的审批部门批准。行业标准在相应的国家标准实施后应当及时修订或废止。

工程建设行业标准实施后,根据科学技术的发展和工程建设的实际需要,该标准的批准部门应当适时进行复审,确认其继续有效或予以修订、废止。一般 5 年复审一次。

第二节 建设工程质量责任制度

案例导入 6-2

某城市建设开发集团在该市南三环建设拆迁居民安置区。甲建筑公司通过投标获得了该工程项目,经建设单位同意,甲建筑公司将该工程中的 A、B、C、D 共 4 栋多层住宅楼分包给乙公司,并签订了分包合同。在工程交付使用后,发现 A 号楼因偷工减料存在严重质量问题,城市建设开发集团便要求甲建筑公司承担责任。甲建筑公司认为 A 号楼是由分包商乙公司完成的,应由乙公司承担相关责任,并以乙公司早已结账撤出而失去联系为由,不予配合问题的处理。

甲建筑公司是否应该对 A 号楼的质量问题承担责任?为什么?

分析:应承担责任。《建筑法》规定:"建筑工程实行总承包的,工程质量由工程总承包单位负责,总承包单位将建筑工程分包给其他单位的,应当对分包工程的质量与分包单位承担连带责任。分包单位应当接受总承包单位的质量管理。"本案中存在着总分包两个合同。在总包合同中，甲建筑公司应该向建设单位即城市建设开发集团负责；在分包合同中，分包商乙公司应该向总承包单位即甲建筑公司负责。同时，甲建筑公司与乙公司还要对分包工程的质量承担连带责任。因此，建设单位有权要求甲建筑公司或乙公司对 A 号楼的质量问题承担责任，任何一方都无权拒绝。至于甲建筑公司如何再去追偿乙公司的质量责任，则完全是由甲建筑公司自行负责。

一、建设单位的质量责任

《建设工程质量管理条例》于 2000 年 1 月 10 日经国务院第二十五次常务会议通过，2000 年 1 月 30 日实施。《建设工程质量管理条例》第二条规定："凡在中华人民共和国境内从事建设工程的新建、扩建、改建等有关活动及实施建设工程质量监督管理的，必须遵守本条例。"

建设单位的质量责任如下：

(1)依法对工程进行发包的责任。《建设工程质量管理条例》规定："建设单位应当将工程发包给具有相应资质等级的单位，不得将其进行肢解发包。"若发包给不具有相应等级的单位，责令改正，处 50 万元以上 100 万元以下的罚款。建设单位若将建设工程肢解发包，责令改正，处工程合同价款 0.5% 以上 1% 以下的罚款，对全部或者部分使用国有资金的项目，并可以暂停项目或暂停资金拨付。

(2)依法对材料设备进行招标的责任。建设单位依法对建设工程项目的勘察、设计、施工、监理以及与工程建设有关的重要设备、材料等的采购进行招标。

(3)提供原始资料的责任。建设单位必须向有关的勘察、设计、施工、监理等单位提供与建设工程有关的真实、准确、齐全的原始资料。

(4)不得干预投标人的责任。建设单位不得迫使承包人以低于成本的报价竞标。

(5)送审施工图的责任。建设单位应当将施工图设计文件报县级以上人民政府住房城乡建设主管部门或者其他相关部门审查。未经审查批准的，不得使用。

(6)委托监理的责任。实行监理的建设工程，建设单位应当委托具有相应资质等级的工程监理单位进行监理，也可以委托具有工程监理相应资质等级并与被监理工程的施工承包单位没有隶属关系的单位进行监理。

(7)确保提供的建筑材料符合要求。按照合同约定，由建设单位采购建筑材料、建筑构配件和设备的，建设单位应当保证建筑材料、建筑构配件和设备符合设计文件和合同的要求。建设单位不得明示或者暗示施工单位使用不合格的建筑材料、构配件及设备。

(8)依法组织竣工验收的责任。建设单位收到施工单位递交的竣工报告后，应当组织设计、施工、监理等有关单位进行竣工验收。未组织竣工验收而擅自交付使用的，处合同价款 2% 以上 4% 以下的罚款，造成损失的，依法承担赔偿责任。

(9)移交建设单位项目档案的责任。建设单位在工程项目竣工后严格按照国家有关档案管理的规定，向住房城乡建设行政主管部门或者城市档案馆移交建设项目档案。若未移交，责令改正，处 5 万元以上 10 万元以下的罚款。

二、勘察设计单位的质量责任

1. 勘察设计单位共同的责任

(1)依法承揽工程的责任。《建设工程质量管理条例》第十八条的规定:"从事建设工程勘察、设计的单位应当依法取得相应等级的资质证书,并在其资质等级许可的范围内承揽工程。"

"禁止勘察、设计单位超越其资质等级许可的范围或者以其他勘察、设计单位的名义承揽工程。禁止勘察设计单位允许其他单位或者个人以本单位的名义承揽工程。"

"勘察设计单位不得转包或者违法分包所承揽的工程。"

《建设工程质量管理条例》第十八条规定了勘察设计单位的资质等级许可制度。

(2)执行强制性标准的责任。《建设工程质量管理条例》第十九条规定:"勘察、设计单位必须按照工程建设强制性标准进行勘察、设计,并对其勘察、设计的质量负责。注册建筑师、注册结构工程师等注册执业人员应当在设计文件上签字,并对设计文件负责。"

2. 勘察单位的质量责任

《建设工程质量管理条例》第二十条规定:"勘察单位提供的地质、测量、水文等勘察成果必须真实、准确。"

3. 设计单位的质量责任

(1)科学设计的责任。《建设工程质量管理条例》第二十一条规定:"设计单位应当根据勘察成果文件进行建设工程设计。"

"设计文件应当符合国家规定的设计深度要求,注明工程合理使用年限。"

(2)选择材料设备的责任。《建设工程质量管理条例》第二十二条规定:"设计单位在设计文件中选用的建筑材料、建筑构配件和设备,应当注明规格、型号、性能等技术指标,其质量要求必须符合国家规定的标准。"

"除有特殊要求的建筑材料、专用设备、工艺生产线等以外,设计单位不得指定生产厂、供应商。"

(3)解释设计文件的责任。《建设工程质量管理条例》第二十三条规定:"设计单位应当就审查合格的施工图设计文件向施工单位作出详细说明。"

(4)参与质量事故分析的责任。《建设工程质量管理条例》第二十四条规定:"设计单位应当参与建设工程质量事故分析,并对因设计造成的质量事故,提出相应的技术处理方案。"

三、施工单位的质量责任和义务

施工单位依法应当承担的责任和义务如下:

(1)依法承揽工程的责任。施工单位应当依法取得相应的资质证书,并在其资质等级许可的范围内承揽工程。禁止施工单位超越本单位资质许可的业务范围或以其他施工单位的名义承揽工程。施工单位不得转包或者违法分包工程。若施工单位超越本单位资质等级或出借本单位资质承揽工程的,责令停止违法行为,并处以工程合同价款2%以上4%以下的罚款,可以责令停业整顿,降低资质等级;情节严重的,吊销资质证书;有违法所得的,予以没收。

(2)建立质量保证体系的责任。施工单位对建设工程的质量负责,因此,应当建立健全质量责任制,实行责任到人,确定工程项目的项目经理、技术负责人、质量负责人和施工管理负责人等。实行总承包的工程项目,总承包单位应当对整体建设工程质量负责。无论是实行建设工程总承包还是对建设工程勘察、设计、施工、设备采购的一项或者多项实行总承包,总承包单位都应当对其所承包的工程或工作承担总体的质量责任。

(3)分包单位保证工程质量的责任。总承包单位依法将建设工程分包的,分包单位应当按照分包合同的约定对工程质量向总承包单位负责,但是总承包单位负有连带责任。若承包单位将建设工程转包或者分包,没收非法所得,对施工单位处以工程合同价款0.5%以上1%以下的罚款;情节严重的,可责令停业整顿,降低资质等级或吊销资质证书。

(4)按图施工的责任。《建设工程质量管理条例》中规定:"施工单位必须按照工程设计图纸和施工技术标准施工,不得擅自修改工程设计,不得偷工减料。"

施工单位在施工过程中发现设计文件和图纸有差错的,应当及时提出意见和建议。

若施工单位在施工中偷工减料,使用不合格的建筑材料、建筑构配件和设备,或者不按照工程设计图纸、施工技术标准施工,责令整改,处工程合同价款2%以上4%以下的罚款;造成工程质量不符合规定质量标准的,负责返工、修理,并赔偿因此造成的损失;情节严重的,责令停业整顿,降低资质等级或吊销资质证书。

(5)对建筑材料、建筑构配件和设备进行检验的责任。施工单位必须按照工程设计要求、施工技术标准和合同约定,对建筑材料、建筑构配件、设备和商品混凝土进行检验,检验结果应当有书面记录和专业人员签字;未经检验或检验不合格的材料,不得使用。

(6)见证取样的责任。《建设工程质量管理条例》第三十一条规定:"施工人员对涉及结构安全的试块、试件以及有关材料,应当在建设单位或者工程监理单位的监督下现场取样,并送具有相应资质等级的质量检测单位进行检测。"

(7)对施工质量进行检验的责任。施工单位必须建立、健全施工质量的检验制度,严格工序管理,做好隐蔽工程的质量检查和记录。隐蔽工程在隐蔽前,施工单位应当通知建设单位和建设工程质量监督机构。

(8)保修的责任。施工单位对施工中出现质量问题的建设工程,或者竣工验收不合格的建设工程,在建设工程竣工验收合格前,应履行返修义务;建设工程竣工验收合格后,施工单位应对保修期内出现的质量问题履行保修义务。不履行保修义务或者拖延履行保修义务的,责令整改,处10万元以上20万元以下的罚款,并对在保修期内因质量缺陷造成的损失承担赔偿责任。

四、工程监理单位的质量责任

工程监理单位应当承担的质量责任与义务如下:

(1)依法承揽工程监理业务。《建设工程质量管理条例》规定,工程监理单位应当依法取得相应等级的资质证书,并在其资质等级许可的范围内承担工程监理业务。工程监理单位不得允许其他单位或者个人以本单位的名义承担业务,也不得转让工程监理业务。若工程监理单位超越本单位资质等级承揽业务,责令停止违法行为,并处以合同约定的监理酬金1倍以上2倍以下的罚款;可责令停业整顿,降低资质等级;情节严重的,吊销资质证书;有违法所得的,予以没收。

(2)独立监理。工程监理单位与被监理工程的施工承包单位以及建筑材料、建筑构配件和设备供应单位有隶属关系或者其他利害关系的,不得承担该项建设工程的监理业务。

(3)依法监理。工程监理单位应当依照法律、法规以及有关技术标准、设计文件和建设工程承包合同,代表建设单位对施工质量实施监理,并对施工质量承担监理责任。监理工程师应当按照工程监理规范的要求,采取旁站、巡视和平行检验等形式,对建设工程实施监理。

(4)确认质量。工程监理单位应当选派具有相应资格的总监理工程师和监理工程师开展监理业务。

未经监理工程师签字,建筑材料、建筑构配件和设备不得投入使用或者安装,施工单位不得进行下一道工序的施工。未经总监理工程师签字,建设单位不得拨付工程款,不得进行竣工验收。

第三节 建筑企业质量体系认证制度

案例导入6-3

某厂产品声称执行国家标准,标准规定:"产品的检测温度为25℃±1℃,湿度<60%"。但是审核时发现检验室并没有温湿度控制手段。

审核员问:"温湿度如何控制?"

检验员说:"上次审核时已给我们开出了不合格项,由于考虑到资金紧张,而且同行业其他厂对该产品的检测也不考虑温湿度的影响,另外该标准是推荐性标准,我们可以参照执行,进行一些改动,因此决定将该条件删除。"检验员出示了厂经理办公会的决定,取消对温湿度的要求。

在销售科,审核员看到与顾客签订的销售合同上,填写的产品执行标准仍然是该国家标准。

分析:国家标准有强制性标准和推荐性标准。对于推荐性标准,是建议企业采用,没有强制性要求。但是,如果企业对外声称是执行的GB/T××××,则该标准对于企业就是强制性的了,即要求企业百分之百执行标准,否则不能声称执行此标准。当然,如果不能完全满足,应表述为"参照执行GB/T××××标准。"

一、建筑质量体系认证制度

质量体系是指企业为保证其产品质量而采取的管理、技术等各项措施所构成的有机整体,即企业的质量保证体系。企业的质量体系不仅包括企业质量管理的组织机构、规章制度等管理软件，还包括资源（含人才资源）、专业技能、设计技术、设备及计算机系统等硬件。质量体系认证是指依据国际通用的质量管理和质量保证系列标准，经过国家认可的质量体系认证机构对企业的质量体系进行审核，对于符合规定条件和要求的，通过颁发企业质量体系认证证书的形式，证明企业的质量保证能力符合相应要求的活动。

建筑产品是一种特殊的产品，对从事建筑活动的单位推行质量体系认证制度，有利于提高建筑产品的质量。《建筑法》第五十三条规定："国家对从事建筑活动的单位推行质量体系认证制度。从事建筑活动的单位根据自愿原则可以向国务院产品质量监督管理部门或者国务院产品质量监督管理部门授权的部门认可的认证机构申请质量体系认证。经认证合格的，由认证机构颁发质量体系认证证书。"这项规定包含以下几方面的内容：

（1）申请质量体系认证的主体。申请质量体系认证的主体是从事建筑活动的单位。所谓从事建筑活动的单位，按照本法规定是指建筑施工企业、建筑勘察单位、建筑设计单位和工程监理单位。

（2）质量体系认证由从事建筑活动的单位自愿申请。按照规定，质量体系认证必须坚持自愿申请的原则。也就是说，从事建筑活动的单位是否申请认证，由从事建筑活动的单位自主决定。对企业来说，只要企业认识到了质量体系认证的必要性及其作用，并具备规定条件，通常会积极地申请质量体系认证。认证的自愿申请原则，是法律赋予企业的自主权和选择权，任何部门和组织不得违反法律规定的自愿原则强制企业申请认证。

（3）质量体系认证应当向国务院产品质量监督管理部门或者国务院产品质量监督管理部门授权的部门认可的认证机构申请。国务院产品质量监督管理部门即国家质量监督检验检疫总局，其对全国的企业质量体系认证工作实行统一管理。承担质量体系认证具体工作的认证机构，必须经过国家质量监督检验检疫总局的认可，或者经过国家质量监督检验检疫总局授权的部门认可，方具有开展质量体系认证工作的资格。从事建筑活动的单位根据自愿原则，可以向国家质量监督检验检疫总局认可的认证机构申请质量体系认证，也可以向国家质量监督检验检疫总局授权的部门认可的认证机构申请认证。

（4）从事建筑活动的单位向规定的认证机构申请质量体系认证，有关认证机构接到申请后，应当认真、及时地进行审核，对申请单位的质量体系状况予以评价，对其质量保证能力做出是否符合标准要求的结论。

（5）经过对申请认证的单位按照规定的认证程序审查后，认为合格的，由认证机构向该单位颁发质量体系认证证书，以证明企业的质量体系符合相应的标准和技术规范的要求。

二、质量管理和质量保证体系的标准

ISO 9000 是指质量管理体系标准，它不是指一个标准，而是一族标准的统称。ISO 9000 是由 TC 176（TC 176 指质量管理体系技术委员会）制定的所有国际标准。ISO 9000 是 ISO 发布的一万两千多个标准中最畅销、最普遍的产品。这种品质保证体系的认证适应面广、灵活性大，有向国际社会推广的价值。于是，在 1979 年英国 BSI 向 ISO 提交了一项建

议。ISO根据BSI的建议，当年即决定在ISO的认证委员会的"品质保证工作组"的基础上成立"品质保证委员会"。

1980年，ISO正式批准成立了"品质保证技术委员会"（TC 176）着手这一工作，从而导致了"ISO 9000族"标准的诞生，健全了单独的品质体系认证的制度，一方面扩大了原有品质认证机构的业务范围，另一方面又导致了一大批新的专门的品质体系认证机构的诞生。

三、标准的选择

我国的建筑行业涉及设计、科研、房地产开发、市政、施工、试验、质量监督、建设监理等政府部门及企事业单位，在建立企业内部治理管理体系时，一般情况下应该选择《质量管理 组织的质量 实现持续成功指南》（GB/T 19004—2020）。各企业可以在此基础上根据自身的要求和产品特点选择其他标准。

第四节 建设工程竣工验收制度

案例导入 6-4

某钢铁厂将一栋职工宿舍楼的修建工程承包给A建筑公司，签订了一份建筑工程施工承包合同，对工期、质量、价款、结算等作了详细规定。合同签订后，施工顺利。在宿舍楼工程的二层内装修完毕后，该厂的员工就强行搬了进去，以后每装修完一层，就住进去一层。到工程完工时，此楼已全部被该厂员工所占用。这时，钢铁厂对宿舍楼进行验收，发现一、二层墙皮脱落，门窗开关使用不便等问题，要求施工单位返工。A建筑公司遂对门窗进行了检修，但拒绝重新粉刷墙壁，于是，钢铁厂拒付剩余的工程款。A建筑公司便向法院起诉，要求钢铁厂付清剩余的工程款。

本案中的宿舍楼工程未经验收，钢铁厂员工便提前占据使用，其质量责任该如何承担？

分析：《建筑法》《民法典》《建设工程质量管理条例》均规定，建设工程竣工经验收合格后，方可交付使用；未经验收或验收不合格的，不得交付使用。同时，《最高人民法院关于审理建设工程施工合同纠纷案件适用法律问题的解释》规定："建设工程未经竣工验收，发包人擅自使用后，又以使用部分质量不符合约定为由主张权力的，不予支持；但是承包人应当在建设工程的合理使用寿命内对地基基础工程和主体结构质量承担民事责任。"本案中的宿舍楼工程未经竣工验收，发包方即钢铁厂员工就擅自使用，且该工程没有地基基础工程和主体结构的质量问题。根据上述法律和司法解释的规定，钢铁厂应当对工程质量承担相应责任，并应当尽快支付剩余的工程款。

一、建设工程竣工验收的主体

《建设工程质量管理条例》规定："建设单位收到建设工程竣工报告后，应当组织设计、施工、工程监理等有关单位进行竣工验收。"

对工程进行竣工检查和验收,是建设单位的权利和义务。在承包单位按照施工合同的约定完成所有的合同内容后,承包单位应向建设单位提交所有完整的竣工资料和竣工验收报告,向建设单位申请竣工验收。建设单位收到竣工验收报告后,应及时组织有关设计、施工、工程监理等有关单位参加竣工验收,检查整个工程项目是否已按照设计要求和施工合同的约定全部建设完成,并符合竣工验收条件。

二、竣工验收应当具备的法定条件

《建筑法》规定:"交付竣工验收的建筑工程,必须符合规定的建筑工程质量标准,有完整的工程技术经济资料和经签署的工程保修书,并具备国家规定的其他竣工条件。建筑工程只有经过竣工验收合格后,方可交付投入使用;未经验收或者竣工验收质量不合格的,不得交付投入使用。"

《建设工程质量管理条例》进一步规定,建设工程竣工验收应当具备下列条件:
(1)完成建设工程设计和合同约定的各项内容;
(2)有完整的技术档案和施工管理资料;
(3)有工程使用的主要建筑材料、建筑构配件和设备的进场试验报告;
(4)有勘察、设计、施工、工程监理等单位分别签署的质量合格文件;
(5)有施工单位签署的工程保修书。
建设工程经验收合格后,方可交付使用。

三、竣工验收档案资料

建设单位应当严格按照国家有关档案管理的规定,及时收集、整理建设项目各环节的文件资料,建立健全建设项目档案,并在建设工程竣工验收后,及时向建设行政主管部门或者其他有关部门移交建设项目档案。

2019年住房与城乡建设部发布的《城市建设档案管理规定》规定:"建设单位应当在工程竣工验收后3个月内,向城建档案馆报送一套符合规定的建设工程档案。凡建设工程档案不齐全的,应当限期补充。停建、缓建工程的档案,暂由建设单位保管。撤销单位的建设工程档案,应当向上级主管机关或者城建档案馆移交。"

施工单位应当按照归档要求制定统一目录,有专业分包工程的,分包单位要按照总承包单位的总体安排做好各项资料整理工作,最后再由总承包单位进行审核、汇总。施工单位一般应当提交的档案资料:工程技术档案资料;工程质量保证资料;工程检验评定资料;竣工图等。

四、规划、消防、节能、环保等验收的法律规定

项目建设单位应当进行规划、消防、节能、环保、工程档案等验收。《建设工程质量管理条例》规定:"建设单位应当自建设工程竣工验收合格之日起15日内,将建设工程竣工验收报告和规划、公安消防、环保等部门出具的认可文件或者准许使用文件报住房城乡建设

行政主管部门或者其他有关部门备案。"

1. 建设工程竣工规划验收

2019年修正的《中华人民共和国城乡规划法》规定，县级以上地方人民政府城乡规划主管部门按照国务院规定对建设工程是否符合规划条件予以核实。未经核实或者经核实不符合规划条件的，建设单位不得组织竣工验收。建设单位应当在竣工验收后6个月内向城乡规划主管部门报送有关竣工验收资料。

建设工程竣工后，建设单位应当依法向城乡规划行政主管部门提出竣工规划验收申请，由城乡规划行政主管部门按照选址意见书、建设用地规划许可证、建设工程规划许可证、乡村建设规划许可证及其有关规划的要求，对建设工程进行规划验收，包括对建设用地范围内的各项工程建设情况、建筑物的使用性质、位置、间距、层数、标高、平面、立面、外墙装饰材料和色彩、各类配套服务设施、临时施工用房、施工场地等进行全面核查，并作出验收记录。对于验收合格的，由城乡规划行政主管部门出具规划认可文件或核发建设工程竣工规划验收合格证。

建设单位未在建设工程竣工验收后6个月内向城乡规划主管部门报送有关竣工验收资料的，由所在地城市、县人民政府城乡规划主管部门责令限期补报；逾期不补报的，处1万元以上5万元以下的罚款。

2. 建设工程竣工消防验收

《中华人民共和国消防法》规定，应当申请消防验收的建设工程竣工，建设单位应当向住房和城乡建设主管部门申请消防验收。其他建设工程，建设单位在验收后应当报住房和城乡建设主管部门备案，住房和城乡建设主管部门应当进行抽查。

依法应当进行消防验收的建设工程，未经消防验收或者消防验收不合格的，禁止投入使用；其他建设工程经依法抽查不合格的，应当停止使用。依法应当进行消防验收的建设工程，未经消防验收或者消防验收不合格，擅自投入使用的，该法规定，由住房和城乡建设主管部门、消防救援机构按照各自职权责令停止施工、停止使用或者停产停业，并处3万元以上30万元以下罚款。

2021年应急管理部《关于贯彻实施新修改〈中华人民共和国消防法〉全面实行公众聚集场所投入使用营业前消防安全检查告知承诺管理的通知》（应急〔2021〕34号）规定："全面实行公众聚集场所投入使用、营业前消防安全检查告知承诺管理。公众聚集场所投入使用、营业前消防安全检查，申请人可自主选择采用告知承诺制方式办理，或者选择不采用告知承诺方式办理。"公众聚集场所是指宾馆、饭店、商场、集贸市场、客运车站候车室、客运码头候船厅、民用机场航站楼、体育场馆、会堂以及公共娱乐场所。其中，公共娱乐场所是指向公众开放的下列室内场所：影剧院、录像厅、礼堂等演出、放映场所。

3. 建筑工程节能验收

《中华人民共和国节约能源法》规定："国家实行固定资产投资项目节能评估和审查制度。不符合强制性节能标准的项目，建设单位不得开工建设；已经建成的，不得投入生产、使用。政府投资项目不符合强制性节能标准的，依法负责项目审批的机关不得批准建设。"

《民用建筑节能条例》进一步规定，建设单位组织竣工验收，应当对民用建筑是否符合民用建筑节能强制性标准进行查验；对不符合民用建筑节能强制性标准的，不得出具竣工验收合格报告。

建筑节能工程施工质量的验收，主要应按照国家标准《建筑节能工程施工质量验收标准》(GB 50411—2019)及《建筑工程施工质量验收统一标准》(GB 50300—2013)各专业工程施工质量验收规范等执行。单位工程竣工验收应在建筑节能分部工程验收合格后进行。

建筑节能工程应按照分项工程进行验收，如墙体节能工程、幕墙节能工程、门窗节能工程、屋面节能工程、地面节能工程、供暖节能工程、通风与空气调节节能工程、配电与照明节能工程等。当建筑节能分项工程的工程量较大时，可以将分项工程划分为若干个检验批进行验收。当建筑节能工程验收无法按照要求划分分项工程或检验批时，可由建设、施工、监理等各方协商进行划分。但验收项目、验收内容、验收标准和验收记录均应遵守规范的规定。

单位工程在办理竣工备案时应提交建筑节能相关资料，不符合要求的不予备案。

建筑工程节能验收违法行为应承担相应法律责任。《民用建筑节能条例》规定："建设单位对不符合民用建筑节能强制性标准的民用建筑项目出具竣工验收合格报告的，由县级以上地方人民政府住房城乡建设主管部门责令改正，处民用建筑项目合同价款2%以上4%以下的罚款；造成损失的，依法承担赔偿责任。"

4. 建设工程竣工环保验收

《建设项目环境保护管理条例》(2017修订)规定："编制环境影响报告书、环境影响报告表的建设项目竣工后，建设单位应当按照国务院环境保护行政主管部门规定的标准和程序，对配套建设的环境保护设施进行验收，编制验收报告。建设单位在环境保护设施验收过程中，应当如实查验、监测、记载建设项目环境保护设施的建设和调试情况，不得弄虚作假。除按照国家规定需要保密的情形外，建设单位应当依法向社会公开验收报告。分期建设、分期投入生产或者使用的建设项目，其相应的环境保护设施应当分期验收。"

"编制环境影响报告书、环境影响报告表的建设项目，其配套建设的环境保护设施经验收合格，方可投入生产或者使用；未经验收或者验收不合格的，不得投入生产或者使用。"

五、竣工结算、质量争议的处理

竣工验收是建设工程活动的最后阶段之一，但是在此阶段建设单位与施工单位容易就合同价款结算、质量缺陷等产生纠纷，从而使建设项目不能及时办理竣工验收或完成竣工验收。

(一)工程竣工结算

《民法典》规定："建设工程竣工后，发包人应当根据施工图纸及说明书、国家颁布的施工验收规范和质量检验标准及时进行验收。验收合格后，发包人应当按照约定支付价款，并接收该建设工程项目。"《建筑法》规定："发包单位应当按照合同的约定，及时拨付工程价款。"《建设工程价款结算暂行办法》规定："工程完工后，双方应按照约定的合同价款及合同价调整内容以及索赔事项，进行工程竣工结算。工程竣工结算分为单位工程竣工结算、单项工程竣工结算和建设项目竣工总结算。"

单位工程竣工结算由承包人编制，由发包人审核；实行总承包的工程，由具体承包人编制，在总包人审核的基础上，发包人进行最终审核。

单项工程竣工结算或建设项目竣工总结算由总(承)包人编制，发包人可直接进行审核，也可以委托具有相应资质的工程造价咨询机构进行审核。政府投资建设项目，由同级财政部门审核。单项工程竣工结算或建设项目竣工总结算经发包人、承包人签字盖章后有效。

单项工程竣工后，发包人应按以下规定时限进行核对(审查)并提出审查意见：

(1)500万元以下，从接到竣工结算报告和完整的竣工结算资料之日起20天；

(2)500万元～2000万元，从接到竣工结算报告和完整的竣工结算资料之日起30天；

(3)2000万元～5000万元，从接到竣工结算报告和完整的竣工结算资料之日起45天；

(4)5000万元以上，从接到竣工结算报告和完整的竣工结算资料之日起60天。

建设项目竣工总结算在最后一个单项工程竣工结算审查确认后15天内汇总送发包人，发包人在30天内完成审查，并予以确认或者提出修改意见。发包人根据确定的竣工结算报告向承包人支付工程竣工结算价款，保留5％左右的质量保证(保修)金，待保修期到期后清算。保修期内如有返修，其费用在保证(保修)金中扣除。

(二)竣工工程质量争议的处理

《建筑法》规定："建筑工程竣工时，屋顶、墙面不得留有渗漏、开裂等质量缺陷；对已发现的质量缺陷，建筑施工企业应当修复。"《建设工程质量管理条例》规定："施工单位对施工中出现质量问题的建设工程或者竣工验收不合格的建设工程，应当负责返修。"无论是建设单位的责任还是施工单位的责任，施工单位都有义务进行修复或者返修。但是，对于非施工单位的责任造成的质量问题或者缺陷，其返修的费用和造成的损失应由责任方承担。

1. 承包人责任的处理

《民法典》规定："因承包人的原因致使建设工程质量不符合约定的，发包人有权要求承包人在合理的期限内无偿返工或者返修。"对承包人拒绝返工或者返修的，《最高人民法院关于审理建设施工合同纠纷案件适用法律问题的解释》第十一条规定："因承包人的过错造成建设工程质量不符合约定，承包人拒绝修理、返工或者改建，发包人请求减少支付工程价款的，应予以支持。"

2. 发包人责任的处理

《建筑法》规定："建设单位不得以任何理由要求建筑设计单位或者建筑施工单位在工程设计或者施工作业中，违反法律、行政法规和建筑质量、安全标准，降低工程质量。"

《最高人民法院关于审理建设施工合同纠纷案件适用法律问题的解释》第十二条规定，发包人具有下列情形之一，造成建设工程质量缺陷，应当承担过错责任：

(1)提供的设计有缺陷；

(2)提供或者指定购买的建筑材料、建筑构配件、设备不符合强制性标准；

(3)直接指定分包人分包专业工程。

3. 未经竣工验收擅自使用的处理原则

《建筑法》《民法典》《建设工程质量管理条例》均规定，建设工程竣工经验收合格后，方可交付使用；未经验收或经验收不合格的，不得交付使用。

在实际工程中，一些发包人出于种种原因，未进行竣工验收即擅自提前占有使用建设工程。《最高人民法院关于审理建设施工合同纠纷案件适用法律问题的解释》第十三条规定："建设工程未经竣工验收，发包人擅自使用后，又以使用部分质量不符合约定为由主张权利的，不予支持；但是承包人应当在建设工程的合理使用寿命内对地基基础工程和主体结构质量承担民事责任。"

第五节 建设工程质量监督管理制度

案例导入 6-5

某房地产开发公司与某建筑公司签订了一份建筑工程承包合同。合同规定，建筑公司为房地产开发公司建造一栋写字楼，开工时间为 2017 年 5 月 10 日，竣工时间为 2018 年 11 月 10 日。在施工过程中，建筑公司以工期紧为由，在一些隐蔽工程隐蔽前没有通知房地产开发公司、监理工程师和建设工程质量监督机构，就进行了下一道程序施工。在竣工验收时，发现该工程存在多处质量缺陷。房地产开发公司要求该建筑公司返修，但建筑公司以下一个工程项目马上要开工为由，拒绝返修。问题：该建筑公司有何过错？

分析：《建设工程质量管理条例》规定："施工单位必须建立、健全施工质量的检验制度，严格工序管理，作好隐蔽工程的质量检查和记录。隐蔽工程在隐蔽前，施工单位应当通知建设单位和建设工程质量监督机构。"在本案中，建筑工程没有通知有关单位验收就将隐蔽工程进行隐蔽并继续施工，严重违反了《建设工程质量管理条例》的上述规定，应该承担相应的法律责任。

一、建设工程质量监督主体

《建筑法》及《建设工程质量管理条例》中都明确规定，国家实行建设工程质量监督管理制度。《房屋建筑和市政基础设施工程质量监督管理规定》对工程质量监督管理作出了更加明确而详尽的规定。

(一) 建设工程责任主体的监督管理制度

建设工程质量责任主体是指工程建设、勘察、设计、施工、监理单位等参加工程建设的各方。政府对各责任主体实行严格的监督管理制度，主要包括以下几方面。

1. 审查从业单位资质

政府主要是对建设单位的项目运作能力进行审查，以确定其是否具备与发包工程项目相适应的技术、经济与管理能力，包括编制招标文件及组织开标、评标、定标的能力。

国家对勘察、设计、施工、监理四方责任主体实行资质等级认证、生产许可证和业务范围的监督管理。上述单位在承揽业务时，首先必须按规定取得相应资质证书后，方可从事其资质等级允许范围内的业务活动，严禁越级。各级住房城乡建设行政主管部门严格监督各单位的业务活动。

2. 审查从业人员资格

国家对工程建设从业人员实行执业资格制度。从事建筑设计、结构设计、工程监理、工程造价等工作的工程技术人员，必须经过相应级别的考试获得资格证书并按规定注册后方可实际执业，从事资格对应范围内的工作。各级住房城乡建设行政主管部门负责考试、注册及执业活动的监督管理工作。同时，对特种作业人员实行持证上岗制。

(二) 建设工程质量监督机构及监督程序

由于建设工程质量监督具有专业性强、周期长、程序繁杂等特点，政府部门通常不宜亲自进行日常检查工作。工程质量监督管理的具体工作可以由县级以上地方人民政府住房城乡建设主管部门委托所属的工程质量监督机构（以下简称监督机构）实施。

1. 建设工程质量监督机构的性质和基本条件

《建设工程质量管理条例》规定："建设工程质量监督管理，可以由住房城乡建设行政主管部门或者其他有关部门委托的建设工程质量监督机构具体实施。"根据《房屋建筑和市政基础设施工程质量监督管理规定》的有关规定，建设工程质量监督机构是经省、自治区、直辖市人民政府建设主管部门考核（每 3 年进行一次）认定的独立法人。建设工程质量监督机构应当具备下列条件：

(1) 具有符合规定的监督人员。具有工程类专业大学专科以上学历或者工程类执业注册资格；具有三年以上工程质量管理或者设计、施工、监理等工作经历；熟悉掌握相关法律法规和工程建设强制性标准；具有一定的组织协调能力和良好职业道德）。人员数量由县级以上地方人民政府住房城乡建设主管部门根据实际需要确定。监督人员应当占监督机构总人数的 75% 以上。

(2) 有固定的工作场所和满足工程质量监督检查工作需要的仪器、设备和工具等。

(3) 有健全的质量监督工作制度，具备与质量监督工作相适应的信息化管理条件。监督机构和监督人员经考核合格后，方可从事工程质量监督工作。

2. 建设工程质量监督机构实施质量监督的程序

建设工程质量监督机构按政府主管部门的委托，对工程项目实施质量监督时，应当依照下列程序进行：

(1) 受理建设单位办理质量监督手续；

(2) 制订工作计划并组织实施；

(3) 对工程实体质量、工程质量责任主体和质量检测等单位的工程质量行为进行抽查、抽测；

(4) 监督工程竣工验收，重点对验收的组织形式、程序等是否符合有关规定进行监督；

(5) 形成工程质量监督报告；

(6) 建立工程质量监督档案。

二、工程质量事故报告制度

《建设工程质量管理条例》第五十二条规定，"建设工程发生质量事故，有关单位应当在 24 h 内向当地住房城乡建设主管部门和其他有关部门报告。对重大质量事故，事故发生地的住房城乡建设主管部门和其他有关部门应按照事故类别和等级向当地人民政府和上级住房城乡建设主管部门和其他有关部门报告。特别重大质量事故的调查程序按照国务院有关规定办理"。

发生重大工程质量事故隐瞒不报、谎报或者拖延报告期限的，对直接负责的主管人员和其他责任人员依法给予行政处分。国家机关工作人员在建设工程质量监督管理工作中玩忽职守、滥用职权、徇私舞弊，构成犯罪的，依法追究刑事责任；尚不构成犯罪的，依法给予行政处分。

任何单位和个人对建设工程的质量事故、质量缺陷都有权检举、报告、投诉。这是为了更好地发挥群众监督和社会舆论监督的作用，来保证建设工程质量的一项有效的措施。另外，在《中华人民共和国消费者权益保护法》中也规定了"消费者有权检举、报告侵害消费者权益的行为"。建设工程质量问题也同样适用此规定。

本章小结

本章简单介绍了建设工程质量管理的相关概念，重点介绍了各种建设行为主体的质量责任和义务，并详细介绍了建筑企业质量体系认证制度和建设工程质量监督管理制度，以及工程建设标准化的管理以及工程建设竣工验收制度。

拓展训练

一、复习思考题

1. 工程建设标准的分类有哪些？
2. 建设工程设计单位的质量责任有哪些？
3. 简述施工单位的建设工程检验责任。
4. 施工单位一般应当提交的档案资料有哪些？

二、案例分析

某化工厂在同一厂区建设第 2 个大型厂房时，为了节省投资，决定不做勘察，便将 4 年前为第 1 个大型厂房做的勘察成果提供给设计院作为设计依据，让其设计新厂房。设计院起初不同意，但在该化工厂的一再坚持下最终妥协，同意使用旧的勘察成果。该厂房建成后使用 1 年多就发现墙体多处开裂。该化工厂一纸诉状将施工单位告上法庭，请求判定施工单位承担工程质量责任。

问题：

(1) 本案中的质量责任应当由谁承担？
(2) 工程中设计方是否有过错，违反了什么规定？

三、任务实训

通读《建设工程质量管理条例》，列出建设工程质量管理条例中总则，建设单位的质量责任和义务，勘察、设计单位的质量责任和义务，施工单位的质量责任和义务，工程监理单位的质量责任和义务，建设工程质量保修，监督管理，罚则。

模块一：总则。
学生代表发言：_____
教师评价：_____

模块二：建设单位的质量责任和义务。
学生代表发言：_____
教师评价：_____

模块三：勘察、设计单位的质量责任和义务。
学生代表发言：_____
教师评价：_____

模块四：施工单位的质量责任和义务。
学生代表发言：_____
教师评价：_____

模块五：工程监理单位的质量责任和义务。
学生代表发言：_____
教师评价：_____

模块六：建设工程质量保修。
学生代表发言：_____
教师评价：_____

模块七：监督管理。
学生代表发言：_____
教师评价：_____

模块八：罚则。
学生代表发言：_____
教师评价：_____

拓展训练参考答案

第七章　建设工程监理法律原理与实务

学习目标

通过本章的学习，了解建设工程监理法律的依据、原则、范围和内容；理解并掌握监理合同规范文本的基本内容，监理当事人的关系及其权利、义务和监理的法律责任，为提升依法监理和解决监理纠纷奠定理论基础。

课件：建设工程监理法律原理与实务

思政目标

通过本章的学习，培养知法守法、依法监理的职业操守，提升对个人小利与国家、集体大利之间关系的深刻认识。明确权利与义务之间的关系，建立正确的职业道德，坚决摒弃以权谋私、以权谋利的不良思想。

思政小课堂

截至2020年年底，我国建设工程监理行业从业人员达到139万人，注册执业人员达到40万人。2016—2020年，我国建设工程监理行业从业人员及执业人员均稳步增长。与2016年相比，2020年建设工程监理行业从业人员增长39%，执业人员增长60%。其中，房屋建筑工程领域是建设工程监理行业占比最大的细分领域，占全行业营业收入的45.39%。

视频：思政小课堂

高质量建筑工程的完成都少不了建筑监理的认真、细致的监督。建筑监理担负着重大的责任，需要确保工程符合国家法律、法规的标准。建筑监理是工程中的重要一环，扮演着检验者的角色，是高质量和安全的守卫者，正是因为他们的不辞劳苦，才保证了工程的质量和安全。

作为建筑监理，首先，要有良好的职业道德。监理工作是一项重要的、负有连带责任并为建设单位提供工程技术与管理服务的工作，因此，担负着监理工作重任的建筑监理就必须要具有良好的职业道德。其次，要具备很强的专业胜任能力。专业胜任能力是保证监理工作质量的真正保障。只有这样才是一名合格的建筑监理。

第一节 建设工程监理立法概述

案例导入 7-1

某工程项目，业主分别与监理单位、施工单位签订了施工阶段的委托监理合同和施工合同。在委托监理合同中对业主和监理单位的权利、义务作了规定："监理单位在监理工作中应维护业主的利益""监理委托合同授权监理工程师对工程变更金额 5 000 元以内具有审批权"。但工程变更实际发生金额为 15 000 元，监理工程师进行了审批。案例描述中存在哪些不妥之处？

分析：首先，上述监理合同对于"监理单位在监理工作中应维护业主的利益"的约定不正确，违背了公正、独立、自主的原则。监理工程师在建设工程监理中必须尊重科学、尊重事实，组织各方协同配合，维护有关各方的合法权益。其次，"监理委托合同授权监理工程师对工程变更金额 5 000 元以内具有审批权"的约定符合法律相关规定，工程变更实际发生金额为 15 000 元。监理工程师进行审批则超越了权限，违背了权责一致的原则。

一、建设工程监理的法律依据

按照我国工程建设监理的有关规定，工程建设监理的依据包括：有关工程建设的法律、法规，国家批准的工程项目建设文件和工程建设监理合同及其他工程建设合同。

二、建设工程监理的范围

原建设部于 2001 年 1 月 17 日发布第 86 号令，发布了《建设工程监理范围和规模标准规定》，该规定明确了必须实行监理的建筑工程项目。

建设工程监理范围和规模标准规定

1. 国家重点建筑工程

国家重点建筑工程是指依据《国家重点建设项目管理办法》（2011 修订）所确定的对国民经济和社会发展有重大影响的骨干项目。

2. 大、中型公用事业工程

大、中型公用事业工程是指项目总投资额在 3 000 万元以上的下列工程项目：
(1)供水、供电、供气、供热等市政工程项目；
(2)科技、教育、文化等项目；
(3)体育、旅游、商业等项目；
(4)卫生、社会福利等项目；
(5)其他公用事业项目。

3. 成片开发建设的住宅小区工程

成片开发建设的住宅小区工程中，建筑面积在 5 万 m^2 以上的住宅建筑工程必须实行监理；5 万 m^2 以下的住宅建筑工程，可以实行监理，具体范围和规模、标准由省、自治区、直辖市人民政府住房城乡建设主管部门规定。为了保证住宅质量，对高层住宅及地基、结构复杂的多层住宅应当实行监理。

4. 利用国外政府或者国际组织贷款、援助资金的工程项目

(1)使用世界银行、亚洲开发银行等国际组织贷款的项目。

(2)使用国外政府及其机构贷款的项目。

(3)使用国际组织或者国外政府援助资金的项目。

5. 国家规定必须实行监理的其他工程

国家规定必须实行监理的其他工程是指

(1)项目总投资额在3 000万元以上，关系社会公共利益、公众安全的下列基础设施项目。

1)煤炭、石油、化工、天然气、电力、新能源等项目；

2)铁路、公路、管道、水运、民航及其他交通运输业等项目；

3)邮政、电信枢纽、通信、信息网络等项目；

4)防洪、灌溉、排涝、发电、引(供)水、滩涂治理、水资源保护、水土保持等水利建设项目；

5)道路、桥梁、地铁和轻轨交通、污水排放及处理、垃圾处理、地下管道、公共停车场等城市基础设施项目；

6)生态环境保护项目；

7)其他基础设施项目。

(2)学校、影剧院、体育场馆项目。

监理的基本方法是控制，基本工作包括"四控""两管""一协调"。"四控"即工程进度控制、工程质量控制、工程投资控制、工程安全生产控制；"两管"即合同管理及信息管理；"一协调"即全面地组织甲、乙及第三方的协调。

第二节 建设工程监理单位资质管理

案例导入 7-2

某监理单位的资质等级为丙级，有正式在职工程技术和管理人员6人，其中3人有中级职称，其余为初级职称者和无职称者。该监理单位通过熟人关系取得一幢26层综合大楼建设工程项目施工阶段监理任务。该建设工程项目预算造价为2亿元人民币。双方所签监理合同中规定，建设单位支付监理人报酬80万元人民币。另外，建设单位以本单位工程部人员参加监理进行合作监理为由，使监理单位给予建设单位回扣人民币10万元。在监理过程中，由于监理单位给被监理方提供了某些方便，监理单位接受被监理方生活补贴费6万元人民币。

该监理单位本身及其行为有哪些违反了法律规定？上述违反法律规定的监理应受到什么处罚？

分析：(1)该监理单位的存在本身就不符合《工程建设监理单位资质管理试行办法》中第八条的规定。因为：①该监理单位无高级职称人员作单位负责人或技术负责人；②该单位中的工程技术人员与管理人员总数不足10人。(2)该监理单位为越级承接监理业务，违反《工程建设监理单位资质管理试行办法》中第13条和第14条的规定。该监理单位按丙级资质标准只能承接16层以下的民用工程。(3)监理收费违反《关于发布工程建设监理费有关规定的通知》中的收费标准。通知中规定，工程预算2亿元应收预算额的0.8%～1.2%。按规定下限计，应是160万元人民币；但该监理单位只收80万元人民币，仅占0.4%。这属于一种不正当的竞争行为，它将扰乱监理市场，应予制止。(4)以合作监理为由，给建设单位回扣亦属不正当经营行为，违反国家规定。并且，所谓合作监理是指监理单位之间的合作。(5)给被监理方提供方便，又接受其生活补贴费，这属于徇私舞弊行为。因此，有可能损害委托人的利益，也是违反国家规定的。上述违法行为，按《工程建设监理单位资质管理试行办法》中的第二十八条规定，由资质管理部门根据情节，分别给予警告、通报批评、罚款、降低资质等级、停业整顿直至收缴《监理申请批准书》或者《监理许可证》《资质等级证书》的处罚；构成犯罪的，由司法机关依法追究主要责任者的刑事责任。

一、工程监理单位资质等级

工程监理单位资质分为综合资质、专业资质和事务所资质。其中，专业资质按照工程性质和技术特点划分为若干工程类别。综合资质、事务所资质不分级别。专业资质分为甲级、乙级；其中，房屋建筑、水利水电、公路和市政公用专业资质可设立丙级。工程监理单位的资质等级标准如下。

(一)综合资质标准

(1)具有独立法人资格且具有符合国家有关规定的资产。

(2)企业技术负责人应为注册监理工程师，并具有15年以上从事工程建设工作的经历或者具有工程类高级职称。

(3)具有5个以上工程类别的专业甲级工程监理资质。

(4)注册监理工程师不少于60人，注册造价工程师不少于5人，一级注册建造师、一级注册建筑师、一级注册结构工程师或者其他勘察设计注册工程师合计不少于15人次。

(5)企业具有完善的组织结构和质量管理体系，有健全的技术、档案等管理制度。

(6)企业具有必要的工程试验检测设备。

(7)申请工程监理资质之日前一年内没有《工程监理企业资质管理规定》第十六条禁止的行为。

(8)申请工程监理资质之日前一年内没有因本企业监理责任造成重大质量事故。

(9)申请工程监理资质之日前一年内没有因本企业监理责任发生三级以上工程建设重大安全事故或者发生两起以上四级工程建设安全事故。

(二)专业资质标准

1. 甲级

(1)具有独立法人资格且具有符合国家有关规定的资产。

(2)企业技术负责人应为注册监理工程师,并具有15年以上从事工程建设工作的经历或者具有工程类高级职称。

(3)注册监理工程师、注册造价工程师、一级注册建造师、一级注册建筑师、一级注册结构工程师或者其他勘察设计注册工程师合计不少于25人次;其中,相应专业注册监理工程师不少于《专业资质注册监理工程师人数配备表》(表7-1)中要求配备的人数,注册造价工程师不少于2人。

(4)企业近2年内独立监理过3个以上相应专业的二级工程项目,但是,具有甲级设计资质或一级及以上施工总承包资质的企业申请本专业工程类别甲级资质的除外。

(5)企业具有完善的组织结构和质量管理体系,有健全的技术、档案等管理制度。

(6)企业具有必要的工程试验检测设备。

(7)申请工程监理资质之日前一年内没有《工程监理企业资质管理规定》第十六条禁止的行为。

(8)申请工程监理资质之日前一年内没有因本企业监理责任造成重大质量事故。

(9)申请工程监理资质之日前一年内没有因本企业监理责任发生三级以上工程建设重大安全事故或者发生两起以上四级工程建设安全事故。

2. 乙级

(1)具有独立法人资格且具有符合国家有关规定的资产。

(2)企业技术负责人应为注册监理工程师,并具有10年以上从事工程建设工作的经历。

(3)注册监理工程师、注册造价工程师、一级注册建造师、一级注册建筑师、一级注册结构工程师或者其他勘察设计注册工程师合计不少于15人次。其中,相应专业注册监理工程师不少于《专业资质注册监理工程师人数配备表》(表7-1)中要求配备的人数,注册造价工程师不少于1人。

(4)有较完善的组织结构和质量管理体系,有技术、档案等管理制度。

(5)有必要的工程试验检测设备。

(6)申请工程监理资质之日前一年内没有《工程监理企业资质管理规定》第十六条禁止的行为。

(7)申请工程监理资质之日前一年内没有因本企业监理责任造成重大质量事故。

(8)申请工程监理资质之日前一年内没有因本企业监理责任发生三级以上工程建设重大安全事故或者发生两起以上四级工程建设安全事故。

3. 丙级

(1)具有独立法人资格且具有符合国家有关规定的资产。

(2)企业技术负责人应为注册监理工程师,并具有8年以上从事工程建设工作的经历。

(3)相应专业的注册监理工程师不少于《专业资质注册监理工程师人数配备表》(表7-1)中要求配备的人数。

(4)有必要的质量管理体系和规章制度。

(5)有必要的工程试验检测设备。

表 7-1　专业资质注册监理工程师人数配备表　　　　　　单位：人

序号	工程类别	甲级	乙级	丙级
1	房屋建筑工程	15	10	5
2	冶炼工程	15	10	
3	矿山工程	20	12	
4	化工石油工程	15	10	
5	水利水电工程	20	12	5
6	电力工程	15	10	
7	农林工程	15	10	
8	铁路工程	23	14	
9	公路工程	20	12	5
10	港口与航道工程	20	12	
11	航天航空工程	20	12	
12	通信工程	20	12	
13	市政公用工程	15	10	5
14	机电安装工程	15	10	

注：表中各专业资质注册监理工程师人数配备是指企业取得本专业工程类别注册的注册监理工程师人数。

(三)事务所资质标准

(1)取得合伙企业营业执照，具有书面合作协议书。

(2)合伙人中有3名以上注册监理工程师，合伙人均有5年以上从事建设工程监理的工作经历。

(3)有固定的工作场所。

(4)有必要的质量管理体系和规章制度。

(5)有必要的工程试验检测设备。

二、工程监理企业资质相应许可的业务范围

(一)综合资质

综合资质可以承担所有专业工程类别建设工程项目的工程监理业务。

(二)专业资质

1. 专业甲级资质

专业甲级资质可承担相应专业工程类别建设工程项目的工程监理业务(表 7-2)。

2. 专业乙级资质

专业乙级资质可承担相应专业工程类别二级以下(含二级)建设工程项目的工程监理业务(表 7-2)。

3. 专业丙级资质

专业丙级资质可承担相应专业工程类别三级建设工程项目的工程监理业务(表 7-2)。

(三)事务所资质

事务所资质可承担三级建设工程项目的工程监理业务(表 7-2),但是,国家规定必须实行强制监理的工程除外。

工程监理企业可以开展相应类别建设工程的项目管理、技术咨询等业务。

表 7-2 专业工程类别和等级表(房屋建筑工程、铁路工程、公路工程、市政公用工程四类)

序号	工程类别		一级	二级	三级
一	房屋建筑工程	一般公共建筑	28 层以上;36 m 跨度以上(轻钢结构除外);单项工程建筑面积在 3 万 m² 以上	14～28 层;24～36 m 跨度(轻钢结构除外);单项工程建筑面积为 1 万～3 万 m²	14 层以下;24 m 跨度以下(轻钢结构除外);单项工程建筑面积在 1 万 m² 以下
		高耸构筑工程	高度在 120 m 以上	高度为 70～120 m	高度在 70 m 以下
		住宅工程	小区建筑面积在 12 万 m² 以上;单项工程在 28 层以上	建筑面积为 6 万～12 万 m²;单项工程为 14～28 层	建筑面积在 6 万 m² 以下;单项工程在 14 层以下
二	铁路工程	铁路综合工程	新建、改建一级干线;单线铁路在 40 km 以上;双线在 30 km 以上及枢纽	单线铁路在 40 km 以下;双线在 30 km 以下;二级干线及站线;专用线、专用铁路	
		铁路桥梁工程	桥长在 500 m 以上	桥长在 500 m 以下	
		铁路隧道工程	单线在 3 000 m 以上;双线在 1 500 m 以上	单线在 3 000 m 以下;双线在 1 500 m 以下	
		铁路通信、信号、电力电气化工程	新建、改建铁路(含枢纽,配、变电所,分区亭)单双线在 200 km 及以上	新建、改建铁路(不含枢纽,配、变电所,分区亭)单双线在 200 km 及以下	
三	公路工程	公路工程	高速公路	高速公路路基工程及一级公路	一级公路路基工程及二级以下各级公路
		公路桥梁工程	独立大桥工程;特大桥总长在 1 000 m 以上或单跨跨径在 150 m 以上	大桥、中桥桥梁总长为 30～1 000 m 或单跨跨径为 20～150 m	小桥总长在 30 m 以下或单跨跨径在 20 m 以下;涵洞工程
		公路隧道工程	隧道长度在 1 000 m 以上	隧道长度为 500～1 000 m	隧道长度在 500 m 以下
		其他工程	通信、监控、收费等机电工程,高速公路交通安全设施、环保工程和沿线附属设施	一级公路交通安全设施、环保工程和沿线附属设施	二级及以下公路交通安全设施、环保工程和沿线附属设施

续表

序号	工程类别	一级	二级	三级
四 市政公用工程	城市道路工程	城市快速路、主干路,城市互通式立交桥及单孔跨径在100 m以上的桥梁;长度在1 000 m以上的隧道工程	城市次干路工程,城市分离式立交桥及单孔跨径在100 m以下的桥梁;长度在1 000 m以下的隧道工程	城市支路工程、过街天桥及地下通道工程
	给水排水工程	10万吨/日以上的给水厂;5万吨/日以上的污水处理工程;3 m³/s以上的给水、污水泵站;15 m³/s以上的雨泵站;直径在2.5 m以上的给水排水管道	2万~10万吨/日的给水厂;1万~5万吨/日的污水处理工程;1~3 m³/s的给水、污水泵站;5~15 m³/s的雨泵站;直径为1~2.5 m的给水管道;直径为1.5~2.5 m的排水管道	2万吨/日以下的给水厂;1万吨/日以下的污水处理工程;1 m³/s以下的给水、污水泵站;5 m³/s以下的雨泵站;直径在1 m以下的给水管道;直径在1.5 m以下的排水管道
	燃气热力工程	总储存容积在1 000 m³以上的液化气贮罐场(站);供气规模在15万 m³/日以上的燃气工程;中压以上的燃气管道、调压站;供热面积在150万 m²以上的热力工程	总储存容积在1 000 m²以下的液化气贮罐场(站);供气规模15万 m³/日以下的燃气工程;中压以下的燃气管道、调压站;供热面积为50万 m²~150万 m²的热力工程	供热面积在50万 m²以下的热力工程
	垃圾处理工程	1 200吨/日以上的垃圾焚烧和填埋工程	500~1 200吨/日的垃圾焚烧及填埋工程	500吨/日以下的垃圾焚烧及填埋工程
	地铁轻轨工程	各类地铁轻轨工程	—	—
	风景园林工程	总投资在3 000万元以上	总投资为1 000万~3 000万元	总投资在1 000万元以下

说明:

(1)《工程监理企业资质管理规定》附表2"专业工程类别和等级表"列举了房屋建筑工程、冶炼工程、矿山工程、化工石油工程、水利水电工程、电力工程、农林工程、铁路工程、公路工程、港口与航道工程、航天航空工程、通信工程、市政公用工程、机电安装工程等14个专业类别,这里只摘列了"房屋建筑工程""铁路工程""公路工程""市政公用工程"4个大类。

(2)表中的"以上"含本数,"以下"不含本数。

(3)未列入本表中的其他专业工程,由国务院有关部门按照有关规定在相应的工程类别中划分等级。

(4)房屋建筑工程包括结合城市建设与民用建筑修建的附建人防工程。

三、监督管理

县级以上人民政府住房城乡建设主管部门和其他有关部门应当依照有关法律、法规和本规定，加强对工程监理企业资质的监督管理。

(一)住房城乡建设主管部门的监督检查职责

住房城乡建设主管部门履行监督检查职责时，有权采取下列措施：

(1)要求被检查单位提供工程监理企业资质证书，注册监理工程师注册执业证书，有关工程监理业务的文档，有关质量管理、安全生产管理、档案管理等企业内部管理制度的文件；

(2)进入被检查单位进行检查，查阅相关资料；

(3)纠正违反有关法律、法规和本规定及有关规范和标准的行为。

住房城乡建设主管部门进行监督检查时，应当有2名以上的监督检查人员参加，并出示执法证件，不得妨碍被检查单位的正常经营活动，不得索取或者收受财物、谋取其他利益。

有关单位和个人对依法进行的监督检查应当协助与配合，不得拒绝或者阻挠。

监督检查机关应当将监督检查的处理结果向社会公布。

(二)建设主管部门依法查处违法行为

工程监理企业违法从事工程监理活动的，违法行为发生地的县级以上地方人民政府住房城乡建设主管部门应当依法查处，并将违法事实、处理结果或处理建议及时报告该工程监理企业资质的许可机关。

工程监理企业取得工程监理企业资质后不再符合相应资质条件的，资质许可机关根据利害关系人的请求或者依据职权，可以责令其限期改正；逾期不改的，可以撤回其资质。

有下列情形之一的，资质许可机关或者其上级机关，根据利害关系人的请求或者依据职权，可以撤销工程监理企业资质：

(1)资质许可机关工作人员滥用职权、玩忽职守，作出准予工程监理企业资质许可的；

(2)超越法定职权作出准予工程监理企业资质许可的；

(3)违反资质审批程序作出准予工程监理企业资质许可的；

(4)对不符合许可条件的申请人作出准予工程监理企业资质许可的；

(5)依法可以撤销资质证书的其他情形。

以欺骗、贿赂等不正当手段取得工程监理企业资质证书的，应当予以撤销。

有下列情形之一的，工程监理企业应当及时向资质许可机关提出注销资质的申请，交回资质证书，国务院建设主管部门应当办理注销手续，公告其资质证书作废：

(1)资质证书有效期届满，未依法申请延续的；

(2)工程监理企业依法终止的；

(3)工程监理企业资质依法被撤销、撤回或吊销的；

(4)法律、法规规定的应当注销资质的其他情形。

工程监理企业应当按照有关规定，向资质许可机关提供真实、准确、完整的工程监理企业的信用档案信息。

工程监理企业的信用档案应当包括基本情况、业绩、工程质量和安全、合同违约等情况。被投诉举报和处理、行政处罚等情况应当作为不良行为记入其信用档案。

工程监理企业的信用档案信息按照有关规定向社会公示，公众有权查阅。

四、法律责任

(1)申请人隐瞒有关情况或者提供虚假材料申请工程监理企业资质的，资质许可机关不予受理或者不予行政许可，并给予警告，申请人在1年内不得再次申请工程监理企业资质。

(2)以欺骗、贿赂等不正当手段取得工程监理企业资质证书的，由县级以上地方人民政府住房城乡建设主管部门或者有关部门给予警告，并处1万元以上2万元以下的罚款，申请人3年内不得再次申请工程监理企业资质。

(3)工程监理企业有《工程监理企业资质管理规定》第十六条第七项、第八项行为之一的，由县级以上地方人民政府建设主管部门或者有关部门予以警告，责令其改正，并处1万元以上3万元以下的罚款；造成损失的，依法承担赔偿责任；构成犯罪的，依法追究刑事责任。

(4)违反《工程监理企业资质管理规定》，工程监理企业不及时办理资质证书变更手续的，由资质许可机关责令限期办理；逾期不办理的，可处1 000元以上10 000元以下的罚款。

(5)工程监理企业未按照本规定要求提供工程监理企业信用档案信息的，由县级以上地方人民政府住房城乡建设主管部门予以警告，责令限期改正；逾期未改正的，可处1 000元以上10 000元以下的罚款。

(6)县级以上地方人民政府住房城乡建设主管部门依法给予工程监理企业行政处罚的，应当将行政处罚决定以及给予行政处罚的事实、理由和依据，报国务院住房城乡建设主管部门备案。

(7)县级以上人民政府住房城乡建设主管部门及有关部门有下列情形之一的，由其上级行政主管部门或者监察机关责令改正，对直接负责的主管人员和其他直接责任人员依法给予处分；构成犯罪的，依法追究刑事责任：

1)对不符合本规定条件的申请人准予工程监理企业资质许可的；

2)对符合本规定条件的申请人不予工程监理企业资质许可或者不在法定期限内作出准予许可决定的；

3)对符合法定条件的申请不予受理或者未在法定期限内初审完毕的；

4)利用职务上的便利，收受他人财物或者其他好处的；

5)不依法履行监督管理职责或者监督不力，造成严重后果的。

第三节　注册监理工程师的资质管理

案例导入 7-3

监理工程师杨某在一期工程的施工监理中发现承包方未经申报，擅自将催化设备安装工程分包给某工程公司并进场施工。于是，立即向承包方下达了停工指令，要求承包方上报分包单位资质材料。承包方随后送来了该分包单位资质证明，杨某审查后向承包方签署了同意该分包单位分包的文件。杨某还审核了承包方送来的催化设备安装工程施工进度的保证措施，并提出了改进建议。承包方抱怨说，由于业主供应的部分材料尚未到场，有些保证措施无法落实，会影响工程进度。小杨说："我负责给你们协调，我去施工现场巡视一下，就去找业主。"

根据监理人员权利和义务的规定，指出小杨的工作哪些是自己的职责？

分析：根据监理人员权利和义务的规定，小杨的职责包括：要求承包方上报分包单位资质材料；审查进度保证措施，提出改进建议；巡视现场。

一、注册监理工程师资格的取得

1. 注册监理工程师的概念

注册监理工程师是指经考试取得中华人民共和国监理工程师资格证书（以下简称"资格证书"），并按照《注册监理工程师管理规定》注册，取得中华人民共和国注册监理工程师注册执业证书（以下简称"注册证书"）和执业印章，从事工程监理及相关业务活动的专业技术人员。注册证书和执业印章是注册监理工程师的执业凭证，由注册监理工程师本人保管、使用。注册证书和执业印章的有效期为3年。未取得注册证书和执业印章的人员，不得以注册监理工程师的名义从事工程监理及相关业务活动。

2. 注册

注册监理工程师实行注册执业管理制度。取得资格证书的人员，经过注册方能以注册监理工程师的名义执业。注册监理工程师依据其所学专业、工作经历、工程业绩，按照《工程监理企业资质管理规定》划分的工程类别，按专业注册。每人最多可以申请两个专业注册。

（1）初始注册。初始注册者，可自资格证书签发之日起3年内提出申请。逾期未申请者，须符合继续教育的要求后方可申请初始注册。取得资格证书并受聘于一个建设工程勘察、设计、施工、监理、招标代理、造价咨询等单位的人员，应当通过聘用单位提出注册申请，并可以向单位工商注册所在地的省、自治区、直辖市人民政府住房城乡建设主管部门提交申请材料；省、自治区、直辖市人民政府住房城乡建设主管部门收到申请材料后，应当在5日内将全部申请材料报审批部门。国务院住房城乡建设主管部门在收到申请材料后，应当依法作出是否受理的决定，并出具凭证；申请材料不齐全或者不符合法定形式的，应当在5日内一次性告知申请人需要补正的全部内容。逾期不告知的，自收到申请材料之日起即为受理。对申请初始注册的，国务院建设主管部门自收到省、自治区、直辖市人民政府建设主管部门上报材料之日起，应当在20日内审批完毕并作出书面决定，并自作出决定之日起10日内公告审批结果。申请初始注册，应当具备以下条件：①经全国注册监理工程师执业资格统一考试合格，取得资格证书；②受聘于一个相关单位；③达到继续教育要求；④没有《注册监理工程师管理规定》第十三条所列情形。

初始注册需要提交下列材料：①申请人的注册申请表；②申请人的资格证书和身份证复印件；③申请人与聘用单位签订的聘用劳动合同复印件；④所学专业、工作经历、工程业绩、工程类中级及中级以上职称证书等有关证明材料；⑤逾期初始注册的，应当提供达到继续教育要求的证明材料。

(2)变更注册、延续注册。对申请变更注册、延续注册的,省、自治区、直辖市人民政府建设主管部门应当自受理申请之日起5日内审查完毕,应当在10日内审批完毕并作出书面决定。在注册有效期内,注册监理工程师变更执业单位,应当与原聘用单位解除劳动关系,并按《注册监理工程师管理规定》第七条规定的程序办理变更注册手续,变更注册后仍延续原注册有效期。变更注册需要提交下列材料:①申请人变更注册申请表;②申请人与新聘用单位签订的聘用劳动合同复印件;③申请人的工作调动证明(与原聘用单位解除聘用劳动合同或者聘用劳动合同到期的证明文件、退休人员的退休证明)。

注册监理工程师每一注册有效期为3年。注册有效期满需继续执业的,应当在注册有效期满30日前,按照《注册监理工程师管理规定》第七条规定的程序申请延续注册。延续注册有效期为3年。延续注册需要提交下列材料:①申请人延续注册申请表;②申请人与聘用单位签订的聘用劳动合同复印件;③申请人注册有效期内达到继续教育要求的证明材料。

申请人有下列情形之一的,不予初始注册、延续注册或者变更注册:①不具有完全民事行为能力的;②刑事处罚尚未执行完毕或者因从事工程监理或者相关业务受到刑事处罚,自刑事处罚执行完毕之日起至申请注册之日止不满2年的;③未达到监理工程师继续教育要求的;④在两个或者两个以上单位申请注册的;⑤以虚假的职称证书参加考试并取得资格证书的;⑥年龄超过65周岁的;⑦法律、法规规定不予注册的其他情形。

二、注册监理工程师的权利与义务

(1)注册监理工程师享有下列权利:①使用注册监理工程师称谓;②在规定范围内从事执业活动;③依据本人能力从事相应的执业活动;④保管和使用本人的注册证书和执业印章;⑤对本人执业活动进行解释和辩护;⑥接受继续教育;⑦获得相应的劳动报酬;⑧对侵犯本人权利的行为进行申诉。

(2)注册监理工程师应当履行下列义务:①遵守法律、法规和有关管理规定;②履行管理职责,执行技术标准、规范和规程;③保证执业活动成果的质量,并承担相应责任;④接受继续教育,努力提高执业水准;⑤在本人执业活动所形成的工程监理文件上签字、加盖执业印章;⑥保守在执业中知悉的国家秘密和他人的商业、技术秘密;⑦不得涂改、倒卖、出租、出借或者以其他形式非法转让注册证书或者执业印章;⑧不得同时在两个或者两个以上单位受聘或者执业;⑨在规定的执业范围和聘用单位业务范围内从事执业活动;⑩协助注册管理机构完成相关工作。

三、注册监理工程师的执业要求

取得资格证书的人员,应当受聘于一个具有建筑工程勘察、设计、施工、监理、招标代理、造价咨询等一项或者多项资质的单位,经注册后方可从事相应的执业活动。从事工程监理执业活动的,应当受聘并注册于一个具有工程监理资质的单位。注册监理工程师可以从事工程监理、工程经济与技术咨询、工程招标与采购咨询、工程项目管理服务以及国务院有关部门规定的其他业务。工程监理活动中形成的监理文件由注册监理工程师按照规定签字盖章后方可生效。修改经注册监理工程师签字盖章的工程监理文件，应当由该注册监理工程师进行；因特殊情况，该注册监理工程师不能进行修改的，应当由其他注册监理工程师修改，并签字、加盖执业印章，对修改部分承担责任。注册监理工程师从事执业活动，由所在单位接受委托并统一收费。因工程监理事故及相关业务造成的经济损失，聘用单位应当承担赔偿责任；聘用单位承担赔偿责任后，可依法向负有过错的注册监理工程师追偿。

四、注册监理工程师继续教育

注册监理工程师在每一注册有效期内应当达到国务院建设主管部门规定的继续教育要求。继续教育作为注册监理工程师逾期初始注册、延续注册和重新申请注册的条件之一。继续教育分为必修课和选修课，在每一注册有效期内各为48学时。

五、对注册监理工程师的监管

国务院住房城乡建设主管部门对全国注册监理工程师的注册、执业活动实施统一监督管理。县级以上地方人民政府住房城乡建设主管部门对本行政区域内的注册监理工程师的注册、执业活动实施监督管理。

1. 注册监理工程师注册证书和执业印章失效的规定

《注册监理工程师管理规定》第十四条规定，注册监理工程师有下列情形之一的，其注册证书和执业印章失效：

(1)聘用单位破产的；
(2)聘用单位被吊销营业执照的；
(3)聘用单位被吊销相应资质证书的；
(4)已与聘用单位解除劳动关系的；
(5)注册有效期满且未延续注册的；
(6)年龄超过65周岁的；
(7)死亡或者丧失行为能力的；
(8)其他导致注册失效的情形。

2. 注册监理工程师注销的规定

《注册监理工程师管理规定》第十五条规定：注册监理工程师有下列情形之一的，负责审批的部门应当办理注销手续，收回注册证书和执业印章或者公告其注册证书和执业印章作废：

(1)不具有完全民事行为能力的；
(2)申请注销注册的；
(3)有《注册监理工程师管理规定》第十四条所列情形发生的；
(4)依法被撤销注册的；
(5)依法被吊销注册证书的；
(6)受到刑事处罚的；

(7)法律、法规规定应当注销注册的其他情形。

注册监理工程师有上述情形之一的，注册监理工程师本人和聘用单位应当及时向国务院住房城乡建设主管部门提出注销注册的申请；有关单位和个人有权向国务院住房城乡建设主管部门举报；县级以上地方人民政府住房城乡建设主管部门或者有关部门应当及时报告或者告知国务院住房城乡建设主管部门。

被注销注册者或者不予注册者，在重新具备初始注册条件，并符合继续教育要求后，可以按照《注册监理工程师管理规定》第七条规定的程序重新申请注册。

第四节　建设工程监理当事人

案例导入 7-4

某房地产开发企业投资开发建设某住宅小区，与某工程咨询监理公司签订委托监理合同。在监理职责条款中，合同约定："乙方(监理公司)负责甲方(房地产开发企业)小区工程设计阶段和施工阶段的监理业务。房地产开发企业应于监理业务结束之日起 5 日内支付最后 20% 的监理费用。"小区工程竣工一周后，监理公司要求房地产开发企业支付剩余 20% 的监理费用，房地产开发企业以双方有口头约定，监理公司监理职责应履行至工程保修期满为由，拒绝支付，监理公司索款未果，诉至法院。

法院判决双方口头商定的监理职责延至保修期满的内容不构成委托监理合同的内容，房地产开发企业到期未支付最后一笔监理费，构成违约，应承担违约责任，支付监理公司剩余 20% 的监理费用及延期付款利息。

请问：法院的判决口头商定的监理职责延至保修期满的内容不构成委托监理合同的内容的依据是什么？

分析：《民法典》第 796 条规定，建设工程实行监理的，发包人应当与监理人采用书面形式订立委托监理合同。据此可知，监理承包合同属于要式合同，需要采取书面形式签署，口头约定的无效。

一、建设工程监理当事人之间的关系

在施工过程中，如业主已委托监理单位进行监理，其就不能再直接指挥承包商的施工活动，业主直接向承包商下达指令属违反合同的行为。因此，承包商有权拒绝执行业主下达的这一类指令。承包商执行业主的指令同样也是违反合同的行为，监理工程师有权拒绝。业主直接指挥承包商和承包商接受业主指挥的行为实际将干预监理工程师对合同条件的执行，这种做法与合同条件相违背，由此可能导致合同的失败。实践证明：业主对承包商干预得越多，工程干得越差，合同执行得也越糟；而业主干预得越少，完全由监理工程师来组织、协调、控制，则工程干得越好。

1. 业主与监理单位的关系

业主和监理单位及其监理工程师的关系是委托和被委托的关系。这种关系通过以下两个文件予以明确：一个文件是业主与承包商签订的合同文件，其详细地规定了被委托的监理工程师的权利和职责，其中包括监理工程师对业主的约束权力和监理工程师独立、公正地执行合同条件的权力，这奠定了监理工程师与业主工作关系的基础。另一个文件是业主与监理单位签订的监理合同，这份文件主要对监理人员的数量、素质、服务范围、服务时间、服务费用以及其他有关监理人员生活方面的安排进行了详细的规定。在监理协议中明确监理工程师的权力时，应与施工合同中所赋予监理工程师的权力保持一致。在监理合同中一般还要明确，业主有权向监理单位提出更换不称职的监理人员或解除监理合同，这是业主对监理人员的制约。但是这种制约不应影响监理工程师按照合同条件独立、公正地行使监理的权利，包括监理工程师的决定对业主有约束力的权利。业主不能认为监理工程师是他所委托的雇员，而去干预监理工程师的正常工作，这是业主在处理与监理工程师的关系时应该掌握的根本原则。

2. 业主与承包商之间的关系

业主已委托监理单位进行监理，就不能再直接指挥承包商的施工活动，其直接向承包商下达指令应属违反合同的行为。因此，承包商有权拒绝执行业主下达的这一类指令。承包商执行业主的指令同样也是违反合同的行为，监理工程师有权拒绝。业主直接指挥承包商和承包商接受业主指挥的行为实际将干预监理工程师对合同条件的执行，这种做法与合同条件相违背，由此可能导致合同的失败。实践证明：业主对承包商干预得越多，工程干得越差，合同执行得也越糟；而业主干预得越少，完全由监理工程师来组织、协调、控制，则工程干得越好。

3. 监理工程师与承包商的关系

监理工程师与承包商都受聘于业主，他们之间既没有任何合同，也没有任何协议。他们之间的关系在业主与承包商签订的合同条件中可以明确地体现出来。监理工程师与承包商是监理和被监理的关系，承包商的一切工程活动都必须得到监理工程师的批准。

在涉及工程的任何事项上，无论在合同中写明与否，承包商都要严格遵守与执行监理工程师的指示，并且承包商也只能从监理工程师处取得指示。承包商完成的任何工作都必须达到监理工程师满意的程度，承包商必须接受监理工程师的监督和管理。但是，监理工程师对承包商的任何监督和管理，都必须符合法律（包括合同文件）规定和实际情况。如果承包商认为监理工程师的决定不能接受，有权提出仲裁，通过法律手段进行解决。这是法律上对承包商的保护。监理工程师在处理与承包商的关系上，另外一个值得注意的问题是：监理工程师不能与承包商有任何经济关系，包括监理单位不能与承包单位及设备制造和材料供应单位发生隶属关系，也不得是这些单位的合伙经营者。监理单位和监理工程师均不能经营承包施工或材料销售业务，也不得在施工单位、设备制造和材料供应单位任职，监理工程师更不能接受承包商馈赠的礼物。这是监理工作的一个原则性的问题。

综上所述，一项工程的实施，是由各自相对独立而又相互制约的三方（业主、监理工程师、承包商)共同完成的。正确处理业主、监理工程师与承包商三者的关系，是保证工程按合同条件进行的关键。

二、业主的权利、义务和责任

业主是建设工程委托监理合同的委托人，此处的"委托人"即"业主"。《建设工程监理合同(示范文本)》(GF—2012—0202)规定了委托人的义务和责任。

1. 业主的权利

(1)授予监理工程师职责的权力。

(2)批准合同转让和终止合同的权力。

(3)完善或补充合同实施的权力。

(4)提出仲裁的权力。

(5)法规规定的其他权利：

1)委托人有选定工程总设计单位和总承包单位及监理单位以及与其订立合同的决定权；

2)委托人有对工程规模、设计标准、规划设计、生产工艺设计和设计使用功能要求的认定权以及对工程设计变更的审批权；

3)监理单位调换总监理工程师须经委托人同意；

4)委托人有权要求监理机构提交监理工作月度报告及监理业务范围内的专项报告；

5)委托人有权要求监理单位更换不称职的监理人员，直到终止合同。

2. 委托人的义务

(1)告知。委托人应在委托人与承包人签订的合同中明确监理人、总监理工程师和授予项目监理机构的权限。如有变更，应及时通知承包人。

(2)提供资料。委托人应按照本合同中附录B的约定，无偿向监理人提供工程有关的资料。在本合同履行过程中，委托人应及时向监理人提供最新的与工程有关的资料。

(3)提供工作条件。委托人应为监理人完成监理与相关服务提供必要的条件。

1)委托人应按照本合同附录B的约定，派遣相应的人员，提供房屋、设备，供监理人无偿使用。

2)委托人应负责协调工程建设中所有的外部关系，为监理人履行本合同提供必要的外部条件。

(4)委托人代表。委托人应授权一名熟悉工程情况的代表，负责与监理人联系。委托人应在双方签订本合同后7天内，将委托人代表的姓名和职责书面告知监理人。当委托人更换委托人代表时，应提前7天通知监理人。

(5)委托人的意见或要求。在本合同约定的监理与相关服务工作范围内，委托人对承包人的任何意见或要求应通知监理人，由监理人向承包人发出相应指令。

(6)答复。委托人应在本合同专用条件约定的时间内，对监理人以书面形式提交并要求作出决定的事宜，给予书面答复。逾期未答复的，视为委托人认可。

(7)支付。委托人应按本合同约定，向监理人支付酬金。

3. 委托人的责任

（1）委托人的违约责任。委托人未履行本合同义务的，应承担相应的责任。

1）委托人违反本合同约定造成监理人损失的，委托人应予以赔偿。

2）委托人向监理人的索赔不成立时，应赔偿监理人由此引起的费用。

3）委托人未能按期支付酬金超过28天，应按专用条件的约定支付逾期付款利息。

（2）委托人的除外责任。因不可抗力导致本合同全部或部分不能履行时，双方各自承担其因此而造成的损失、损害。

三、监理人的义务和责任

FIDIC合同条件和我国《建设工程监理合同（示范文本）》(GF—2012—0202)均对监理人的义务及责任作了相应安排。本书以我国《建设工程监理合同（示范文本）》(GF—2012—0202)为依据进行讲述。

1. 监理人的义务

（1）监理范围在本合同专用条件中约定。

（2）除专用条件另有约定外，监理工作内容包括：

1）收到工程设计文件后编制监理规划，并在第一次工地会议7天前报委托人。根据有关规定和监理工作需要，编制监理实施细则。

2）熟悉工程设计文件，并参加由委托人主持的图纸会审和设计交底会议。

3）参加由委托人主持的第一次工地会议；主持监理例会并根据工程需要主持或参加专题会议。

4）审查施工承包人提交的施工组织设计，重点审查其中的质量安全技术措施、专项施工方案与工程建设强制性标准的符合性。

5）检查施工承包人工程质量、安全生产管理制度及组织机构和人员资格。

6）检查施工承包人专职安全生产管理人员的配备情况。

7）审查施工承包人提交的施工进度计划，核查承包人对施工进度计划的调整。

8）检查施工承包人的试验室。

9）审核施工分包人的资质条件。

10）查验施工承包人的施工测量放线成果。

11）审查工程开工条件，对具备条件的签发开工令。

12）审查施工承包人报送的工程材料、构配件、设备质量证明文件的有效性和符合性，并按规定对用于工程的材料采取平行检验或见证取样方式进行抽检。

13）审核施工承包人提交的工程款支付申请，签发或出具工程款支付证书，并报委托人审核、批准。

14）在巡视、旁站和检验过程中，发现工程质量、施工安全存在事故隐患的，要求施工承包人整改并报委托人。

15）经委托人同意，签发工程暂停令和复工令。

16）审查施工承包人提交的采用新材料、新工艺、新技术、新设备的论证材料及相关验收标准。

17）验收隐蔽工程、分部分项工程。

18）审查施工承包人提交的工程变更申请，协调处理施工进度调整、费用索赔、合同争议等事项。

19)审查施工承包人提交的竣工验收申请,编写工程质量评估报告。
20)参加工程竣工验收,签署竣工验收意见。
21)审查施工承包人提交的竣工结算申请并报委托人。
22)编制、整理工程监理归档文件并报委托人。
(3)相关服务的范围和内容在本合同附录A中约定。

2. 监理人的职责

(1)监理人应遵循职业道德准则和行为规范,严格按照法律法规、工程建设有关标准及本合同履行职责。

(2)在监理与相关服务范围内,委托人和承包人提出的意见和要求,监理人应及时提出处置意见。当委托人与承包人之间发生合同争议时,监理人应协助委托人、承包人协商解决。

(3)当委托人与承包人之间的合同争议提交仲裁机构仲裁或人民法院审理时,监理人应提供必要的证明资料。

(4)监理人应在本合同专用条件约定的授权范围内,处理委托人与承包人所签订合同的变更事宜。如果变更超过授权范围,应以书面形式报委托人批准。

在紧急情况下,为了保护财产和人身安全,监理人所发出的指令未能事先报委托人批准时,应在发出指令后的24 h内以书面形式报委托人。

(5)除本合同专用条件另有约定外,监理人发现承包人的人员不能胜任本职工作的,有权要求承包人予以调换。

(6)监理人应按本合同专用条件约定的种类、时间和份数向委托人提交监理与相关服务的报告。

(7)在本合同履行期内,监理人应在现场保留工作所用的图纸、报告及记录监理工作的相关文件。工程竣工后,应当按照档案管理规定将监理有关文件归档。

(8)在本合同终止时将其使用的房屋、设备的清单提交委托人,并按专用条件约定的时间和方式移交。

(9)监理人未履行本合同义务的,应承担相应的责任。

1)因监理人违反本合同约定给委托人造成损失的,监理人应当赔偿委托人的损失。赔偿金额的确定方法在专用条件中约定。监理人承担部分赔偿责任的,其承担赔偿金额由双方协商确定。

2)监理人向委托人的索赔不成立时,监理人应赔偿委托人由此发生的费用。

(10)监理人的除外责任。因非监理人的原因,且监理人无过错,发生工程质量事故、安全事故、工期延误等造成的损失,监理人不承担赔偿责任。

四、承包商的权利、义务和责任

1. 承包商的权利

(1)拒绝接受指定分包商权。如果承包商认为指定的分包商不能与其很好地合作,承包商有权拒绝接受这个分包商。当承包商拒绝和指定分包商签订分包合同时,监理工程师应当考虑承包商的权利,或者指定另一位分包商,或者修改分包合同,或者采取变更令的方式去完成分包部分的工作。

(2)提出索赔权。非承包商自身的原因造成工程费用的增加或工期的延误,承包商有权提出费用索赔和工期索赔。业主或监理工程师不应以任何理由或手段反对或者阻拦承包商行使提出费用和工期索赔的权利。但是监理工程师可以按照合同的规定拒绝（或批准）承包商的任何索赔申请，这是问题的另一个方面。

(3) 终止受雇和暂停工作权。如果业主发生严重违约事件，承包商有权提出终止雇用。

(4) 提起仲裁或诉讼权。通过仲裁或诉讼方式解决纠纷、争议，以维护其合法权益。

2. 承包商的义务

(1) 在其设计资格证书允许的范围内，按甲方（业主）代表的要求完成施工图设计或与工程配套的设计，经甲方（业主）代表批准后使用。

(2) 向甲方代表提供年、季、月工程进度计划及相应进度统计报表和工程事故报告。

(3) 按工程需要提供和维修非夜间施工使用的照明、看守、围栏和警卫等。如承包商未履行上述义务造成工程事故、财产和人身伤害，由承包商承担责任及所发生的费用。

(4) 按协议条款约定的数量和要求，向甲方代表提供在施工现场办公和生活的房屋及设施，发生的费用由业主承担。

(5) 遵守地方政府和有关部门对施工场地交通和施工噪声等管理规定，经业主同意后负责办理有关手续（业主承担由此发生的费用），并承担自身责任造成的罚款。

(6) 已竣工工程未交付业主之前，承包商按协议条款约定负责已完工程的成品保护工作。保护期间发生损坏时，承包商应自费予以修复。

(7) 按合同的要求做好施工现场地下管线和邻近建筑物、构筑物的保护工作。

(8) 保持施工现场清洁，符合有关规定。交工前清理现场，达到合同文件的要求，承担违反有关规定造成的损失和罚款（合同签订后颁发的规定和非承包商原因造成的损失和罚款除外）。

3. 承包商的责任

(1) 承包商不能按合同工期竣工，施工质量达不到设计和规范的要求，或发生其他使合同无法履行的行为，甲方代表可通知承包商，按协议条款约定支付违约金，赔偿其违约给业主造成的损失。

(2) 承包商根据协议条款的约定，按照设计和规范的要求采购工程需要的材料设备，并提供产品的合格证明。在材料设备到货 24 h 前通知业主代表验收。对于与设计和规范要求不符的产品，甲方代表拒绝验收，由承包方按甲方代表要求的时间运出施工现场，重新采购符合要求的产品，并承担由此发生的费用，工期不予顺延。业主未能按时到现场验收，事后验收发现材料设备不符合规范和设计要求，仍由承包方修复或拆除及重新采购，并承担发生的费用，赔偿业主的损失。根据工程需要，经甲方代表批准，承包商可使用代用材料。如因承包商原因使用，由承包商承担发生的费用。

(3) 工程分包后，不能解除承包商的责任。承包商应在分包出去的工程现场派驻相应的监督管理人员，以保证合同的履行。分包单位的任何违约或疏忽，均视为承包商的违约或疏忽，并承担相应责任。

(4) 工程竣工交付使用后，承包商在国家规定和合同约定的范围内，对该工程承担保修责任并按约定支付保修金。

本章小结

本章从建设工程监理法律依据、监理范围、监理单位资质管理、注册监理工程师管理、监理各方主体的权利与义务及建设工程监理法律责任几个方面,对建设工程监理法律原理与实务进行讲述。按照我国工程建设监理的有关规定,工程建设监理活动应当依据工程建设的法律法规、国家批准的工程项目建设文件和工程建设监理合同及其他工程建设合同进行。国家对工程监理单位实行资质许可制度,工程监理企业的资质实行分级管理,分甲、乙、丙三级。工程监理单位应当依法取得相应等级的资质证书,并在其资质等级许可的范围内承担工程监理业务,接受县级以上人民政府住房城乡建设主管部门和其他有关部门的监督管理。禁止任何部门采取法律、行政法规规定以外的其他资信、许可等进入建筑市场;注册监理工程师应当按照法律要求进行注册和执业,接受监管。工程监理相关主体应当依法行使权利,履行义务。违反合同约定或法律规定的,应当承担相应的法律责任。

拓展训练

一、复习思考题

1. 工程建设监理的原则是什么?
2. 在我国,必须实行监理的建设工程有哪些?
3. 根据《工程建设监理合同(示范文本)》(GF—2012—0202),监理单位在什么情况下可终止合同?
4. 在工程项目实施过程中,业主应承担哪些义务?
5. 在工程项目实施过程中,监理工程师具有的权利及应承担的义务是什么?

二、案例分析

政府住房城乡建设主管部门在一次对管辖区域内的监理工程师大清查的活动中,发现许多平时并未暴露出来的问题和违法、违规行为,部分统计信息如下:

(1)A监理公司的职员王某,未取得监理工程师执业资格证书、监理工程师注册证书和执业印章,在某工程中以监理工程师的名义执行业务。

(2)B监理公司的职员洪某,以欺骗手段取得监理工程师执业资格证书、监理工程师注册证书和执业印章,情节严重。

(3)C监理公司的职员韩某,将其所持有的监理工程师执业资格证书、监理工程师注册证书和执业印章出借给他人使用,情节严重。

(4)D监理公司的职员蔡某,其监理工程师的注册内容发生变更,但并未按照规定办理变更手续。

(5)路某已取得监理工程师注册证书和执业印章,然而他同时受聘于E监理公司和F监理公司两家单位进行执业。

(6)G监理公司的监理工程师艾某,已取得监理工程师注册证书和执业印章,在执业中出现行为过失,造成了重大质量事故,情节特别恶劣,但不构成犯罪。

问题：

(1)对于上述信息中所列举的这些人员的违规行为，政府行政主管部门应如何处罚？

(2)在此次清查活动中发现，H监理公司的监理工程师屠某与建设单位串通，弄虚作假，降低工程质量，从而引发了安全事故。对此，屠某应当承担什么责任？

三、任务实训

实训内容：学生分成两个组，根据所给资料进行讨论，复习巩固监理单位、业务单位的权利、义务和责任。实训时间为1 h。

背景资料：某城市建设项目建设单位委托监理单位承担施工阶段的监理任务，并通过公开招标选定甲施工单位作为施工总承包单位，工程实施中发生了下列事件：

事件1：桩基施工过程中出现断桩事故，经调查分析，此次断桩事故是乙单位抢进度，擅自改变施工方案引起的。对此，原设计单位提供的事故处理方案为断桩清除，原位重新施工。乙单位按处理方案实施。

事件2：为进一步加强施工过程质量控制，总监理工程师代表指派专业监理工程师对原监理实施细则中的质量控制措施进行修改，修改后的监理实施细则经总监理工程师代表审查批准后实施。

事件3：工程进入竣工验收阶段，建设单位发文要求监理单位和甲施工单位各自邀请城建档案管理部门进行工程档案验收并直接办理移交事宜，同时要求监理单位对施工单位的工程档案质量进行检查，甲施工单位收到建设单位发文后将文件转发给乙施工单位。

事件4：项目监理机构在检查甲施工单位的工程档案时发现缺少乙施工单位的工程档案，甲施工单位的解释是：按建设单位的要求，乙施工单位自行办理了工程档案的验收及移交。在检查施工单位的工程档案时发现缺少断桩处理的相关资料，乙施工单位的解释是：断桩清除后原位重新施工，不需列入这部分资料。

模块一：项目监理机构应如何处理事件1的断桩事故？

学生代表发言：_____

教师评价：_____

模块二：事件2中，总监理工程师代表的做法是否正确？（说明理由）

学生代表发言：_____

教师评价：_____

模块三：指出事件3中建设单位做法的不妥之处，写出正确做法。

学生代表发言：_____

教师评价：_____

模块四：分别说明事件4中甲施工单位和乙施工单位的解释有何不妥。对甲施工单位和乙施工单位工程档案中存在的问题，项目监理机构应如何处理？

学生代表发言：_____

教师评价：_____

拓展训练参考答案

第八章 建设工程环境、文物保护及节能法律原理与实务

学习目标

通过本章的学习，熟悉环境保护的基本制度、水污染防治、大气污染防治、环境噪声污染防治、固体废物污染防治；了解节约能源的管理制度、建筑节能规定；了解文物保护相关的法律法规。

课件：建设工程环境、文物保护及节能法律原理与实务

思政目标

通过本章的学习，能够认识到在工程的整个建设周期内进行环境保护与文物保护的重要性和必要性，培养建筑节能意识，深刻理解"绿水青山就是金山银山"的科学论断。

思政小课堂

党的十九大报告指出，建设美丽中国，为人民创造良好生产生活环境，为全球生态安全做出贡献，并强调："必须树立和践行绿水青山就是金山银山的理念。"建设生态文明是中华民族永续发展的千年大计，坚持人与自然和谐共生是新时代坚持和发展中国特色社会主义的基本方略之一。树立和践行绿水青山就是金山银山的理念，是指引建设美丽中国的理论明灯。

视频：思政小课堂

党的十九大报告指出："加快建立绿色生产和消费的法律制度和政策导向，建立健全绿色低碳循环发展的经济体系。"建立健全绿色低碳循环发展的经济体系，要坚持产业生态化、生态产业化的发展方向，以供给侧结构性改革为突破口，通过供给侧结构性改革优化产业和产品结构，推进产业生态化改造，开辟生态产业的新路径，将绿色生态科技成果转化作为生态经济发展的重要支撑，在节能环保产业、清洁能源产业、生态环境、社会管理等方面广泛实施生态科技项目，推进能源生产和消费革命。

建筑业作为经济发展中主要支柱产业之一，所承担的环境保护责任也是非常大的。作为建筑业从业人员，需要对环保的重要性有深刻认识，也要将"绿水青山就是金山银山"的理念作为自己职业岗位的信条之一。

第一节 建设工程环境保护相关法规

案例导入 8-1

某市城市管理行政执法局指挥中心接到居民投诉，称某项目工地有夜间施工噪声扰民

情况，执法人员立刻赶赴施工现场。执法人员从工地现场项目简介告示牌上初步确认，进行夜间施工的单位为某建设集团有限公司，主要施工内容为混凝土楼层浇筑。执法人员表明了身份，随即用照相机和摄像机取证，并在施工场界进行了噪声测量。

经执法人员现场勘察：施工噪声主要是混凝土运输车、混凝土输送泵和施工电梯等设备作业所致，施工场界噪声经测试为72.4分贝，超过了建筑施工场界噪声限值规定的夜间允许排放限值55分贝的标准，其夜间作业行为对周围群众的生活环境产生了严重的影响。

执法人员遂向当事人下达了《接受调查通知书》，并立即呈报立案。通过对当事人夜间作业行为的全面调查，执法人员核实了此次夜间作业既不属于抢修、抢险，也没有相关主管部门出具的因生产工艺需要必须连续作业的证明。

立案后，该施工地块Ⅱ标段项目负责人接受了执法人员的调查询问，并对违法事实予以确认。案件调查终结后，执法人员根据当事人的认识态度和违法情节等因素，作出了罚款人民币1万元的行政处罚建议。经局负责人审核批准后，该城市管理行政执法局作出了行政处罚决定，对违法当事人罚款人民币1万元整。当事人在收到处罚决定书后缴纳了罚款。

一、施工现场噪声污染防治的规定

所谓噪声，是指对人类的生活或者生产活动产生不良影响的声音。噪声的来源可以分为两部分，一部分来源于自然界，其与人类的生活、生产活动无关；另一部分来源于人类的生活、生产活动，即人为活动所产生的。

《中华人民共和国环境噪声污染防治法》第二十二条至第三十条对防治工业建筑施工噪声污染作出的规定如下：

(1)在城市市区范围内向周围生活环境排放建筑施工噪声的，应当符合国家规定的建筑施工场界环境噪声排放标准。

中华人民共和国环境噪声污染防治法

(2)产生环境噪声污染的工业企业，应当采取有效措施，减轻噪声对周围生活的影响。

(3)在工业生产中因使用固定的设备造成环境噪声污染的工业企业，必须按照国务院生态环境主管部门的规定，向所在地的县级以上地方人民政府生态环境主管部门申报拥有的造成环境噪声污染的设备的种类、数量以及在正常作业条件下所发出的噪声值和防治环境噪声污染的设施情况，并提供防治噪声污染的技术资料。造成环境噪声污染的设备的种类、数量、噪声值和防治设施有重大改变的，必须及时申报并采取应有的防治措施。国务院有关主管部门对可能产生环境噪声污染的工业设备，应当根据声环境保护的要求和国家的经济、技术条件，逐步在依法制定的产品的国家标准、行业标准中规定噪声限值。

(4)在城市市区范围内，建筑施工过程中使用机械设备，可能产生环境噪声污染的，施工单位必须在工程开工15日以前向工程所在地县级以上地方人民政府生态环境主管部门申报该工程的项目名称、施工场所和期限、可能产生的环境噪声值以及所采取的环境噪声污染防治措施的情况。

(5)在城市市区噪声敏感建筑物集中区域内，禁止夜间进行产生环境噪声污染的建筑施工作业，但抢修、抢险作业和因生产工艺上要求或者特殊需要必须连续作业的除外。因特殊要必须连续作业的,必须有县级以上人民政府或者其有关主管部门的证明。夜间作业的,必须公告附近居民。

二、施工现场废气、废水污染防治的规定

(1)施工现场大气污染的防治,重点是防治扬尘污染。对于扬尘控制,《绿色施工导则》中规定：

1)运送土方、垃圾、设备及建筑材料等,不污损场外道路。运输容易散落、飞扬、流漏的物料的车辆,必须采取措施封闭严密,保证车辆清洁。施工现场出口应设置洗车槽。

2)在土方作业阶段,采取洒水、覆盖等措施,确保作业区目测扬尘高度小于1.5 m,不扩散到场区外。

3)在结构施工、安装装饰装修阶段,作业区目测扬尘高度小于0.5 m。对易产生扬尘的堆放材料,应采取覆盖措施;对粉末状材料应封闭存放;场区内可能引起扬尘的材料及建筑垃圾搬运应有降尘措施,如覆盖、洒水等;浇筑混凝土前,清理灰尘和垃圾时尽量使用吸尘器,避免使用吹风器等易产生扬尘的设备;机械剔凿作业时,可用局部遮挡、掩盖、水淋等防护措施;高层或多层建筑清理垃圾,应搭设封闭性临时专用道或采用容器吊运。

4)施工现场非作业区满足目测无扬尘的要求。对现场易飞扬物质采取有效措施,如洒水、地面硬化、围挡、密网覆盖、封闭等,防止扬尘产生。

5)构筑物机械拆除前,做好扬尘控制计划。可采取清理积尘、拆除体洒水、设置隔挡等措施。

6)构筑物爆破拆除前,做好扬尘控制计划。可采取清理积尘、淋湿地面、预湿墙体、屋面敷水袋、楼面蓄水、建筑外设高压喷雾状水系统、搭设防尘排栅和直升机投水弹等综合降尘措施。选择风力小的天气进行爆破作业。

7)在场界四周隔挡高度位置测得的大气总悬浮颗粒物(TSP)月平均浓度与城市背景值的差值不大于 $0.08\ mg/m^3$。

(2)水污染的防治。建设项目的水污染防治设施,应当与主体工程同时设计、同时施工、同时投入使用。水污染防治设施应当经过环境保护主管部门验收,验收不合格的,该建设项目不得投入生产或者使用。

1)禁止在饮用水水源一级保护区内新建、改建、扩建与供水设施和保护水源无关的建设项目;已建成的与供水设施和保护水源无关的建设项目,由县级以上人民政府责令拆除或者关闭。

2)禁止在饮用水水源二级保护区内新建、改建、扩建排放污染物的建设项目;已建成的排放污染物的建设项目,由县级以上人民政府责令拆除或者关闭。

3)禁止在饮用水水源准保护区内新建、扩建对水体污染严重的建设项目;改建建设项目,不得增加排污量。

4)禁止向水体排放油类、酸液、碱液或者剧毒废液。禁止在水体清洗装储过油类或者有毒污染物的车辆和容器。禁止向水体排放、倾倒放射性固体废物或者含有高放射性和中放射性物质的废水。向水体排放含低放射性物质的废水,应当符合国家有关放射性污染防治的规定和标准。

5)禁止固体废物对水的污染,禁止向水体排放、倾倒工业废渣、城镇垃圾和其他废弃物。禁止将含有汞、镉、砷、铬、铅、氰化物、黄磷等的可溶性剧毒废渣向水体排放、倾

倒或者直接埋入地下。存放可溶性剧毒废渣的场所，应当采取防水、防渗漏、防流失的措施。禁止在江河、湖泊、运河、渠道、水库最高水位线以下的滩地和岸坡堆放、存储固体废弃物和其他污染物。

6)对排污口的禁止性规定。在饮用水水源保护区内，禁止设置排污口；在含有风景名胜区水体、重要渔业水体和其他具有特殊经济文化价值的水体的保护区内，不得新建排污口；在保护区附近新建排污口时，应当保证保护区水体不受污染。

7)防渗漏。禁止利用渗井、渗坑、裂隙和溶洞排放、倾倒含有毒污染物的废水、含病原体的污水和其他废弃物。禁止利用无防渗漏措施的沟渠、坑塘等输送或者存储含有毒污染物的废水、含病原体的污水和其他废弃物；兴建地下工程设施或者进行地下勘探、采矿等活动时，应当采取防护性措施，防止地下水污染。人工回灌补给地下水时，不得恶化地下水质。

三、施工现场固体废物污染防治规定

《中华人民共和国固体废物污染环境防治法》第五章对建筑垃圾固体废物防治作了专门规定。具体如下：

(1)县级以上地方人民政府应当加强建筑垃圾污染环境的防治，建立建筑垃圾分类处理制度。县级以上地方人民政府应当制定包括源头减量、分类处理、消纳设施和场所布局及建设等在内的建筑垃圾污染环境防治工作规划。

(2)国家鼓励采用先进技术、工艺、设备和管理措施，推进建筑垃圾源头减量，建立建筑垃圾回收利用体系。县级以上地方人民政府应当推动建筑垃圾综合利用产品应用。

(3)县级以上地方人民政府环境卫生主管部门负责建筑垃圾污染环境防治工作，建立建筑垃圾全过程管理制度，规范建筑垃圾产生、收集、贮存、运输、利用、处置行为，推进综合利用，加强建筑垃圾处置设施、场所建设，保障处置安全，防止污染环境。

(4)工程施工单位应当编制建筑垃圾处理方案，采取污染防治措施，并报县级以上地方人民政府环境卫生主管部门备案。工程施工单位应当及时清运工程施工过程中产生的建筑垃圾等固体废物，并按照环境卫生主管部门的规定进行利用或者处置。工程施工单位不得擅自倾倒、抛撒或者堆放工程施工过程中产生的建筑垃圾。

四、环境影响评价制度

《中华人民共和国环境影响评价法》确立了规划和建设项目的环境影响评价制度。国家根据建设项目对环境的影响程度，对建设项目的环境影响评价实行分类管理。

(1)国家根据建设项目对环境的影响程度，对建设项目的环境影响评价实行分类管理。建设单位应当按照下列规定组织编制环境影响报告书、环境影响报告表或者填报环境影响登记表(以下统称"环境影响评价文件")：

1)可能造成重大环境影响的，应当编制环境影响报告书，对产生的环境影响进行全面评价；

2)可能造成轻度环境影响的，应当编制环境影响报告表，对产生的环境影响进行分析或者专项评价；

3)对环境影响很小、不需要进行环境影响评价的，应当填报环境影响登记表。

建设项目的环境影响评价分类管理名录，由国务院生态环境主管部门制定并公布。

(2)建设项目的环境影响报告书应当包括下列内容：

1)建设项目概况；

2)建设项目周围环境现状；

3)建设项目对环境可能造成影响的分析、预测和评估；

4)建设项目环境保护措施及其技术、经济论证；

5)建设项目对环境影响的经济损益分析；

6)对建设项目实施环境监测的建议；

7)环境影响评价的结论。

环境影响报告表和环境影响登记表的内容和格式，由国务院生态环境主管部门制定。

(3)建设单位可以委托技术单位对其建设项目开展环境影响评价，编制建设项目环境影响报告书、环境影响报告表；建设单位具备环境影响评价技术能力的，可以自行对其建设项目开展环境影响评价，编制建设项目环境影响报告书、环境影响报告表。

编制建设项目环境影响报告书、环境影响报告表应当遵守国家有关环境影响评价标准、技术规范等规定。

国务院生态环境主管部门应当制定建设项目环境影响报告书、环境影响报告表编制的能力建设指南和监管办法。

接受委托为建设单位编制建设项目环境影响报告书、环境影响报告表的技术单位，不得与负责审批建设项目环境影响报告书、环境影响报告表的生态环境主管部门或者其他有关审批部门存在任何利益关系。

建设单位应当对建设项目环境影响报告书、环境影响报告表的内容和结论负责，接受委托编制建设项目环境影响报告书、环境影响报告表的技术单位对其编制的建设项目环境影响报告书、环境影响报告表承担相应责任。

设区的市级以上人民政府生态环境主管部门应当加强对建设项目环境影响报告书、环境影响报告表编制单位的监督管理和质量考核。

负责审批建设项目环境影响报告书、环境影响报告表的生态环境主管部门应当将编制单位、编制主持人和主要编制人员的相关违法信息记入社会诚信档案，并纳入全国信用信息共享平台和国家企业信用信息公示系统向社会公布。

任何单位和个人不得为建设单位指定编制建设项目环境影响报告书、环境影响报告表的技术单位。

(4)建设项目环境影响评价文件的审批。除国家规定需要保密的情形外，对环境可能造成重大影响、应当编制环境影响报告书的建设项目，建设单位应当在报批建设项目环境影响报告书前，举行论证会、听证会，或者采取其他形式，征求有关单位、专家和公众的意见。建设单位报批的环境影响报告书应当附具对有关单位、专家和公众的意见采纳或者不采纳的说明。建设项目的环境影响评价文件，由建设单位按照国务院的规定报有审批权的生态环境主管部门审批。

审批部门应当自收到环境影响报告书之日起 60 日内，收到环境影响报告表之日起 30 日内，分别作出审批决定并书面通知建设单位。国家对环境影响登记表实行备案管理。审核、审批建设项目环境影响报告书、报告表以及备案环境影响登记表，不得收取任何费用。

建设项目的环境影响评价文件经批准后，建设项目的性质、规模、地点、采用的生产工艺或者防治污染、防止生态破坏的措施发生重大变动的，建设单位应当重新报批建设项目的环境影响评价文件。

建设项目的环境影响评价文件自批准之日起超过5年，方决定该项目开工建设的，其环境影响评价文件应当报原审批部门重新审核；原审批部门应当自收到建设项目环境影响评价文件之日起10日内，将审核意见书面通知建设单位。

第二节 古树、名木和文物保护的绿色施工

案例导入 8-2

某市文物局接到群众举报，某高速铁路某段施工人员在取土区挖出沉船遗骸和部分文物，随后出现了民工滥挖和哄抢状况。该县文保所工作人员接到市文物局电话后，即刻赶到现场，经查情况属实。市文物局责成县文保所速报省文物局，省文物研究所3位专业人员于收到举报2日后到现场进行勘察。

这一事件引起高铁管理部门、市发改委、市文物局的高度重视，为配合高速铁路建设，同时保护好地下文物，避免施工中再次发生类似事件，经市文物局提议，3家单位迅速联合举办高铁文物保护学习班，15位沿线施工单位负责人参加了学习。各施工单位反复告诫作业人员，无论在哪里发现文化遗存，都应立即停工，保护好现场，并在第一时间通报文物部门；如不及时上报，造成文物被破坏，就会触犯刑律。培训工作很快显现积极效果，6月6日，高铁某段施工人员向市文物局报告，施工中发现了古墓葬；不到2h，此信息就被上报到省文物局，文物部门对现场采取了保护性措施。

问题：

(1)本案例中哪些行为违反了《中华人民共和国文物保护法》（以下简称《文物保护法》）的规定？

(2)施工过程中发现文物时，施工单位应该采取什么措施？

(3)对文物保护违法行为应如何处理？

分析：

(1)根据《文物保护法》第三十二条的规定，"在进行建设工程或者在农业生产中，任何单位或者个人发现文物，应当保护现场，立即报告当地文物行政部门""任何单位或者个人不得哄抢、私分、藏匿"。本案例中，高速铁路施工人员在取土区挖出沉船遗骸和部分文物时，不仅没有依法及时报告，而且滥挖和哄抢文物，造成了文物破坏。施工人员的哄抢、滥挖行为，以及不及时上报文物行政部门的行为，违反了《文物保护法》的规定。

(2)根据《文物保护法》第三十二条的规定在施工过程中发现文物时，首先应当保护现场，停止施工，立即报告当地文物行政部门；其次，配合考古发掘单位，保护出土文物或者遗迹的安全，在发掘未结束前不得继续施工。

(3)依据《文物保护法》第六十四条、第六十五条的规定，对于盗窃、哄抢、私分或者非

法侵占国有文物，构成犯罪的，依法追究刑事责任；造成文物灭失、损毁的，依法承担民事责任；构成违反治安管理行为的，由公安机关依法给予治安管理处罚。

一、施工要求

绿色施工是指工程建设中，在保证质量、安全等基本要求的前提下，通过科学管理和技术进步，最大限度地节约资源与减少对环境负面影响的施工活动，实现"四节一环保"(节能、节地、节水、节材，环境保护)。

(1)施工期间应认真学习文物保护法规，严格按照《文物保护法》的规定，依法处理和保护施工过程中发现的文物。对必须原地保护的古树名木，应提出保护或处理方案，并报园林、林业部门批准。

(2)建设项目涉及古树名木的，在规划、设计和施工、安装中，应当采取避让保护措施。避让保护措施由建设单位报古树名木行政主管部门批准，未经批准不得施工。

(3)施工过程中一旦发现文物，应立即停止施工，保护现场并立即通报文物部门。施工现场人员应积极协助文物部门工作，提供一定的人力、物力或财力，对现场文物抢救、发掘工作给予支持。

(4)因特殊情况确需迁移古树名木的，应当经市古树名木行政主管部门审核，报市政府批准后办理移植许可证，按照古树名木移植的有关规定组织施工。移植所需费用由建设单位承担。

(5)施工现场文物保护应急规定。

1)工程项目场址内因特殊情况不能避开地上文物的，应积极履行经文物行政部门审核批准的原址保护方案，确保其不受施工活动损害。

2)对场地内无法移栽，必须原地保留的古树名木划定保护区域，并履行园林部门批准的保护方案。

3)塔式起重机安装高度必须高于古树，并加强起重工培训。安装过程中，调运物资高度必须高于古树顶部且尽量在古树上部绕行。

4)引入附近水源，利用旋喷龙头定期对古树进行浇水养护。

5)在古树临道位置设立防护栏杆及标志牌，避免车辆行驶及转弯过程中剐蹭古树。

二、对文物保护违法行为应承担的责任

1. 哄抢、私分国有文物等违法行为应承担的法律责任

(1)《文物保护法》规定，有下列行为之一，构成犯罪的，依法追究刑事责任：

1)盗掘古文化遗址、古墓葬的；

2)故意或者过失损毁国家保护的珍贵文物的；

3)擅自将国有馆藏文物出售或者私送给非国有单位或者个人的；

4)将国家禁止出境的珍贵文物私自出售或者送给外国人的；

5)以牟利为目的倒卖国家禁止经营的文物的；

6)走私文物的；

7)盗窃、哄抢、私分或者非法侵占国有文物的；

8)应当追究刑事责任的其他妨害文物管理行为。

(2)有下列行为之一,尚不构成犯罪的,由县级以上人民政府文物主管部门会同公安机关追缴文物;情节严重的,处5 000元以上5万元以下的罚款:

1)发现文物隐匿不报或者拒不上交的;

2)未按照规定移交拣选文物的。

(3)有下列行为之一,尚不构成犯罪的,由县级以上人民政府文物主管部门责令改正;造成严重后果的,处5万元以上50万元以下的罚款;情节严重的,由原发证机关吊销资质证书:

1)擅自在文物保护单位的保护范围内进行建设工程或者爆破、钻探、挖掘等作业的;

2)在文物保护单位的建设控制地带内进行建设工程,其工程设计方案未经文物行政部门同意、报城乡建设规划部门批准,对文物保护单位的历史风貌造成破坏的;

3)擅自迁移、拆除不可移动文物的;

4)擅自修缮不可移动文物,明显改变文物原状的;

5)擅自在原址重建已全部毁坏的不可移动文物,造成文物破坏的;

6)施工单位未取得文物保护工程资质证书,擅自从事文物修缮、迁移、重建的。

刻划、涂污或者损坏文物尚不严重的,或者损毁依照《文物保护法》第十五条第一款的规定设立的文物保护单位标志的,由公安机关或者文物所在单位给予警告,可以并处罚款。

2. 破坏、砍伐、擅自迁移古树名木等违法行为应承担的法律责任

(1)对违反《城市古树名木保护管理办法》规定的,由城市园林绿化行政主管部门按照《城市绿化条例》第二十七条的规定,视情节轻重予以处理。

(2)破坏古树名木及其标志与保护设施,违反《中华人民共和国治安管理处罚法》的,由公安机关给予处罚;构成犯罪的,由司法机关依法追究刑事责任。

(3)城市园林绿化行政主管部门因保护、整治措施不力,或者工作人员玩忽职守,致使古树名木损伤或者死亡的,由上级主管部门对该管理部门领导给予处分;情节严重、构成犯罪的,由司法机关依法追究刑事责任。

第三节 施工节约能源制度

案例导入8-3

某住宅小区一期工程完成设计后开始施工。按当地规定,所有新建、改建、扩建的住宅建设项目,必须按照《夏热冬冷地区居住建筑节能设计标准》的要求进行建筑节能设计、施工。在施工过程中,建设单位按设计图纸规定的规格、数量要求采购了墙体材料、保温材料、采暖制冷系统等,并声称是优质产品;施工单位在以上材料设备进入施工现场后,便直接用于该项目的施工并形成工程实体,导致一期工程验收不合格。经有关部门检验,建设单位购买的墙体材料、保温材料、采暖制冷系统存在严重质量问题,根本不符合该项目设计图纸规定的质量要求。

问题:

(1)施工单位的行为是否违法?

(2)施工单位应承担哪些法律责任?

分析：

(1)《民用建筑节能条例》第十六条规定："施工单位应当对进入施工现场的墙体材料、保温材料、门窗、采暖制冷系统和照明设备进行查验；不符合施工图设计文件要求的，不得使用。"本案例中，施工单位未对进入施工现场的墙体材料、保温材料、采暖制冷系统等进行查验，导致不符合施工图设计文件要求的墙体材料等用于该项目的施工，构成了违法行为。

(2)《民用建筑节能条例》第四十一条规定，当地住房城乡建设主管部门应当依法责令该施工单位改正，处10万元以上20万元以下的罚款。

一、施工合理使用与节约能源的规定

《中华人民共和国循环经济促进法》(以下简称《循环经济促进法》)规定，建筑设计、建设、施工等单位应当按照国家有关规定和标准，对其设计、建设、施工的建筑物及构筑物采用节能、节水、节地、节材的技术工艺和小型、轻型、再生产品。有条件的地区，应当充分利用太阳能、地热能、风能等可再生能源。

1. 节材与材料资源利用

《循环经济促进法》规定，国家鼓励利用无毒、无害的固体废物生产建筑材料，鼓励使用散装水泥，推广使用预拌混凝土和预拌砂浆。

禁止损毁耕地烧砖。在国务院或者省、自治区、直辖市人民政府规定的期限和区域内，禁止生产、销售和使用黏土砖。

另外，《绿色施工导则》进一步规定，图纸会审时，应审核节材与材料资源利用的相关内容，达到材料损耗率比定额损耗率降低30%；根据施工进度、库存情况等合理安排材料的采购、进场时间和批次，减少库存；现场材料堆放有序。储存环境适宜，措施得当。保管制度健全，责任落实；材料运输工具适宜，装卸方法得当，防止损坏和遗洒。根据现场平面布置情况就近卸载，避免和减少二次搬运；采取技术和管理措施提高模板、脚手架等的周转次数；优化安装工程的预留、预埋、管线路径等方案；应就地取材，施工现场500 km以内生产的建筑材料用量应占建筑材料总重量的70%以上。

2. 节能与能源利用

(1)节能措施。制定合理施工能耗指标，提高施工能源利用率；优先使用国家、行业推荐的节能、高效、环保的施工设备和机具，如选用变频技术的节能施工设备等；施工现场分别设定生产、生活、办公和施工设备的用电控制指标，定期进行计量、核算、对比分析，并有预防与纠正措施；在施工组织设计中，合理安排施工顺序、工作面，以减少作业区域的机具数量，相邻作业区充分利用共有的机具资源。安排施工工艺时，应优先考虑耗用电能的或其他能耗较少的施工工艺。避免设备额定功率远大于使用功率或超负荷使用设备的现象；根据当地气候和自然资源条件，充分利用太阳能、地热能等可再生能源。

(2)机械设备与机具。建立施工机械设备管理制度，开展用电、用油计量，完善设备档案，及时做好维修保养工作，使机械设备保持低耗、高效的状态；选择功率与负载匹配的施工机械设备，避免大功率施工机械设备低负载长时间运行。机电安装可采用节电型机械设备，如逆变式电焊机和能耗低、效率高的手持电动工具等，以利节电。机械设备宜使用节能型油料添加剂，在可能的情况下考虑回收利用，节约油量；合理安排工序，提高各种机械的使用率和满载率，降低各种设备的单位耗能。

(3)生产、生活及办公临时设施。利用场地的自然条件，合理设计生产、生活及办公临时设施的体形、朝向、间距和窗墙面积比，使其获得良好的日照、通风和采光。南方地区可根据需要，在其外墙窗设遮阳设施；临时设施宜采用节能材料，墙体、屋面使用隔热性能好的材料，减少夏天空调、冬天取暖设备的使用时间及耗能量；合理配置采暖设备、空调、风扇的数量，规定使用时间，实行分段分时使用，节约用电。

(4)施工用电及照明。临时用电优先选用节能电线和节能灯具，临电线路合理设计、布置，临时用电设备宜采用自动控制装置。采用声控、光控等节能照明灯具；照明设计以满足最低照度为原则，照度不应超过最低照度的20%。

二、施工节能激励措施

施工节能激励措施如下：
(1)财政安排节能专项资金。
(2)使用列入国务院管理节能工作的部门会同国务院有关部门制定并公布的节能技术、节能产品推广目录需要支持的节能技术、节能产品，实行税收优惠等扶持政策。
(3)各级人民政府对节能管理、节能科学技术研究和推广应用中有显著成绩以及检举严重浪费能源行为的单位和个人给予表彰和奖励；企业、事业单位应当对循环经济发展做出突出贡献的集体和个人给予表彰和奖励。

三、违法责任

(1)《中华人民共和国节约能源法》规定："设计单位、施工单位、监理单位违反建筑节能标准的，由建设主管部门责令改正，处10万元以上50万元以下的罚款；情节严重的，由颁发资质证书的部门降低资质等级或者吊销资质证书；造成损失的，依法承担赔偿责任。"

(2)《民用建筑节能条例》规定："施工单位未按照民用建筑节能强制性标准进行施工的，由县级以上地方人民政府住房城乡建设主管部门责令改正，处民用建筑项目合同价款2%以上4%以下的罚款；情节严重的，由颁发资质证书的部门责令停业整顿，降低资质等级或者吊销资质证书；造成损失的，依法承担赔偿责任。"

(3)《循环经济促进法》规定："在国务院或者省、自治区、直辖市人民政府规定禁止生产、销售、使用黏土砖的区域内生产、销售或者使用黏土砖的，由县级以上地方人民政府指定的部门责令限期改正；有违法所得的，没收违法所得；逾期继续生产、销售的，由地方人民政府工商行政管理部门依法吊销营业执照。"

(4)《中华人民共和国节约能源法》规定："用能单位未按照规定配备、使用能源计量器具的，由市场监督管理部门责令限期改正；逾期不改正的，处1万元以上5万元以下的罚款。"

➢ 本章小结

本章详细讲述了我国环境保护的基本制度、水污染防治、大气污染防治、环境噪声污染防治、固体废物污染防治、节约能源法的管理制度、建筑节能规定、文物保护的相关法律及法规。建设项目中的防治污染措施，必须与主体工程同时设计、同时施工、同时投产使用。防治污染的设施必须经原审批环境影响报告书的生态环境主管部门验收合格后，方可投入生产或者使用。新建、改建、扩建的建设工程影响古树名木生长的，建设单位必须提出避让和保护措施。城市规划行政部门在办理有关手续时，要征得城市园林绿化行政部门的同意，并报城市人民政府批准。在文物保护单位的建设控制地带内进行建设工程时，不得破坏文物保护单位的历史风貌；工程设计方案应当根据文物保护单位的级别，经相应的文物行政部门同意后，报城乡建设规划部门批准。

拓展训练

一、复习思考题

1.《环境噪声污染防治法》对防治工业建筑施工噪声污染作出了哪些规定？
2.《绿色施工导则》中关于扬尘控制的规定有哪些？
3. 简述我国施工节能激励措施。

二、案例分析

在某公司承建的某轧钢车间项目施工现场，设有混凝土搅拌站，为了赶工期，施工单位实行"三班倒"连续进行混凝土搅拌生产。对此，附近居民意见极大，纷纷到有关管理单位反映此事，有关部门也作出了罚款等相应的处理决定。

问题：

(1)什么是噪声？影响人们生活和工作环境的噪声按来源分为哪几类？

(2)噪声污染会产生哪些危害？

(3)《中华人民共和国环境噪声污染防治法》规定，新建、改建、扩建的建设项目可能产生环境噪声污染的，建设单位必须提出环境影响报告，其内容有哪些？

三、任务实训

试分析以下工程施工过程中的不妥之处，并说明理由。

事件1：由于工程技术要求连续作业，确需夜间施工，该工程办理了夜间施工许可，但未公示周边居民。

事件2：土方作业时，未采取任何防治措施，导致目测作业区扬尘高度已近2 m。

事件3：施工人员在取土区挖出古瓷器和部分文物，随后出现了民工滥挖和哄抢状况。

事件4：施工方为节约成本擅自变更施工图节能设计内容。

事件5：施工单位未对墙体、屋面保温材料见证取样，以致验收阶段能耗指标不符合建筑节能标准。

模块一：讨论事件1中的不妥之处。

学生代表发言：_____

教师评价：_____

模块二：讨论事件2中的不妥之处。

学生代表发言：_____

教师评价：_____
模块三：讨论事件 3 中的不妥之处。
学生代表发言：_____
教师评价：_____
模块四：讨论事件 4 中的不妥之处。
学生代表发言：_____
教师评价：_____
模块五：讨论事件 5 中的不妥之处。
学生代表发言：_____
教师评价：_____

拓展训练参考答案

第九章 房地产管理法律原理与实务

学习目标

通过本章的学习，了解并掌握房地产管理的立法概况、房屋拆迁安置、房地产交易、物业管理的基本法律规定，能够识别房屋拆迁安置、房地产交易、物业管理中的违法行为，为提升法律意识和依法办事的能力奠定理论基础。

课件：房地产管理法律原理与实务

思政目标

通过本章的学习，深刻认识到房地产小到关系着家庭财富、幸福，大到关系社会的和谐稳定，自觉学习和运用房地产法律、法规，依法从业、依法置业、依法交易，是守护房地产领域各方利益的必然要求，是利人、利己、利国的公民之责。

思政小课堂

安居才能乐业，拥有一套满意的房子，是所有家庭的梦想。在我国14亿人口中，仅4亿步入中产，对于绝大多数普通家庭而言，买房支出通常占到家庭收入的3~7成，房子是极其重要的家庭财富。凡是牵扯房子的事都是大事，不管是买房还是卖房，拆迁或是抵押，稍有闪失对于一个家庭而言就是伤筋动骨的事情，需依法谨慎为之。在我国法治进程中，房地产领域法律制度的立、改、废不断加速度，可见政府对于民生的关注，对于依法治理房地产领域的决心和用心。这一章将学习房屋拆迁、房地产交易、物业管理等相关法律规定，希望读者一如既往的保有对法律的敬畏，认真学习房屋拆迁的工作程序、补偿内容和安置规定；了解房屋销售条件和方式，以及法律禁忌；了解房地产抵押的法律规定；理解权属登记是国家确认房地产产权归属的法定程序，房地产的转移、抵押、变更等依法登记受国家法律的保护；了解物业管理这一伴随终身的法律问题，知悉物业管理各方主体的权责利效。房地产小到关系一个家庭的财富、幸福，大到关系社会的和谐稳定，自觉学习和运用房地产法律、法规依法从业、依法置业，利人、利己、利国。

视频：思政小课堂

第一节 房地产管理法概述

案例导入 9-1

甲公司与乙公司签订《××经济开发区商业综合楼买卖协议》,约定转让总价款380万元,乙公司首付250万元后,可以对房屋进行内部装修;余款130万元待产权证等过户手续办理完成后,在20天内付清。甲公司收到乙公司交来的首付款250万元后,双方在河东温庄路商业楼买卖移交表签字,并进行了交接,甲公司将该房屋交付乙公司占有。甲公司向乙公司提交了国有土地使用证、建设工程规划许可证、建设工程施工许可证、开工许可证及对该工程的工程竣工验收证明书等有关证件的复印件。后来,甲公司以双方所签协议违反《中华人民共和国城市房地产管理法》第三十八条"未依法登记领取权属证书的房地产不得转让"的规定为由,向乙公司发出了要求停止对××经济开发区商业综合楼的装修并退回房屋的通知。乙公司向法院提起诉讼,诉请判令确认商业综合楼买卖协议有效,甲公司继续履行商业综合楼买卖协议。

分析:法院审理认为,本案中房屋转让合同仅为房屋转移的原因,不受《中华人民共和国城市房地产管理法》第三十八条"未依法登记领取权属证书的房地产不得转让"的约束。依据《中华人民共和国民法典》的相关规定,判决:《××经济开发区商业综合楼买卖协议》有效;甲公司和乙公司继续履行《××经济开发区商业综合楼买卖协议》。案件受理费29 010元,由甲公司负担。

一、房地产管理法的立法现状

为了规范房地产开发经营行为,加强对城市房地产开发经营活动的监督管理,促进和保障房地产业的健康发展,国家先后制定了一系列关于房地产开发经营与管理的法律、法规和规章。现行的相关法规包括:

《中华人民共和国城市房地产管理法》自1995年1月1日起施行。根据2007年8月30日第十届全国人民代表大会常务委员会第二十九次会议《关于修改〈中华人民共和国城市房地产管理法〉的决定》第一次修正。根据2009年8月27日第十一届全国人民代表大会常务委员会第十次会议《关于修改部分法律的决定》第二次修正。根据2019年8月26日第十三届全国人民代表大会常务委员会第十二次会议《关于修改〈中华人民共和国土地管理法〉、〈中华人民共和国城市房地产管理法〉的决定》第三次修正。

《城市房地产开发经营管理条例》于1998年7月20日颁布。根据2011年1月8日中华人民共和国国务院令第588号《国务院关于废止和修改部分行政法规的决定》第一次修订。根据2018年3月19日中华人民共和国国务院令第698号《国务院关于修改和废止部分行政法规的决定》第二次修订。根据2019年3月24日中华人民共和国国务院令第710号《国务院关于修改部分行政法规的决定》第三次修订。根据2020年3月27日中华人民共和国国务院令第726号《国务院关于修改和废止部分行政法规的决定》第四次修订。根据2020年11月29日中华人民共和国国务院令第732号《国务院关于修改和废止部分行政法规的决定》第十条规定,第五次修正。将《城市房地产开发经营管理条例》第六条中的"还应当依照外商投资企业法律、行政法规的规定,办理有关审批手续"修改为"还应当符合外商投资法律、行政法规的规定"。

《中华人民共和国土地管理法实施条例》于1998年12月27日颁布。根据2011年1月8日《国务院关于废止和修改部分行政法规的决定》第一次修订。根据2014年7月29日《国务院关于修改部分行政法规的决定》第二次修订，2021年7月2日第三次修正，2021年9月1日施行。

《建设用地审查报批管理办法》于1999年3月2日颁布，2010年11月30日第一次修订。2016年11月25日第二次修订，自2017年1月1日起施行。

《房地产开发企业资质管理规定》于2000年3月29日以建设部令第77号发布，根据2015年5月4日住房和城乡建设部令第24号《住房和城乡建设部关于修改〈房地产开发企业资质管理规定〉等部门规章的决定》第一次修正。根据2018年12月22日中华人民共和国住房和城乡建设部令第45号《住房城乡建设部关于修改〈建筑业企业资质管理规定〉等部门规章的决定》第二次修正。

《商品房屋租赁管理办法》自2011年2月1日起施行。

《城市商品房预售管理办法》于1994年11月15日发布，根据2001年8月15日《建设部关于修改〈城市商品房预售管理办法〉的决定》、2004年7月20日根据《建设部关于修改〈城市商品房预售管理办法〉的决定》修正。

2003年6月8日中华人民共和国国务院令第379号公布，根据2007年8月26日《国务院关于修改〈物业管理条例〉的决定》第一次修订，根据2016年2月6日《国务院关于修改部分行政法规的决定》第二次修订，根据2018年3月19日《国务院关于修改和废止部分行政法规的决定》第三次修订。

《国有土地上房屋征收与补偿条例》于2011年1月19日国务院第141次常务会议通过，2011年1月21起施行。

《国有土地上房屋征收评估办法》由中华人民共和国住房和城乡建设部（住建部）于2011年6月3日公布。

《不动产登记暂行条例》由国务院于2014年11月24日发布，自2015年3月1日起施行。根据2019年3月24日《国务院关于修改部分行政法规的决定》修订。

《城市房地产抵押管理办法》于2001年7月23日由原建设部第45次常务会议审议通过，自2001年8月15日起施行。

二、房地产管理法的基本原则

(1)节约用地、保护耕地的原则。

(2)国有土地有偿、有限期使用的原则。《中华人民共和国宪法》和《中华人民共和国土地管理法》（以下简称《土地管理法》）规定了土地的社会主义公有制和土地有偿使用制度。《中华人民共和国城镇国有土地使用权出让和转让暂行条例》对土地使用权出让最高年限按用途确定为：居住用地70年；工业用地50年；教育、科技、文化、卫生、体育用地50年；商业、旅游、娱乐用地40年；综合或者其他用地50年。目前，可以理解为当土地使用权年限到期后，可以提前一年到土地管理部门办理土地使用权续期手续。

(3)国家扶持发展居民住宅建设，逐步改善居民居住条件的原则。

(4)保护房地产权利人合法权益和房地产权利人必须守法的原则。

(5)依法纳税的原则。房地产权利人应缴纳土地使用税、城市维护建设税、房产税、土地增值税、国有资产投资方向调节税、耕地占用税、企业所得税和契税等。

第二节　城市房屋征收与补偿

案例导入 9-2

某先生是某市某区一处拆迁行政裁决引发的行政诉讼的权利人。日前，该处房屋被列入了商业拆迁的范围，某先生因为不同意拆迁公司的补偿安置方案而拒绝签署拆迁安置协议，拆迁公司因此向该区房地局申请了行政裁决。在房地局的主持下，双方进行了协商，但都不愿意让步，导致调解无效。房地局作出了拆迁行政裁决。某先生对行政裁决确认的事实不予认可，因此，向该区人民法院提起了行政诉讼。

法院依照法定程序对该案进行了审理，审理的程序分为四步：对被告某区房地局作出被诉具体行政行为的主体资格进行审查；对作出具体行政行为的事实依据进行审查；对裁决的程序进行审查；对适用的法律法规是否正确进行审查。在法院主持下双方重新达成协议，原告撤诉。

分析：实践中，对拆迁行政裁决不服进行的诉讼中，法院仅审查裁决机关的职权依据、事实依据、法律依据以及裁决的程序是否合法，而对裁决的合理性，即对被拆迁人赔偿的标准是否过高或过低不作认定。当事人如果对行政裁决的合法性和合理性都有异议，可以直接向作出行政裁决机关的上级部门申请行政复议。

一、城市房屋征收的基本原则

房屋征收是指因城市建设发展的需要，拆迁人依法实施拆除被拆迁人现有的城市房屋，并由拆迁人对被拆迁人实施补偿与安置的法律行为。房屋拆迁应当遵循以下原则和工作程序：

(1)房屋拆迁的基本原则：
1)服从国家利益的原则；
2)符合城市规划和有利于城市旧区改造的原则；
3)保护拆迁当事人合法权益的原则。
(2)房屋拆迁的工作程序：
1)申报规划用地许可证；
2)编制拆迁计划与方案；
3)申领房屋拆迁许可证；
4)发布拆迁公告；
5)签订拆迁补偿、安置协议；
6)实施房屋拆迁。

国有土地上房屋征收与补偿条例

二、城市房屋征收的主管机关

房屋征收与补偿工作由市、县级人民政府负责，人民政府确定的房屋征收部门组织实施，房屋征收部门可以委托房屋征收实施单位承担房屋征收与补偿的具体工作。通过街道办事处或房地产开发公司领取拆迁许可证并进行房屋拆迁具体工作的方式已经不符合《国有土地上房屋征收与补偿条例》的规定。

目前，各级政府对房屋征收主管部门并没有明确的规定，一般应由具有房屋行政管理职能的主管机关负责。

三、城市房屋征收的范围与程序

2011年1月21日，《国有土地上房屋征收与补偿条例》颁布实施，其更加严格地规定了国有土地上房屋征收的程序及强制性措施限定，使征收范围及程序有了明确的依据。

1. 城市房屋征收的范围

《国有土地上房屋征收与补偿条例》第八条规定，为了保障国家安全、促进国民经济和社会发展等公共利益的需要，有下列情形之一，确需征收房屋的，由市、县级人民政府作出房屋征收决定：

(1)国防和外交的需要；

(2)由政府组织实施的能源、交通、水利等基础设施建设的需要；

(3)由政府组织实施的科技、教育、文化、卫生、体育、环境和资源保护、防灾减灾、文物保护、社会福利、市政公用等公共事业的需要；

(4)由政府组织实施的保障性安居工程建设的需要；

(5)由政府依照城乡规划法的有关规定组织实施的对危房集中、基础设施落后等地段进行旧城区改建的需要；

(6)法律、行政法规规定的其他公共利益的需要。

2. 城市房屋征收程序

城市房屋征收程序是由政府直接启动，由政府作出房屋征收决定，政府征收部门负责组织实施房屋征收与补偿工作。《国有土地上房屋征收与补偿条例》规定的征收程序如下：

(1)征收决定前的社会稳定风险评估与补偿先行。市、县级人民政府作出房屋征收决定前，应当按照有关规定进行社会稳定风险评估；房屋征收决定涉及被征收人数量较多的，应当经政府常务会议讨论决定。

同时规定，作出房屋征收决定前还应当组织有关部门依法对征收范围内未经登记的建筑进行调查、认定和处理。对认定为合法建筑和未超过批准期限的临时建筑的，应当给予补偿；对认定为违法建筑和超过批准期限的临时建筑的，不予补偿。

作出房屋征收决定前，征收补偿费用应当足额到位、专户存储、专款专用。

(2)公告征收决定(内容包括征收补偿方案和行政复议、行政诉讼权利等事项)。市、县级人民政府作出房屋征收决定后应当及时公告。公告应当载明征收补偿方案和行政复议、行政诉讼权利等事项。房屋被依法征收的，国有土地使用权同时收回。同时需做好房屋征收与补偿的宣传、解释工作。

被征收人对市、县级人民政府作出的房屋征收决定不服的，可以对征收决定依法申请行政复议，也可以依法提起行政诉讼。

(3)公布征收方案，征求意见。房屋征收部门应拟订征收补偿方案，报市、县级人民政府。该补偿方案应经过有关部门论证及公布征求公众意见两个环节。其中，征求意见期限不得少于30日。如果因旧城区改建需要征收房屋，多数被征收人认为征收补偿方案不符合条例规定，应当组织听证。

(4)必要时进行听证。征收程序在较大程度上听取公众意见,从符合大多数公众意愿的角度出发,有利于保护大多数公众的利益,进而预防和减少征收矛盾,促进社会和谐。

房屋征收范围确定后,不得在房屋征收范围内实施新建、扩建、改建房屋和改变房屋用途等不当增加补偿费用的行为;违反规定实施的,不予补偿。房屋征收部门应当将前款所列事项书面通知有关部门暂停办理相关手续。暂停办理相关手续的书面通知应当载明暂停期限。暂停期限最长不得超过1年。

四、征收补偿

1. 征收补偿的原则

(1)选择补偿方式原则。被征收人可以选择货币补偿,也可以选择房屋产权调换。被征收人选择房屋产权调换的,市、县级人民政府应当提供用于产权调换的房屋,并与被征收人计算、结清被征收房屋价值与用于产权调换房屋价值的差价。因旧城区改建征收个人住宅,被征收人选择在改建地段进行房屋产权调换的,作出房屋征收决定的市、县级人民政府应当提供改建地段或者就近地段的房屋。因征收房屋造成搬迁的,房屋征收部门应当向被征收人支付搬迁费;选择房屋产权调换的,产权调换房屋交付前,房屋征收部门应当向被征收人支付临时安置费或者提供周转用房。

(2)协议补偿原则。房屋征收部门与被征收人依照条例的规定,就补偿方式、补偿金额和支付期限、用于产权调换房屋的地点和面积、搬迁费、临时安置费或者周转用房、停产停业损失、搬迁期限、过渡方式和过渡期限等事项,订立补偿协议。

(3)先补偿、后搬迁原则。实施房屋征收应当先补偿、后搬迁,且不得采取暴力、威胁手段或者违反规定中断供水、供热、供气、供电和道路通行等非法方式,迫使被征收人搬迁。

2. 征收补偿的内容

对被征收人给予的补偿包括:

(1)被征收房屋价值的补偿。对被征收房屋价值的补偿,不得低于房屋征收决定公告之日被征收房屋类似房地产的市场价格。对被征收房屋的价值,由具有相应资质的房地产价格评估机构按照房屋征收评估办法评估确定。对评估确定的被征收房屋价值有异议的,可以向房地产价格评估机构申请复核评估。对复核结果有异议的,可以向房地产价格评估专家委员会申请鉴定。

(2)因征收房屋造成的搬迁、临时安置的补偿。拆迁人在拆迁活动中除对被拆迁房屋的所有人给予补偿外,还应对被拆除房屋的使用人给予安置,以切实保障被拆除房屋使用人的使用权。由此可见,安置的对象是被拆除房屋的使用人,而不是所有人。安置包括一次性安置(一次性安置是指被拆除房屋的使用人直接迁入安置房,没有周转过渡期,拆迁人与被拆迁安置对象就房屋问题一次处理完毕)和过渡安置(过渡安置是指拆迁人不能一次解决安置用房,可以由拆迁人先对被拆迁安置对象进行临时安置,过一段时间后再迁入安置房)两种形式。

拆迁安置的标准因被拆除房屋的性质不同而有所区别。拆除非住宅房屋,按照原建筑面积安置;拆除住宅房屋,由省、自治区、直辖市人民政府根据当地实际情况,按照原建筑面积,也可以按照原使用面积或者原居住面积安置。对按照原面积安置住房有困难的被拆除房屋使用人,可以适当增加安置面积。安置费用包括搬家补助费、临时安置补助费和经济损失补偿费。

(3)因征收房屋造成的停产停业损失的补偿。对因征收房屋造成停产停业损失的补偿，根据房屋被征收前的效益、停产停业期限等因素确定。具体办法由省、自治区、直辖市人民政府制定。

此外，根据具体情况，市、县级人民政府应当制定补助和奖励办法，对被征收人给予补助和奖励。

3. 被征收房屋价值的确定

《国有土地上房屋征收与补偿条例》规定："房地产价格评估机构由被征收人协商选定；协商不成的，通过多数决定、随机选定等方式确定，具体办法由省、自治区、直辖市人民政府制定。""对被征收房屋价值的补偿，不得低于房屋征收决定公告之日被征收房屋类似房地产的市场价格""对评估确定的被征收房屋价值有异议的，可以向房地产价格评估机构申请复核评估。对复核结果有异议的，可以向房地产价格评估专家委员会申请鉴定"，首次在法律层面上确定了评估价值存在异议时的解决办法。在此基础上，住房和城乡建设部于2011年6月3日发布〔2011〕77号《国有土地上房屋征收评估办法》，进一步细化了国有土地上房屋征收的相关评估标准。被征收房屋的价值得到更公正、公平的体现，最大限度地保护了被征收人的合法权益。

【案例9-1】

后建的两间房不属于违章建筑，原因何在？

张某以人口多、住房紧张为由申请建造房屋，经批准在他家老房东边建了两间，房屋建好后没有按照规定去办理房屋产权证和土地使用证。现在，张某家要拆迁，拆迁人以他家东边两间房没有房产证为由认定为违章建筑。张某拿着建房申请及批准文件到土地局和房管局申请办理土地使用证和房产证时，对方说房屋已经被批准拆迁，不能办理。请问：张某后建的两间房屋属于违章建筑吗？房管局不给其办理产权证合法吗？这两间房屋应不应该算拆迁面积？

分析：后建的两间房屋是合法建筑，不属于违章建筑。根据《土地管理法》《中华人民共和国城乡规划法》的规定，违章建筑是指未取得建设工程规划许可证或虽取得建设工程规划许可证，但违反许可证的规定内容进行建设，或采取欺骗手段骗取批准而占地新建、扩建以及改建的建筑物。本案例中，后建的两间房屋是经过批准建造的，只是没有按照规定申请办理土地使用权证和房屋产权证，这并不影响该房屋的合法性。

房地产的建筑面积一般是以房屋权属登记记载为准，由于没有办理产权登记，故应按照建房申请面积和房屋实际建筑面积相结合的办法处理：实际建筑面积小于批准面积时，应以实际面积为准；实际面积等于或大于批准建造面积时，应以建房申请批准的面积为准，实际多建的建筑面积因没有获得批准应属于违章建筑。若对后建的两间房屋拆迁补偿问题无法达成协议，可以通过拆迁裁决方式予以解决，对裁决不服的还可以提起行政诉讼，由人民法院对面积予以确认。

五、强制征收处置程序

《国有土地上房屋征收与补偿条例》规定，对达不成补偿安置协议及权属有争议的强制征收处置程序如下：

(1)公告补偿决定。如果房屋征收部门与被征收人在征收补偿方案确定的签约期限内达不成补偿协议，或者被征收房屋所有权人不明确的，由房屋征收部门报请作出房屋征收决定的市、县级人民政府依照条例的规定，按照征收补偿方案作出补偿决定，并在房屋征收范围内予以公告。

(2)行政复议及行政诉讼。被征收人对补偿决定不服的，可以依法申请行政复议，也可以依法提起行政诉讼。

如被征收人在法定期限内不申请行政复议或者不提起行政诉讼，在补偿决定规定的期限内又不搬迁的，由作出房屋征收决定的市、县级人民政府依法申请人民法院强制执行，此处的强制执行是指人民法院的强制执行程序。但对于如何具体实施，目前并没有成形的细则。

强制执行申请书应当附具补偿金额和专户存储账号、产权调换房屋和周转用房的地点和面积等材料。

需要说明的是，自协商签订补偿安置协议至法院审理房屋征收纠纷的整个过程中，政府一方都应做好文书送达、公证等具体的辅助征收工作，并保留好相关证据。

第三节 房地产交易与产权产籍

案例导入 9-3

某年1月，李某与A房地产公司签订《商品房买卖合同》。同年6月，A房地产公司依约将经竣工验收合格的商品房交付给李某，并于同年7月进行了房屋的初步登记，9月为李某办理了房屋过户手续。同年8月，李某与王某签订《购房合同》。在合同中，双方约定由王某一次性支付给李某全部购房款，李某则将该房屋交付王某使用。在A房地产公司为李某办理房屋过户手续之后7日内，由李某将商品房过户给王某。同年10月，王某得知李某已经取得了房产证，要求其履行合同义务。而李某认为签订《购房合同》时，商品房属于期房且没有房产证，故《购房合同》应属无效而拒绝为王某办理过户手续。王某多次与李某协商无果，只得起诉至法院，要求其继续履行合同。最终法院支持了王某诉讼请求，判令李某限期为王某办理房屋过户手续。

分析：现房的再转让归属私法调整，根据私法意思自治原则，只要买卖双方所订立的现房再转让合同不违反法律法规的强制性规定，就应当认为是合法有效并受法律保护的。与现房再转让相关的法律法规的强制性规定主要有两个：一个是根据《中华人民共和国城市房地产管理法》第三十八条第六项和《城市房地产转让管理规定》第六条第六项的规定，未依法登记领取权属证书的，房地产不得转让；另一个是原建设部等七部委联合发布的《关于做好稳定住房价格的工作意见》第七条的规定，在预售商品房竣工交付、预购人取得房屋所有权证之前，房地产主管部门不得为其办理转让等手续；房屋所有权申请人与登记备案的预售合同载明的预购人不一致的，房屋权属登记机关不得为其办理房屋权属登记手续。

本案中，李某与王某签订《购房合同》的时间为8月份。A房地产公司已经于同年7月办理了房屋初步登记取得大产权；同时，双方又在合同中约定，A房地产公司为李某办理房屋过户手续之后7日内，由李某将商品房过户给王某，故李某与王某签订的《购房合同》并未违反法律法规的强制性规定，应当是合法、有效并受法律保护的。

一、房地产交易概述

1. 房地产交易的概念

房地产交易是一种市场买卖行为,有广义和狭义之分。狭义的房地产交易是指当事人之间进行的房地产转让、房地产抵押和房屋租赁的活动;广义的房地产交易是指当事人之间在进行房地产转让、抵押、租赁等交易行为的同时,还进行与房地产交易行为有着密切关系的房地产价格的确定、房地产交易的中介服务等活动。

2. 房地产交易的原则

房地产交易是一种典型的民事法律行为,在由此所形成的法律关系中,当事人的权利、义务除受有关房地产交易的专门法律的调整外,还受民法一般规定的调整。参与交易客体(房地产)的特殊性,决定了房地产交易除应遵守平等、自愿、等价、有偿和诚实信用等基本原则外,还应遵循以下原则:

(1)权属不分离的原则。房地产转让、抵押时,房屋的所有权和该房屋占用范围内土地的使用权同时转让、抵押,即房地产交易中"房随地走"或"地随房走"的原则。实践中,房地产交易以取得"两证"(房屋产权证和该房的土地使用证)作为房地产交易结束的判断。"一房两证"是房地产交易权属不分离原则的体现。

(2)房地产价格评估的原则。国家实行房地产价格评估制度。评估是房地产转让、抵押、租赁等交易行为过程中的一项必不可少的基础性工作。在房地产价格评估过程中,应当按照国家规定的技术标准和评估程序,以基准地价、标定地价和各类房屋的重置价格为基础,参照当地的市场价格进行评估。基准地价、标定地价和各类房屋的重置价格由国务院规定确定办法,并由相关部门定期公布。

(3)房地产成交价格申报的原则。国家实行房地产成交价格申报制度。房地产权利人转让房地产,应当向县级以上地方人民政府规定的部门如实申报成交价,不得瞒报或者作不实的申报。房地产转让应当以申报的房地产成交价格作为缴纳税费的依据,成交价格明显低于正常市场价格的,以评估价格作为缴纳税费的依据。房地产转让当事人对评估价格有异议的,可以在接到评估价格通知后15日内向房地产管理部门申请复核;对复核结果仍有异议的,可以在接到复核结果15日内申请仲裁或向人民法院起诉。

(4)房地产交易行为要式性的原则。房地产转让、抵押应当依法签订书面合同,并应向房地产所在地房产管理部门办理登记备案手续,否则其转让、抵押无效。

二、房地产转让

1. 房地产转让的条件

房地产转让是指房地产权利人通过买卖、赠予或者其他合法方式将其房地产转移给他人的行为。房地产转让主体是房地产权利人,包括房地产所有人和土地使用人。为了保证房地产转让行为的合法性和有效性,房地产转让必须具备以下条件:

(1)转让、受让双方必须具有合法资格。房地产转让属于民事法律行为,转让、受让双方必须具有相应的主体资格和行为能力,否则其转让房地产的行为不具有法律效力,不受法律保护。

(2)房地产转让的客体必须符合法定要求。国家对房地产的转让,尤其是土地使用权的转让,通常有较多的限制和特定的要求。根据《城市房地产管理法》的规定,以出让或者划拨方式取得的土地使用权,在转让房地产时,应符合法律规定的可以转让的条件。

(3)签订书面转让合同。房地产转让行为属于要式法律行为,转让、受让双方协商达成协议后,应形成书面合同,并在签约后的一定时间内,到房地产有关管理机关办理土地使用权及房屋所有权的变更登记手续,领取房地产权利证书。

2. 房地产转让中禁止转让的情形

《城市房地产管理法》第三十八条规定,下列房地产不得转让:
(1)以出让方式取得土地使用权的,不符合该法第三十九条规定的条件的;
(2)司法机关和行政机关依法裁定、决定查封或者以其他形式限制房地产权利的;
(3)依法收回土地使用权的;
(4)共有房地产,未经其他共有人书面同意的;
(5)权属有争议的;
(6)未依法登记领取权属证书的;
(7)法律、行政法规规定禁止转让的其他情形。

《城市房地产管理法》第三十九条规定,以出让方式取得土地使用权的,转让房地产时,应当符合下列条件:按照出让合同的约定已经支付全部土地使用权出让金,并取得土地使用权证书;按照出让合同的约定进行投资开发,属于房屋建设工程的,完成开发投资总额的25%以上,属于成片开发土地的,形成工业用地或者其他建设用地条件。转让房地产时房屋已经建成的,还应当持有房屋所有权证书。

3. 房地产转让的方式

目前,我国房地产转让的方式主要有三种:买卖、赠予、其他合法方式。除买卖、赠予这两种典型的房地产转让行为之外,房地产权利人还可以采取其他法律允许的方式转让其房地产。如以房地产作价入股与他人组成企业法人,以土地使用权与他人合资、合作开发经营房地产,以房地产抵债等均可能引起房地产权利的转移。

三、房地产抵押

《城市房地产管理法》与《民法典》对房地产抵押(包括预购商品房贷款抵押,又称按揭)均有规定。

(一)房地产抵押的范围

以依法取得国有土地上的房屋进行抵押的,该房屋占有范围内的国有土地使用权同时抵押;以出让方式取得国有土地使用权抵押的,应当将抵押时该国有土地上的房屋同时抵押;房地产抵押合同签订后,土地上新增的房屋不属于抵押财产。需要拍卖该抵押的房地产时,可以依法将土地上新增的房屋与抵押财产一同拍卖,但对拍卖新增房屋所得,抵押权人无权优先受偿。以在建工程完工部分抵押,其土地使用权随之抵押,但下列房地产不得设定抵押:
(1)用于教育、医疗、市政等公共福利事业的房地产;
(2)权属不明或有争议的房地产;
(3)依法被查封、扣押、监管或以其他形式限制的房地产;
(4)列入文物保护的建筑和有重要纪念意义的其他建筑物;
(5)已依法公告列入拆迁范围的房地产;
(6)依法不得抵押的其他房地产。

(二) 办理房地产抵押的注意事项

1. 证件手续要齐全

办理房地产抵押的前提是"两证齐全",即抵押人具有合法有效的《房屋所有权证》和《国有土地使用证》。需要注意以下特殊房地产抵押的特别规定:

(1)以集体所有制企业的房地产抵押的,必须经集体所有制企业职工(代表)大会通过,并报其上级主管机关备案;

(2)以中外合资企业、合作经营和外商独资企业的房地产抵押的,必须经董事会通过,但企业章程另有规定的除外;

(3)以有限责任公司、股份有限公司的房地产抵押的,必须经董事会或股东大会通过,另有规定的除外;

(4)以预购商品房贷款抵押的,商品房开发项目必须符合房地产转让条件并取得商品房预售许可证;

(5)以共有房地产抵押的,抵押人应征得共有人的书面同意。

2. 出租的房屋可以抵押,抵押的房屋可以出租

抵押出租的房屋,抵押人应当告知抵押权人租赁情况。处分抵押房屋时,租赁合同对于房屋的受让人仍然有效。已抵押的房屋,经抵押权人同意,可以出租,但租赁关系自处分抵押房地产时解除。

3. 重复抵押

房屋及其土地使用权被抵押后,其价格大于所担保的债权的余额部分,可以再次抵押,但不得超出其余额部分。

4. 超值抵押

房屋及其土地使用权超值抵押的,超过该标的价值部分抵押无效。

(三) 房地产抵押合同登记

《城市房地产抵押管理办法》规定:"房地产抵押合同自签订之日起 30 日内,抵押当事人应当向房地产所在地的房地产管理部门办理抵押登记,房地产抵押合同自抵押登记之日起生效。"

办理房地产抵押合同时需要交验一定的文件。

(1)个人办理房地产抵押合同时需要交验的文件:①《房屋所有权证》;②《国有土地使用证》;③主合同(借款合同等);④抵押双方的资格、身份证明;⑤由资质评估机构出具的评估报告;⑥房屋所有人的身份证件;⑦居住用房抵押的,须提交第二住处证明。

所有权人已婚的,须提交夫妻双方同意抵押的文件;共有房屋设立抵押的,须提交共有人的同意书。

(2)单位办理房地产抵押合同时需要交验的文件:①《房屋所有权证》;②《国有土地使用证》;③主合同(借款合同);④抵押双方的资格、身份证明;⑤由资质评估机构出具的评估报告;⑥单位同意抵押的文件。集体企业须提交职工(代表)大会通过的同意抵押的文件;有限责任公司,须提交董事会通过的同意抵押的文件;股份有限公司,须提交股东大会通过的同意抵押的文件。

(四) 抵押权的实现

房地产抵押后,如果债务人到期不履行债务或债务人在抵押期间解散、被宣布破产,抵押权人可以通过法律途径对抵押物进行拍卖、变卖，从所得价款中优先受偿。设定房地产抵押权的土地使用权是以划拨方式取得的，依法拍卖该房地产后，应当从拍卖所得价款中扣除相当于应缴纳土地使用权出让金的款额，抵押权人方可优先受偿。

处分抵押房地产所得价款，按以下顺序分配：
(1)支付处分抵押房地产的费用；
(2)扣除抵押房地产应缴纳的税款；
(3)偿还抵押权人本息及支付违约金；
(4)赔偿因债务人违反合同而给抵押权人造成的损害；
(5)剩余价款交还抵押人。

处分抵押房地产所得价款金额不足以支付债务、违约金和赔偿损失时，抵押权人有权向债务人追索不足部分。

【案例9-2】
设立抵押权的房屋交易需谨慎

2013年4月12日，吕某取得涉案房屋的房地产证。2013年4月24日，涉案房屋抵押给第三人中国工商银行深圳某支行。2015年3月28日，被告吕某与原告周某签订一份《房地产买卖合同》，约定吕某将涉案房屋出售给周某，转让成交价为179.5万元。合同签订后，周某按合同约定于当日向卖方支付定金3.5万元，并由吕某出具相应的收款收据；买卖双方共同向中国工商银行深圳某支行办理二手房交易资金监管手续，并且买方于2015年4月24日、28日分两笔将51万元资金存入中国工商银行二手房资金监管账户。

之后，由于被告吕某(卖方)拒绝提供收款账户，单方撤销担保公司赎楼授权，原告周某(买方)向法院提起诉讼，要求被告继续履行合同。

请问：被告房屋上设定的抵押权负担是否构成继续履行的障碍，当如何协调处理？

分析：本案发生在法律修订之前，此处依据现行《民法典》(2021版)对本案做以分析。《民法典》第四百零六条规定"抵押期间，抵押人可以转让抵押财产。当事人另有约定的，按照其约定。抵押人转让抵押财产的，应当及时通知抵押权人。抵押财产转让的，抵押权不受影响。抵押权人能够证明抵押财产转让可能损害抵押权的，可以请求抵押人将转让所得的价款向抵押权人提前清偿债务或者提存。转让的价款超过债权数额的部分归抵押人所有，不足部分由债务人清偿。"由此可见，本案涉案房屋虽然设立了抵押但并不影响转让，但应通知抵押权人中国工商银行深圳某支行，抵押权人可要求另行提供抵押物，也可从该房屋转让价款中优先受偿。需要注意的是，抵押权并不因房屋的转让而消灭，买方一定谨防由此带来的风险。购房时一定要查清房屋是否设立了抵押，如有，最好在交易前三方达成协议，妥善出处理，清除风险隐患。

四、商品房销售

商品房销售分为商品房预售和商品房现售。

(一)商品房预售

商品房预售又称楼花买卖，指房地产开发经营企业将正在建设中的房屋预先出售承购人，承购人支付定金或房价款的行为。其实质是房屋期货买卖，买卖的只是房屋的一张期货合约。

1. 商品房预售的条件

我国《城市房地产管理法》第四十五条规定，商品房预售，应当符合下列条件：

(1)已交付全部土地使用权出让金，取得土地使用权证书；

(2)持有建设工程规划许可证；

(3)按提供预售的商品房计算，投入开发建设的资金达到工程建设总投资的25%以上，并已经确定施工进度和竣工交付日期；

(4)向县级以上人民政府房地产管理部门办理预售登记，取得商品房预售许可证明。

商品房预售人应当按照国家有关规定将预售合同报县级以上人民政府房地产管理部门和土地管理部门登记备案。商品房预售所得款项，必须用于有关的工程建设。

【案例9-3】
起诉前取得"商品房预售许可证"合同有效

张某购买了某房地产公司位于西安某小区3号楼的一套面积为158 m^2 的商品房。由于张某早有买房的打算，所以学习了不少有关房地产买卖的知识，在签约的当天，特别提出要看一下"商品房预售许可证"，售楼小姐一边表扬张某知识渊博，一边指着墙上挂着的预售许可证。由于张某以前也没有见过预售许可证，加上售楼小姐的热情和诚恳，他粗粗看了一眼便放心地签了合同，交付款项。然而，张某住进此房屋近一年，仍未拿到房产证。后来才得知，当时看的商品房预售许可证是属于4号楼而不是3号楼的。为此，2007年8月10日，张某将该房地产公司诉至法院，请求认定双方所签订的合同无效，房地产公司返还购房款，并赔偿其各项损失共计46 520元。法院在审理中查明，房地产公司在2007年8月1日取得了3号楼的预售许可证。法院会支持张某的主张吗？

分析：法院会依法对房地产公司进行相应处罚，但不会支持合同无效的主张。根据《城市商品房预售管理办法》：规定"开发企业未按照本办法办理预售登记，取得商品房预售许可证明预售商品房的，责令停止预售，补办手续，没收违法所得，并可处已收取预付款1%以下罚款。"根据最高人民法院《关于审理商品房买卖合同纠纷案件适用法律若干问题的解释》第二条的规定，"出卖人未取得商品房预售许可证明，与买受人订立的商品房预售合同，应当认定无效，但是在起诉前取得商品房预售许可证明的，可以认定有效"。本案例中虽然张某与房地产公司签订合同时，房地产公司未取得"商品房预售许可证"，但在张某提起诉讼之前取得了"商品房预售许可证"，故合同有效。

2. 办理商品房预售申请应当提交的材料

商品房预售实行许可制度。房地产开发企业申请预售许可，应当提交下列证件（复印件）及资料：

(1)商品房预售许可申请表；

(2)开发企业的营业执照和资质证书；

(3)土地使用权证、建设工程规划许可证、施工许可证；

(4)投入开发建设的资金占工程建设总投资的比例符合规定条件的证明；

(5)工程施工合同及关于施工进度的说明；

(6)商品房预售方案（预售方案应当说明预售商品房的位置、面积、竣工交付日期等内容，并应当附预售商品房分层平面图）。

县、市人民政府住房城乡建设主管部门应当自受理房地产开发企业预售申请之日起10日内在对其提供的资料进行审查的基础上，对符合法定条件的房地产开发项目，作出准予预售的行政许可书面决定，发送房地产开发企业，并自作出决定之日起10日内向房地产开发企业颁发、送达商品房预售许可证。

(二)商品房现售

商品房现售是指房地产开发企业,将竣工验收合格的商品房出售给承购人,承购人支付房价款的行为。

1. 商品房现售的条件

《商品房销售管理办法》(建设部令第 88 号)第七条规定,商品房现售应当符合以下条件:
(1)现售商品房的房地产开发企业应当具有企业法人营业执照和房地产开发企业资质证书;
(2)取得土地使用权证书或者使用土地的批准文件;
(3)持有建设工程规划许可证和施工许可证;
(4)已通过竣工验收;
(5)拆迁安置已经落实;
(6)供水、供电、供热、燃气、通信等配套基础设施具备交付使用条件,其他配套基础设施和公共设施具备交付使用条件或者已确定施工进度和交付日期;
(7)物业管理方案已经落实。

2. 商品房现售的备案与有关要求

房地产开发企业应当在商品房现售前,将房地产开发项目手册及符合商品房现售条件的有关证明文件报送房地产开发主管部门备案。

3. 商品房销售广告与合同

房地产开发企业、房地产中介服务机构发布商品房销售宣传广告,应当执行《中华人民共和国广告法》等有关规定,广告内容必须真实、合法、科学、准确。房地产开发企业、房地产中介服务机构发布的商品房销售广告和宣传资料所明示的事项,当事人应当在商品房买卖合同中约定。

房地产开发企业应当在订立商品房买卖合同之前向买受人明示《商品房销售管理办法》和《商品房买卖合同示范文本》。商品房买卖合同应当明确以下主要内容:
(1)当事人名称或者姓名和住所;
(2)商品房的基本状况;
(3)商品房的销售方式;
(4)商品房价款的确定方式及总价款、付款方式、付款时间;
(5)交付使用条件及日期;
(6)装饰、设备标准承诺;
(7)供水、供电、供热、燃气、通信、道路、绿化等配套基础设施和公共设施的交付承诺和有关权益、责任;
(8)公共配套建筑的产权归属;
(9)面积差异的处理方式;
(10)办理产权登记有关事宜;
(11)解决争议的方法;
(12)违约责任;
(13)双方约定的其他事项。

(三)商品房计价方式与套型、面积变更的处理

1. 计价方式

商品房销售可以按套(单元)计价,也可以按套内建筑面积或者建筑面积计价。

(1)按套(单元)计价或者按套内建筑面积计价。商品房买卖合同中应当注明建筑面积和分摊的共有建筑面积。按套内建筑面积或者建筑面积计价的,当事人应当在合同中载明合同约定面积与产权登记面积发生误差的处理方式。

(2)按建筑面积计价。当事人应当在合同中约定套内建筑面积和分摊的共有建筑面积,并约定建筑面积不变而套内建筑面积发生误差以及建筑面积与套内建筑面积均发生误差时的处理方式。

2. 套型面积变更的处理

商品房销售后,房地产开发企业不得擅自变更规划、设计。经过规划部门批准的规划变更、设计单位同意的设计变更导致商品房的结构、户型、空间尺寸、朝向变化,以及出现合同当事人约定的其他影响商品房质量或者使用功能情形的,房地产开发企业应当在变更确立之日起10日内书面通知买受人。买受人有权在通知到达之日起15日内作出是否退房的书面答复。买受人在通知到达之日起15日内未作出书面答复的,视同接受规划、设计变更以及由此引起的房价款的变更。房地产开发企业未在规定时限内通知买受人的,买受人有权退房;买受人退房的,由房地产开发企业承担违约责任。

(四)商品房交付与保修

《商品房销售管理办法》规定,房地产开发企业应当按照合同约定,将符合交付使用条件的商品房按期交付给买受人。未能按期交付的,房地产开发企业应当承担违约责任。因不可抗力或者当事人在合同中约定的其他原因,需延期交付的,房地产开发企业应当及时告知买受人。房地产开发企业销售商品房时设置样板房的,应当说明实际交付的商品房质量、设备及装修与样板房是否一致;未作说明的,实际交付的商品房应当与样板房的质量一致。销售商品住宅时,房地产开发企业应当根据《商品住宅实行质量保证书和住宅使用说明书制度的规定》(以下简称《规定》),向买受人提供《住宅质量保证书》和《住宅使用说明书》。

房地产开发企业应当对所售商品房承担质量保修责任。当事人应当在合同中就保修范围、保修期限、保修责任等内容作出约定。保修期从交付之日起计算。商品住宅的保修期限不得低于建设工程承包单位向建设单位出具的质量保修书约定保修期的存续期;存续期低于《规定》中确定的最低保修期限的,保修期不得低于《规定》中确定的最低保修期限。在保修期限内发生的属于保修范围的质量问题,房地产开发企业应当履行保修义务,并对造成的损失承担赔偿责任。因不可抗力或者使用不当造成的损坏,房地产开发企业不承担责任。房地产开发企业应当在商品房交付使用前,按项目委托具有房地产测绘资格的单位实施测绘,测绘成果报房地产行政主管部门审核后用于房屋权属登记。房地产开发企业应当在商品房交付使用之日起60日内,将需要由其提供的办理房屋权属登记的资料报送房屋所在地房地产行政主管部门。房地产开发企业应当协助商品房买受人办理土地使用权变更和房屋所有权登记手续。商品房交付使用后,买受人认为主体结构质量不合格的,可以依照有关规定委托工程质量检测机构重新核验。经核验确属主体结构质量不合格的,买受人有权退房,给买受人造成损失的,房地产开发企业应当依法承担赔偿责任。

不符合商品房销售条件的,房地产开发企业不得销售商品房,不得向买受人收取任何预订款性质的费用。符合商品房销售条件的,房地产开发企业在订立商品房买卖合同之前,向买受人收取预订款性质费用的,订立商品房买卖合同时,所收费用应该当作房价款;当事人未能订立商品房买卖合同的,房地产开发企业应当向买受人返还所收费用;当事人之间另有约定的,从其约定。

五、房地产权属登记管理

房地产的权属是指房屋所有权、土地使用权以及其他权利，如抵押权、典权等。房地产权属登记是国家确认房地产产权归属的法定程序，经过登记的房地产产权，受国家法律的保护，任何单位和个人不得侵权。

(一)土地权属登记制度

土地权属登记制度是为了确认土地所有权和土地使用权的归属，由土地所有人和土地使用人提出申请，经土地管理机关审核后，发给土地所有权证和土地使用权证，并登记在册的一种法律制度。目前，我国土地产权登记的权利归属类别只有两种，即集体土地所有权登记和国有土地使用权登记。房地产中的土地权属登记仅涉及国有土地使用权登记，具体包括初始登记、转移登记、变更登记、注销登记四种。土地权属登记分以下三步。

1. 登记申请

土地所有人或使用人在发生应当登记的法律事实时，应当向县级以上人民政府土地行政主管部门提出登记申请，并提交土地权利证明文件。

2. 产权审查

登记机关对申请人提交的各种文件进行审查，实地勘验测量土地，核对土地的位置、种类和面积等，并征询产权异议。

3. 颁发土地权属证明

登记机关对证件齐全、手续完备、产权的取得符合法律和政策、土地状况清楚并与证件记载一致的申请人，发给土地使用权证。

(二)房屋权属登记制度

房屋权属登记是指房地产行政主管部门代表政府对房屋所有权以及由上述权利产生的抵押权、典权等房屋他项权利进行登记，并依法确认房屋产权归属关系的行为。房屋权属证书是权利人依法拥有房屋所有权并对房屋行使占有、使用、收益和处分权利的唯一合法凭证。房屋权属登记分为总登记、初始登记、转移登记、变更登记、他项权利登记、注销登记。房屋权属登记按受理登记申请、权属审核、公告、核准登记、房屋权属证书的制作与颁发等程序进行。

1. 受理登记申请

受理登记申请是申请人向房屋所在地的登记机关提出书面申请，填写统一的登记申请表，提交有关证件。如手续完备，登记机关则受理登记。房屋所有权登记申请必须由房屋所有权人提出，房屋他项权利登记应由房屋所有人和他项权利人共同申请。

申请人申请权属时应如实填写登记申请表。对委托代理申请登记的，应收取委托书并查验代理人的身份证件。不能由其他人持申请人的身份证件申请登记。工作人员在查验各类证件、证明和申请表、墙界表各栏目内容后，接受申请人的登记申请，并按收取的各类书证，向申请人出具收件收据。

登记机关自受理登记申请之日起 7 日内应当决定是否予以登记，对暂缓登记、不予登记的，应当书面通知权利人(申请人)。

2. 权属审核

权属审核主要是审核查阅产籍资料、申请人提交的各种证件，核实房屋现状即权属来源等。权属审核一般采用"三审定案"(初审、复审和审批)的方法。随着我国权属登记制度的日益完善，对一部分房屋权属的确定，可以视情况采用更为简捷的方法。如已经由房地产开发企业申请备案登记的房屋，房屋及其分层分户的状况已十分明确，权属转移手续也较为规范，则可以采用初审和审批的方法，省去复审过程。对于商品房甚至可以采用直接登记当即发证的方法，收件后随即审批并打印权属证书。

(1) 初审。初审是对申请人提交的证件、证明以及墙界情况、房屋状况等进行核对，并初步确定权利人主张产权的依据是否充分、合法，初审工作人员要到现场查勘，着重对申请事项的真实性进行调查。

(2) 复审。复审是权属审查中的重要环节，复审人员一般不到现场调查，但要依据初审中已确定的事实，按照法律、法规及有关规定，并充分利用登记机关现存的各项资料及测绘图件，反复核对，以确保权属审核的准确性。复审人员应对登记件负责全面审查，着重对登记所适用的法律、法规负责。

3. 公告

公告是对可能有产权异议的申请，采用布告、报纸等形式公开征询异议，以便确认产权。公告并不是房屋权属登记的必经程序，登记机关认为有必要时才进行公告。但房屋权属证书遗失的，权利人应当及时登报声明作废，并向登记机关申请补发，登记机关应当做出补发公告，经6个月无异议的方可予以补发房屋权属证书。

4. 核准登记

经初审、复审、公告后的登记件，应进行终审，经终审批准后，该项登记即告成立，终审批准日即核准登记日。

终审一般由直接负责权属登记工作的机构指定专人进行。终审是最后的审查，对有疑问的内容，终审人员应及时向有关人员指出；对复杂的问题，也可采用会审的办法，以确保确权无误。

5. 权属证书的制作与颁发

经终审核准登记的权利，可以制作权属证书。填写房屋权属证书应当按住房和城乡建设部关于制作颁发全国统一房屋权属证书的通知的规定来填写。使用计算机缮证或手工缮证的，在缮证后都要由专人进行核对，核对各应填写项目是否完整、准确，附图与登记是否一致，房屋权属证书附图中是否按要求注明施测的房产测绘单位名称，房屋套内建筑面积、房屋分摊的共有建筑面积，附图上的尺寸是否标注清楚、准确，相关的房屋所有权证、房屋他项权证和共有权证的记载是否完全一致。核对人员要在审批表核对人栏内签字以示负责。核对无误的权属证书就可编造清册，并在权属证书上加盖填发单位印章。

向权利人核发权属证书是权属登记程序的最后一项。

(1) 通知权利人领取权属证书。一般可采用在登记机关决定管理登记时填发领证通知单或寄发统一的领证通知书的办法，告知权利人在规定时间携带收件收据、身份证件及应缴纳的各项费用到指定地点领取。

(2) 收取登记费用。登记费用一般包括登记费和权证工本费。

(3) 发证。发证时应当请权利人自己检查权属证书上所载明的各登记事项是否准确。房屋权属证书应当发给权利人或权利人所委托的代理人。房屋他项权登记时房屋所有权证发还给房屋所有权人，他项权证应发给他项权利人。发证时，领证人、发证人都应在审批表相应的栏目内签字并注明发证日期。发证完毕后，将收回的收件收据及全部登记文件及时整理，装入资料袋，及时办理移交手续，交由产籍部门管理。

· 172 ·

第四节 物业管理法规概述

案例导入 9-4

倪某是××市80弄××花园2号楼32层F座业主，办理了××花园2号楼32层F座入户手续，并签署了《住户交纳物业管理费承诺书》《××花园管理公约承诺书》，倪璐承诺愿按管理公约的规定，每月15日之前交纳当月物业管理费。如逾期不交，按每逾期一日加付3‰的滞纳金等。其间，物业管理有限公司受发展商××××房地产有限公司委托对××花园进行前期物业管理。另查明，倪某与该房地产有限公司签订了《××市内销商品房出售合同》，该合同补充条款第三条约定：该物业交付之日起所产生的税费、水电费及其他一切费用，其中包括《××花园管理公约承诺书》规定分摊的管理、维修、保养等费用均由倪某负担。后来，倪某因家中宠物丢失，对物业管理有限公司的服务质量表示不满，故拒付半年的物业管理费。多次催缴无果后，物业管理有限公司将倪某起诉至法院，请求判令倪某缴纳物业管理费及支付相应滞纳金。请问，法院会支持物业公司的主张吗？

分析：本案被告倪某与××××房地产有限公司所订立的《××市内销商品房出售合同》中明确约定按管理公约规定分摊的物业管理费用应由倪某承担，倪某拒付物业管理费无合法依据，故对物业管理有限公司要求倪某缴纳物业管理费及支付相应滞纳金的请求应予以准许。同时，在业主没有与物业公司签订特殊的安保合同的前提下，要物业公司来承担宠物保障的责任实属强人所难。

一、物业管理立法概述

物业管理属于国家产业结构分类中的第三产业，是房地产综合开发过程的最后一个环节。物业服务的好坏直接关系到业主和使用人的切身利益。为了规范物业管理活动，改善人民群众的生活和工作环境，维护业主和物业服务企业的合法权益。国家先后出台了《房屋维修管理》《物业管理条例》《物业服务企业资质管理办法》《住宅专项维修资金管理办法》《前期物业管理招标投标管理暂行办法》《物业服务收费明码标价规定》《物业服务收费管理办法》《注册物业管理师》《业主大会规程》《住宅室内装饰装修管理办法》《物业管理财务管理规定》等系列法规文件，并根据实际需要不断修订、完善、废止。

现行《物业管理条例》是根据《国务院关于修改〈物业管理条例〉的决定》《国务院关于修改和废止部分行政法规的决定》修订的，由国务院于2007年8月26日发布，自2007年10月1日起施行，共七章六十七条。2016年1月13日国务院第119次常务会议通过删去《物业管理条例》第三十三条、第六十一条；2018年3月19日《国务院关于修改和废止部分行政法规的决定》（国务院令第698号）通过，对《物业管理条例》的修改内容主要为取消了物业服务企业资质管理的相关规定，并增加了建立守信联合激励和失信联合惩戒机制的有关内容。修改涉及第二十四条、第三十二条、第五十九条、第六十条和第六十一条，并于2018年4月4日公布实施。

《住房城乡建设部关于废止〈物业、服务企业资质管理办法〉的决定》（中华人民共和国住房和城乡建设部令39号）明令废止了《物业服务企业资质管理办法》（建设部令第164号），即物业服务企业不再需要进行资质认定，无资质要求。

二、物业管理法律关系主体及其权利和义务

物业管理法律关系是物业管理企业与物业的产权人、使用人之间依法律规定或合同约定而确立的一种权利、义务关系。物业管理法律关系的主体主要有物业管理企业、业主和业主委员会。

(一)物业管理公司的权利和义务

1. 物业管理公司的权利

(1)有权根据有关法律、法规,结合实际情况,制定小区物业管理办法。物业管理公司制定的小区管理办法可以是综合性的规章制度,也可以针对不同方面制定专项规章,如卫生公约、保安公约等。物业管理公司制定规章属于对小区管理服务的重大措施,必须经小区业主大会或业主委员会认可后,规章制度才能生效。这些规章制度不属于政府行为,没有普遍的效力,只在小区居民范围内具有约束力,其性质属于团体自律性规章。

依照物业管理合同和管理办法对住宅小区实施管理,既是行使权利,也是履行义务。

(2)有权制止违反规章制度的行为。

(3)有权要求业主委员会协助。业主委员会作为房屋所有人和使用人的代表,有责任协助物业管理公司做好工作,对于小区管理中出现的重大事件,或者个别难以解决的问题,物业管理公司可以将情况向业主委员会通报,有权要求业主委员会按照规章制度出面协调和解决,业主委员会应当予以支持和协助。

(4)有权选聘专营公司承担专项管理业务。物业管理是多方面的管理和服务,物业管理公司本身不可能具备各方面的管理能力,因此根据管理项目的需要,一部分专项业务必须委托其他专营公司完成。例如,将清扫小区道路和清理垃圾、化粪井的专项工作转包给清洁公司等单位和人员承担,聘请保安公司承担小区治安管理工作等。

(5)可以实行多种经营,以其收益补充小区管理经费。

2. 物业管理公司应承担的义务和应提供的服务

物业管理公司除享有上述权利外,也应承担下列义务:

(1)履行物业管理合同,依法经营;

(2)接受管理委员会和小区居民的监督;

(3)重大管理措施应当提交业主委员会审议,并经业主委员会认可;

(4)接受房地产行政主管部门、有关行政主管部门及住宅小区所在地人民政府的监督和指导。

物业管理公司提供的管理服务以物业服务合同的约定为准,一般来讲,其提供的服务包括三种:一是公共性服务,如保洁、保安、绿化、房屋维修等服务;二是代办性服务,如代收水、电费等;三是特约性服务,如室内维修、代送报纸等。目前新兴的个性化管理模式,如管家式服务,可根据业主的具体情况定制各项服务类别,帮助业主解决很多生活方面的问题。个性化管理模式具体包括以下内容:

(1)综合管理,即小区规划红线范围内涉及公用财产和公共事务的管理;

(2)房屋及小区共用部位公用设施、设备日常维护;

(3)绿化,包括小区规划红线范围内的中心绿地和房前、屋后、道路两侧区域绿地;

(4)保洁,包括小区规划红线范围内、业主户门以外的区域;

(5)公共秩序维护；

(6)停车管理，包括机动车辆、非机动车辆在停车场(存车处)及停车位的管理；

(7)消防管理，即公共区域消防设施的维护及消防管理；

(8)高压供水的养护、运行、维修；

(9)电梯的养护、运行、维修；

(10)装修管理服务；

(11)其他，如小区公共区域的商业经营管理。

(二)业主的权利和义务

1. 业主的权利

(1)按照物业服务合同的约定，接受物业服务企业提供的服务；

(2)提议召开业主大会会议，并就物业管理的有关事项提出建议；

(3)提出制定和修改管理规约、业主大会议事规则的建议；

(4)参加业主大会会议，行使投票权；

(5)选举业主委员会成员，并享有被选举权；

(6)监督业主委员会的工作；

(7)监督物业服务企业履行物业服务合同；

(8)对物业共用部位、共用设施设备和相关场地使用情况享有知情权和监督权；

(9)监督物业共用部位、共用设施设备专项维修基金(以下简称"专项维修基金")的管理和使用；

(10)法律、法规规定的其他权利。

2. 业主的义务

(1)遵守管理规约、业主大会议事规则；

(2)遵守物业管理区域内物业共用部位和共用设施设备的使用、公共秩序和环境卫生的维护等方面的规章制度；

(3)执行业主大会的决定和业主大会授权业主委员会作出的决定；

(4)按照国家有关规定交纳专项维修基金；

(5)按时交纳物业服务费用；

(6)法律、法规规定的其他义务。

(三)业主代表大会、业主委员会的职权

1. 业主代表大会的职权

业主代表大会由本辖区内全体业主选举的代表组成。一般情况下，当一个物业辖区内入住率超过50%时，当地的房地产行政主管部门应会同开发商与业主协商，召开第一次业主代表大会，选举产生业主委员会，并制定、通过业主管理委员会章程。业主委员会产生后，业主代表大会由业主委员会负责召集，每年至少召开一次会议。业主代表大会主要行使以下权利：

(1)选举、罢免业主委员会成员；

(2)监督业主委员会的工作；

(3)审议、修改、通过业主公约和业主管理委员会章程；

(4)决定辖区内有关业主利益的重大事项及其他需要讨论的重大问题；

(5)听取并审议业主委员会的工作报告，改变或撤销业主管理委员会的不当决定。

2. 业主委员会的职权

业主委员会是在物业管理区域内代表全体业主对物业实施自治管理的组织。业主委员会由业主大会从全体业主中选举产生，作为业主大会的执行机构，对业主大会负责，受业主大会和全体业主监督。其主要职权如下：

(1)召集、主持业主代表大会；

(2)制定业主管理委员会章程，代表住宅小区内的物业产权人和使用人维护其合法权益；

(3)决定选聘或解聘物业管理公司，并代业主签订委托管理合同；

(4)审议物业管理公司制定的年度管理计划和管理服务的重大措施等。

三、物业管理服务收费

物业管理服务收费是指物业单位接受物业产权人、使用人的委托，对城市住宅小区内的房屋建筑及其设备、公用设施、绿化、卫生、交通、治安和环境容貌等项目开展日常维护、修缮、整治服务及提供其他与居民生活相关的服务所收取的费用。物业管理单位进行物业管理服务收费，应当遵循合理、公开及与物业产权人、使用人的承受能力相适应的原则。

1. 物业管理服务收费的管理

为了加强对城市住宅小区物业管理服务收费的管理，国家根据物业管理单位提供服务的性质和特点，对物业管理服务收费分别实行以下几种定价方式：

(1)政府定价。政府定价主要适用于两种情况：一是为物业产权人、使用人提供的公共卫生清洁、公共设施的维修保养和保安、绿化等具有公共性的服务；二是以代收代缴水电费、煤气费、有线电视费、电话费等公众代办性质的服务收费。

(2)政府指导价。政府指导价主要适用于对高级公寓、别墅区等高标准住宅小区的公共性和公众代办性服务收费。

(3)经营者定价。经营者定价主要适用于物业管理公司为物业产权人、使用人的个别需求提供的特约服务。

知识拓展

住宅小区公共性服务收费构成

住宅小区公共性服务收费构成：①管理服务人员的工资和按规定提取的福利费；②公共设施、设备的日常运行、维修及保养费；③绿化管理费；④清洁卫生费；⑤保安费；⑥办公费；⑦物业管理单位固定资产折旧费；⑧法定税费。其中第②项至第⑥项费用支出是工资及福利费以外的物资消耗补偿和其他费用开支。

2. 物业管理部门在物业管理费方面的义务

(1)物业管理单位应将经物价部门核定的或由物业管理单位与小区管理委员会或物业产权人代表、使用人代表协商议定的收费项目、收费标准和收费办法明文约定在物业管理合同中。

(2)物业管理服务收费实行明码标价。

(3)物业管理单位应定期向业主公布收费的收入和支出账目，公布物业管理年度计划和小区管理的重大措施，接受小区管理委员会或物业产权人、使用人的监督。

(4) 物业管理单位应当严格遵守国家的价格法规和政策，执行规定的收费办法和收费标准，努力提高服务质量，向住户提供质价相称的服务，不得只收费不服务或多收费少服务。

物业管理单位违反有关法规的规定，越权定价的，擅自提高收费标准的，擅自设立收费项目乱收费的，不按规定实行明码标价的，提供服务质价不符的，以及只收费不服务、多收费少服务的，都应承担法律责任。

本章小结

本章从房地产管理的立法概况、房屋拆迁安置、房地产交易、物业管理等方面对房地产管理法律原理与实务进行了讲述。为了加强对城市房地产开发经营活动的规范和监督管理，促进和保障房地产产业的健康发展，国家先后制定了一系列关于房地产开发经营与管理的法律、法规和规章。城市房屋拆迁，应当遵循房屋拆迁的基本原则与工作程序，依法进行拆迁补偿、安置。房地产交易除应遵循平等、自愿、等价、有偿和诚实信用等基本原则外，还应遵循权属不可分离、房地产价格评估、成交价格申报等原则，按照房地产转让条件和法律规定的方式进行，法律禁止转让的房地产不得转让。房地产可依法进行抵押，法律分别对个人、单位办理房地产抵押合同需要交验的文件进行了规定，法律禁止抵押的房地产不得设立抵押。房地产权属登记是国家确认房地产产权归属的法定程序，房地产的转移、抵押、变更等依法登记受国家法律的保护。物业管理是房地产综合开发过程的最后一个环节，物业服务的好坏直接关系到业主和使用人的切身利益，物业管理法律关系各方主体应当依法行使权利，履行义务，承担责任。

拓展训练

一、复习思考题

1. 简述城市房屋征收程序。
2. 简述房屋征收补偿的内容。
3. 简述房地产转让的条件。
4. 简述个人办理房地产抵押合同时需要交验的文件。
5. 简述处分抵押房地产所得价款的分配顺序。
6. 简述商品房预售的条件。
7. 简述商品房现售的条件。

二、任务实训

实训内容：分成两个组，根据所给资料进行讨论，进一步掌握商品房预售的条件和相关的法律规定。

背景资料：2020年11月19日，某开发商取得了开发4幢商住楼的土地出让使用权，并办理了建设工程规划许可证和施工许可证，其中3幢住宅楼已经办理了商品房预售许可证，开始预售，而第4幢是商住楼，建设工程已经过半，正在办理预售许可证。此时，开发商将商住楼预售给了35户人家，并收房款总额30%的首付款1 200万元。时过半年后，由于该地区规划为商业区，房价上升了40%。开发商见利忘义，于2021年5月24日向法院提起诉讼，以开发商签订合同时不具备法律规定的商品房预售条件，没有办理预售许可证，违反了《中华人民共和国城市房地产管理法》及相关法律的强制性规定为由，要求法院确认商品房购销合同无效，返还被告预付款。

经查明：

(1)原告与答辩人签订的合同第三条规定："在商品房预售许可证取得之日起30天内，乙方(即购房人)配合甲方(即售房人)办理银行按揭手续"。合同签订时，原告声称该宗商品房预售许可证申报材料已经齐备，近期就能办理完毕。只要取得商品房预售许可证，购房者就可以办理银行按揭手续。

(2)房产管理局出具的证明表明"房地产开发有限公司开发建设的商住小区于2014年5月20日到我局交易中心申报办理预售许可证的有关材料，后因材料不全，交易中心未予办理，于2014年5月23日该单位撤回了材料。"提请法庭注意：原告早不撤材料晚不撤材料，为什么在5月23日撤回了申报材料。这不是时间的巧合，而是欲盖弥彰，此地无银三百两，充分说明了原告为达到撕毁合同目的而撤回申报材料的险恶用心。

分析与提示：

从法律字面规定看，原告开发商的请求理由是很充分的，但是从公平正义角度看，显然是开发商利用法律的规定，以自己的违法行为来获取额外的利益。如何突破法律规定的僵化限制，维护购房者的权益，请读者找出法律依据帮助购房者维权。提出如下：

(1)《城市商品房预售管理办法》第六条规定："商品房预售实行许可制度。开发企业进行商品房预售，应当向房地产管理部门申请预售许可，取得《商品房预售许可证》。未取得《商品房预售许可证》的，不得进行商品房预售。"

(2)最高人民法院出台的《审理商品房买卖合同纠纷案件适用法律若干问题解释》第二条规定："出卖人未取得商品房预售许可证明，与买受人订立的商品房预售合同应当认定无效，但是在起诉前取得商品房预售许可证明的，可以认定有效。"

(3)答辩人与原告签订的合同是一个附生效条件的商品房预售合同。从约定可以看出，合同双方是把房屋预售许可证的取得作为合同生效条件的。《民法典》第一百五十九条规定："附条件的民事法律行为，当事人为自己的利益不正当地阻止条件成就的，视为条件已经成就；不正当地促成条件成就的，视为条件不成就。"

模块一：某开发商的商品房预售符合法律规定吗？

学生代表发言：＿＿＿＿＿＿＿＿＿＿＿＿＿＿＿＿＿＿＿＿＿＿＿＿＿＿＿＿＿＿

教师评价：＿＿＿＿＿＿＿＿＿＿＿＿＿＿＿＿＿＿＿＿＿＿＿＿＿＿＿＿＿＿＿＿

模块二：法院是否支持开发商的诉讼请求？(说明理由)

学生代表发言：＿＿＿＿＿＿＿＿＿＿＿＿＿＿＿＿＿＿＿＿＿＿＿＿＿＿＿＿＿＿

教师评价：＿＿＿＿＿＿＿＿＿＿＿＿＿＿＿＿＿＿＿＿＿＿＿＿＿＿＿＿＿＿＿＿

拓展训练参考答案

第三篇 程序法

第十章 建设工程争议处理原理与实务

学习目标

通过本章的学习，了解建设工程争议处理的途径、方法和程序，以及各类解决途径的受案范围，能根据不同的纠纷选择适当的解决途径；掌握识别和收集证据的能力，提升诉讼时效意识，进而为综合提升依法处理和应对建设工程争议能力奠定理论基础。

课件：建设工程争议处理原理与实务

思政目标

通过本章的学习，对建设工程争议的各种解决途径及应用有深刻的理解，提升法律职业素养、自觉修养、依法依规从业的职业操守和维权意识。

思政小课堂

近年来，居高不下的数千亿的工程款拖欠，始终是缠绕着建筑企业的梦魇，并日益成为政府部门的一块心病。仔细分析，这些由建筑企业上报的工程拖欠款，一部分是已结算完毕，债权债务清晰而业主拖延不付的工程款，还有相当一部分是因承发包双方未能达成一致而导致结算尚未完成的工程款纠纷。而结算不能完成的原因，

视频：思政小课堂

往往是由于双方对工期延误、工程质量、变更、洽商、结算标准等一系列相关问题互不认同，难以达成一致。由于双方各持己见，虽经无数轮的和解、谈判，但结算往往依然被一拖再拖，有的长达几年，最终只好公堂相见。

然而，在国人传统的理念中，对簿公堂总是万不得已的下策。诉讼终究是撕破了脸，表明双方的矛盾已激化到了一定程度。而一场诉讼打完，耗时、耗财不说，一打数年的煎熬也往往令承包商却步。

其实，当遇到建设工程争议在和解、谈判无果的情况下，并不只有对簿公堂一种选择，还可以选择相对柔和一些的行政复议、民事仲裁等手段通过索赔来解决。并且只要建筑企业能够有事实依据、有合同依据、有法律依据地提出相应的索赔要求，大部分的项目业主还是讲道理，会接受的。这就要求建筑企业熟悉建设工程争议的法律解决途径，增强法律职业素养，注意留存施工证据，加强自身的履约能力，在遇到建设工程争议时能够选择最合适的解决途径，维护自身的合法权益。

第一节 建设工程争议概述

案例导入 10-1

2004年10月,原告某建筑公司与被告某地产开发有限公司签订某广场建设施工合同,合同约定承包人在合同竣工验收后的30天内向发包人提供完整的竣工结算文件,发包人应在收到结算资料的30天内审查完毕,到期未提出异议,视为同意。2005年8月29日工程竣工,同年9月4日交付使用。同年9月20日原告向被告递交工程结算文件,结算价为1 566.97万元。被告已付款440.25万元,扣除保修金尚欠1 029.37万元。被告在约定的审价期内未提出异议,也未给予答复。原告经多次催要无果,遂向法院提起诉讼,要求按《最高人民法院关于审理建设工程施工合同纠纷案件适用法律问题的解释》第二十条规定,由被告按单方送审价支付价款。2006年10月10日,法院作出一审判决,一审法院以《建筑工程施工发包与承包计价管理办法》(建设部107号文件)第十六条和示范合同文本通用条款的结算条款的有关规定,作为适用司法解释第二十条的依据,未再鉴定以原告申报的结算价款作出一审判决,判由被告支付尾款1 029.37万元。

分析:《最高人民法院关于审理建设工程施工合同纠纷案件适用法律问题的解释》第二十条:"当事人约定,发包人收到竣工结算文件后,在约定期限内不予答复,视为认可竣工结算文件的,按照约定处理。承包人请求按照竣工结算文件结算工程价款的,应予支持。"

一、建设工程争议的概念

建设工程争议是指在工程建设过程中,相关当事人之间及有关当事人与行政管理机关之间产生的与工程有关的纠纷。

二、建设工程争议法律适用规则

建设工程争议法律适用规则如下:

(1)法律效力高于行政法规,行政法规效力高于地方性法规。行政法规的规定与法律的规定有抵触的,应当适用法律的规定;地方性法规的规定与法律、行政法规的规定有抵触的,应当适用法律、行政法规的规定。

(2)行政法规为了贯彻执行法律,地方性法规为了贯彻执行法律、行政法规,就同一问题作出更具体、更详细规定的,应当优先适用。

(3)法律未涉及的领域,行政法规作了规定的;行政法规未涉及的领域,地方性法规先行作了规定的,适用该行政法规或者地方性法规的规定。

(4)自治条例和单行条例在法律允许的范围内作了变通规定的,应优先适用自治条例和单行条例。同样,法律、法规未作规定的问题,自治条例和单行条例作了规定的,应当适用自治条例和单行条例的规定。

(5)特别法与普通法对同一问题作了不同规定的,优先适用特别法的规定。

(6)人民法院对于地方性法规是否与法律或者行政法规相抵触难以确定的,以及不同地区的地方性法规具体规定不一致,在执行中发生冲突的,由各高级人民法院报最高人民法院送请全国人大常委会作出解释或者裁决。

(7)人民法院认为政府规章与部门规章不一致的,以及国务院各部门规章之间不一致的,由各高级人民法院报最高人民法院送请国务院作出解释或者裁决。

(8)全国人大常委会对于法律所作的立法解释,以及最高人民法院关于具体适用法律的司法解释,各级人民法院必须遵照执行,并可在法律文书中引用。

三、建设工程争议的诉讼时效

建设工程争议的诉讼时效是指建设工程争议事件发生后,经过法定期限未主张权利,而丧失通过诉讼方式保护自己权利的法律制度。《民法典》对诉讼时效进行了相应规定。

1. 诉讼时效

《民法典》第一百八十八至一百九十二条对诉讼时效的规定:向人民法院请求保护民事权利的诉讼时效期间为3年。法律另有规定的,依照其规定。诉讼时效期间自权利人知道或者应当知道权利受到损害以及义务人之日起计算。法律另有规定的,依照其规定。但是,自权利受到损害之日起超过20年的,人民法院不予保护,有特殊情况的,人民法院可以根据权利人的申请决定延长。当事人约定同一债务分期履行的,诉讼时效期间自最后一期履行期限届满之日起计算。诉讼时效期间届满的,义务人可以提出不履行义务的抗辩。诉讼时效期间届满后,义务人同意履行的,不得以诉讼时效期间届满为由抗辩;义务人已经自愿履行的,不得请求返还。

2. 诉讼时效中断和中止

诉讼时效中断是指通过起诉、当事人一方提出要求或者同意履行义务而中断,从中断之时起诉讼时效重新计算,因此,权利人可以获得重新起诉、要求及同意履行义务的诉讼时效重新计算的权利。《民法典》第一百九十五条规定,有下列情形之一的,诉讼时效中断,从中断、有关程序终结时起,诉讼时效期间重新计算:

(1)权利人向义务人提出履行请求;

(2)义务人同意履行义务;

(3)权利人提起诉讼或者申请仲裁;

(4)与提起诉讼或者申请仲裁具有同等效力的其他情形。

诉讼时效中止是指在诉讼时效进行中,因一定的法定事由产生而使诉讼时效权利人无法行使请求权,暂停计算诉讼时效期间。在诉讼时效期间的最后6个月内,因下列障碍,不能行使请求权的,诉讼时效中止:

(1)不可抗力。

(2)无民事行为能力人或者限制民事行为能力人没有法定代理人,或者法定代理人死亡、丧失民事行为能力、丧失代理权。

(3)继承开始后未确定继承人或者遗产管理人。

(4)权利人被义务人或者其他人控制。

(5)其他导致权利人不能行使请求权的障碍。自中止时效的原因消除之日起满6个月,诉讼时效期间届满。

3. 诉讼时效的起算

诉讼时效期间自权利人知道或者应当知道权利受到损害以及义务人之日起计算。法律另有规定的，依照其规定。但是，自权利受到损害之日起超过 20 年的，人民法院不予保护，有特殊情况的，人民法院可以根据权利人的申请决定延长。当事人约定同一债务分期履行的，诉讼时效期间自最后一期履行期限届满之日起计算。

从法理上讲，债权人的债权发生，其请求权即已发生，所以，债权人有权以合同中对预付款、期中付款（如勘察、设计、采购、施工、竣工试验进度款，竣工后试验服务费）、竣工决算款项的申请、审查等所约定的批准之日或者其付款的时间安排之日，作为相关债权的最终确定之日计算。承包人在履行合同时不可能对每笔延误付款都提起诉讼，但是应该坚持送达债务人来主张债权，或达成新的还款计划及还款协议，从而弥补诉讼时效过期。一般应该在债务人不按照竣工决算约定的款额和付款期限内付款时，及时行使合同抗辩权，与债务人达成分期还款协议；如果不能达成一致意见，则及时主张债权的诉讼权。

四、建设工程纠纷的证据

证明案件真实情况的一切事实都是证据。客观性、关联性、合法性是证据的本质特点。证据必须经过查证属实才能作为判案的根据。建设工程纠纷常见的证据主要有：

（1）相关文件。招标文件、合同文本及附件，其他各种签约（备忘录、修正案等），业主认可的工程实施计划，各种工程图纸（包括图纸修改指令），技术规范等；承包商的报价文件，包括各种工程预算和其他作为报价依据的资料，如环境调查资料、标前会议和澄清会议资料等。

（2）来往信件（书信、电子邮件等）。如业主的变更指令，各种认可信、通知，对承包商问题的答复信等。这里需要注意的是，商讨性的和意向性的信件通常不能作为变更指令或合同变更文件。在合同实施过程中，承包商对业主和工程师的口头指令、传真件、电子邮件等和对工程问题的处理意见要及时索取书面证据。来信的信封也要封存，信封上的邮戳记载着发信和收信的准确日期，起证明作用。

（3）各种会议纪要。在标前会议和决标前的澄清会议上，业主对承包商问题的书面答复，或双方签署的会谈纪要；在合同实施过程中，业主、工程师和各承包商定期会商，研究实际情况，作出的决议或决定。它们可作为合同的补充，但会谈纪要须经各方签署才有法律效力。

（4）施工进度计划和实际施工进度记录。其包括总进度计划，开工后由业主委派的工程师批准的详细的进度计划、每月进度修改计划、实际施工进度记录、月进度报表等。这不仅包括工程的施工顺序、各工序的持续时间，还包括劳动力、管理人员、施工机械设备、现场设施的安排计划和实际情况，材料的采购订货、运输、使用计划和实际情况等。

（5）施工现场的工程文件。施工现场的工程文件包括：①施工记录、施工备忘录、施工日报、工长和检查员的工作日记、监理工程师填写的施工记录和各种签证等。这些文件应能全面地反映工程施工中的各种情况，如劳动力数量与分布、设备数量与使用情况、进度、质量、特殊情况及处理。②各种工程统计资料，如周报、旬报、月报。这些报表通常包括本期中及至本期末的工程实际和计划进度对比、实际和计划成本对比及质量分析报告、合同履行情况评价等。

（6）工程照片。其包括表示工程进度的照片、隐蔽工程覆盖前的照片、因业主责任造成返工和工程损坏的照片等。

(7)气象报告。如果遇到恶劣的天气,应做记录,并请工程师签证。

(8)工程中各种检查验收报告和各种技术鉴定报告。工程水文地质勘探报告、土质分析报告、文物和化石的发现记录、地质承载力试验报告、隐蔽工程验收报告、材料试验报告、材料设备开箱验收报告、工程验收报告等,这些都能证明工程质量。

(9)交接记录。其包括工地的交接记录(应注明交接日期,场地平整情况,水、电、路情况等),图纸和各种资料交接记录,工程中送停电、送停水、道路开通和封闭的记录和证明,应有工程师签证。合同双方在施工过程中各种文件和资料的交接都应有一定的手续,要有专门的记录,防止在交接中出现漏洞和说不清楚的情况。

(10)建筑材料和设备的采购、订货、运输、进场、使用方面的记录、凭证和报表等。

(11)市场行情资料。其包括市场价格、官方的物价指数、工资指数、中央银行的外汇比率等公布材料。

(12)各种会计核算资料。其包括工资单、工资报表、工程款账单、各种收付款原始凭证、总分类账、管理费用报表、工程成本报表等。

(13)符合国家法律要求的其他证据材料和规范性政策文件。

知识拓展

建设工程中的民事纠纷与行政纠纷

建设工程争议分为平等主体之间的"民事纠纷"和不平等主体之间的"行政纠纷"。工程建设当事人与有关行政管理机关的争议,主要表现为工程建设当事人对有关行政机关的处罚不服所产生的分歧。建设工程平等主体当事人之间的纠纷一般表现为对合同是否已经履行或者是否已按合同的约定履行产生的分歧;对没有履行合同或者没有完全履行合同的责任应由哪一方承担和承担多少产生分歧;对引起建设工程无效的原因及后果承担的争议等。建设工程当事人与有关行政管理机关的争议,主要通过行政复议和行政诉讼来解决;建设工程当事人之间的争议,可通过自行协商、调解、仲裁、诉讼等途径进行解决。

五、建设工程合同纠纷索赔

1. 建设工程索赔的概念及分类

索赔是指在合同履行过程中,对于并非自己的过错,而是应由双方承担责任的情况造成实际损失向对方提出经济补偿和(或)时间补偿的要求。建设工程索赔的类别如下:

(1)按索赔的目的分:工期索赔、费用索赔。

(2)按索赔的依据分:合同规定的索赔、非合同规定的索赔。

(3)按索赔的对象分:索赔和反索赔。索赔通常指承包商向业主提出的索赔;反索赔通常指业主向承包商提出的索赔。

(4)按索赔的业务性质分:工程索赔、商务索赔。

(5)按索赔的处理方式分:单项索赔、总索赔。

2. 建设工程合同纠纷索赔的基本程序和时限

(1)发包方未能按合同约定履行自己的各项义务或发生错误及应由发包方承担的其他情

况，造成工期延误和(或)延期支付合同价款及造成承包方的其他经济损失，承包方可按下列情况向发包方索赔：

1)在索赔事件发生28天内，向工程师发出索赔意向通知书；

2)在发出索赔意向通知书28天内，向工程师提出补偿经济损失(或)延长工期的索赔报告及有关资料；

3)工程师在收到承包方送交的索赔报告和有关资料后，于28天内给予答复，或要求承包方进一步补充索赔理由和证据；

4)工程师在收到承包方送交的索赔报告和有关资料后28天内未给予答复或未对承包方作进一步要求，视为该项索赔已经认可；

5)当该索赔事件持续进行时，承包方应当阶段性地向工程师发出索赔意向，在索赔事件终了28天内，向工程师送交索赔的有关资料和最终的索赔报告。索赔答复程序同上述3)、4)的规定。

(2)承包方未能按合同约定履行自己的各项义务或发生错误给发包方造成损失的，发包方也可按上述条款确定的时限向承包方提出索赔。

3. 建设工程索赔的依据

(1)工地(地盘)会议记录和有关工程的来往信件，都必须全部保存妥当，直到合同全部履行完毕、所有索赔项目获得解决为止。

(2)各种施工进度表，包括业主代表和分包编制的进度表。

(3)施工备忘录(日记)，在施工中发生的影响工期和与索赔有关的事项，都要及时做好记录。按年月日顺序编号存档，以便查找。

(4)做好建筑师和工程师的口头指示记录，及时以书面形式报告建筑师予以确认。将他们的书面指示按年月日顺序编号存档。

(5)工程照片需有专人管理，照片都应标明拍摄的日期。将照片按工程进度整理编排。

(6)收集并记录每天的气象报告和实际气候情况。

(7)整理、保存工人和雇员的工资与薪金单据、材料物资购买单据，按年月日顺序编号归档。

(8)完整的工程会计资料，包括工卡、人工分配表、注销工资薪金支票、材料购买订货单、收讫发票、收款票据、账目及有关图表、财务信件、经会计师核证的财务决算表等。

(9)所有的合同标书文件、合约图纸、修改增加图纸、计划工程进度表、人工日报表、材料设备进场报表及账单(工程付款单)等需归类保存入档。

以上九项资料是施工索赔的原始依据，承包商必须做好，否则，索赔无依据，一切都是空谈。

第二节 建设工程争议的行政复议

案例导入10-2

申请人：郑某、马某、陈某甲、陈某乙

被申请人：某市规划局

第三人：某市工程建设指挥部

行政复议机关：某市人民政府

申请人因对被申请人作出的建设工程规划许可行政行为不服，向行政复议机关申请行政复议。

申请人认为，第三人在申请建设工程规划许可时，提交的申请材料中缺少日光分析表等关键材料，且申请表上未显示申请时间，不符合法定形式。某安置房工程2002年的立项规划已不具时效。第三人在未取得规划许可证的情况下，施工达数月之久。被申请人作出的规划许可行为违法，请求予以撤销。

被申请人认为，第三人的规划许可申请表未填写申请时间，属文书瑕疵。第三人的规划许可申请符合相关规划技术要求。被申请人作出的规划许可行为认定事实清楚、适用法律正确、程序正当，请求予以维持。

第三人认为，第三人因某安置房工程建设需要，向被申请人提出规划许可申请，并提交了法定所需材料。被申请人受理该申请后，经审查认为该申请符合相关要求。经公示、听证等法定程序后，依法作出规划许可行为。

行政复议机关经审理查明，某安置房工程属于市区旧城区改造的重点项目，系改善市区城市形象、人居环境的重大工程。截至2016年10月底，某安置房工程的规划用地许可证、国有土地使用证、建设工程规划许可证、施工许可证均已办理完毕，处于地下室施工阶段，已投资金额超过2.6亿元。2016年5月16日至同年6月1日，被申请人在某区审批中心网站和项目施工现场进行某安置房工程规划许可批前公示。2016年6月7日，某安置房工程相邻某小区住户提出听证申请。2016年6月8日，第三人向被申请人提出某安置房工程规划许可的申请，同时提交了下列材料：关于某地块安置房建设工程可行性研究报告的批复；关于某地块安置房二期建设工程初步设计的批复；规划条件通知书；总平面图；地块控制性详细规划；建设项目选址意见书；建设用地规划许可证；国有土地使用证；某地块建筑设计调整方案；房屋建筑施工图设计文件审查合格书；房屋建筑施工图设计文件审查备案书；施工图文件指标核对表；人防设计审批表等材料。上述申请材料中，某地块建筑设计调整方案中含有2007年1月30日针对拟建建筑物及其周围被遮挡建筑物所作的日照分析报告。该报告显示其日照分析参数说明为：建筑层数（详总平图）；连续日照分析时间为8 h（8：00—16：00）；测试时间间隔为30 min；受影面高度：1 200（一层窗台高度），5 700（二层窗台高度），10 800（三层窗台高度）；日照阴影计算参数：温州纬度28，选用分析地区：温州，选用分析气节：大寒日；计算采用天正日照分析SUN6.0软件。根据该日照分析参数作出的日照分析报告，满足了《城市居住区规划设计规范（2002年版）》（GB 50180—1993）中要求的大寒日日照时数不低于2 h的住宅建筑日照标准。同日，被申请人受理该规划许可申请。2016年6月24日，被申请人组织某安置房工程规划许可批前听证会，包括申请人在内的相关业主代表参加了听证会。2016年6月27日，被申请人根据《城乡规划法》第四十条的规定作出涉案建设工程规划许可行为，许可第三人在某地块进行建设，地上计容建筑面积为56 881.11 m^2，地下室面积为10 937.57 m^2，层次为1～33层。2016年7月1日，被申请人在某区行政审批服务中心网上公告该行政许可行为。2016年7月6日，被申请人在项目建设现场公告该行政许可行为。

分析：复议机关认为，涉案规划许可行为依法应予撤销，但鉴于某安置房工程属市重点民生工程，且已投入大量资金，若撤销将造成公共利益重大损失，故不予撤销。根据《中华人民共和国行政复议法》第二十八条第一款第(三)项第1、3目,确认被申请人作出的建设工程规划许可行为违法。

一、建设工程争议行政复议概述

建设工程争议行政复议是指公民、法人或者其他组织不服工程建设行政管理机关的具体行政行为,依法向上一级工程建设行政管理机关提起重新处理的请求,上级行政机关依法对建设工程争议案件进行复查、复审、复核、复验等行政活动。

1. 行政机关做出的涉及工程建设问题的具体行政行为

(1)行政许可。行政机关根据公民、法人或者其他组织的申请,经依法审查,准予其从事特定活动的行政性管理行为,如颁发建设用地许可证、建筑工程规划许可证、建设施工许可证、商品房预售许可证、新建住宅交付使用许可证等。

(2)行政裁决。行政机关或法定授权的组织,依照法律授权,对当事人之间发生的、与行政管理活动密切相关的、与合同无关的民事纠纷进行审查,并作出裁决的具体行政行为。当事人对此裁决不服可以提起诉讼。

(3)行政处罚。行政机关或其他行政主体依法定职权和程序,对违反行政法规但尚未构成犯罪的相对人给予行政制裁的具体行政行为,如扣留、吊销或拒发房屋建设、施工和土地使用、规划等许可证及执照,对工程建设使用、交易中的违法行为进行罚款、没收、拆除、查封等。

2. 建设工程争议行政复议的特点

行政复议具有行政补救性,是为了防止和纠正违法的或者不当的具体行政行为,保护公民、法人和其他组织的合法权益,保障和监督行政机关依法行使职权。建设工程争议行政复议具有以下特点:

(1)一方当事人是工程建设有关行政管理机关,另一方当事人则是工程建设有关当事人。

(2)建设工程项目行政复议的客体是工程建设有关行政管理机关在进行行政管理过程中发生的具体行政行为。

(3)提出行政复议的人,必须是认为行政机关行使职权的行为侵犯其合法权益的法人和其他组织。

(4)当事人提出行政复议,必须是在行政机关已经作出行政决定之后,如果行政机关尚未作出决定,则不存在复议问题。复议的任务是解决行政争议,而不是解决民事或其他争议。

(5)行政复议。以书面审查为主,以不调解为原则。行政复议的结论作出后,即具有法律效力。只要法律未规定复议决定为终局裁决,当事人对复议决定不服的,仍可以按行政诉讼法的规定,向人民法院提请诉讼。

二、建设工程争议行政复议程序

行政复议的具体程序分为申请、受理、审理、决定四个步骤。

(一)申请

1. 申请时效

建设工程有关当事人认为建设工程项目行政管理机关的具体行政行为侵犯其合法权益的,可以自知道被申请人行政行为做出之日起60日内提出(法律另有规定的除外),向有管辖权的建设工程项目复议机关提出行政复议申请，提交复议申请书。因不可抗力或者其他正当理由耽误法定申请期限的，申请期限自障碍消除之日起继续计算。

2. 申请条件

申请条件如下：

(1)申请人是认为行政行为侵犯其合法权益的相对人；

(2)有明确的被申请人；

(3)有具体的复议请求和事实根据；

(4)属于依法可申请行政复议的范围；

(5)相应行政复议申请属于受理行政复议机关管辖；

(6)符合法律法规规定的其他条件。

3. 行政复议申请书

申请人申请行政复议，可以书面申请，也可以口头申请；口头申请的，行政复议机关应当当场记录申请人的基本情况、行政复议请求及申请行政复议的主要事实、理由和时间。申请人采取书面方式向行政复议机关申请行政复议时，所递交的行政复议申请书应当载明下列内容：

(1)申请人如为公民，则载明公民的姓名、性别、年龄、职业、住址等；申请人如为法人或者其他组织，则载明法人或者组织的名称、地址、法定代表人的姓名。

(2)被申请人的名称、地址。

(3)申请行政复议的理由和要求。

(4)提出复议申请的日期。

(二)受理

建设工程争议行政复议机关收到行政复议申请后，应当在5日内进行审查，对不符合《行政复议法》规定的行政复议申请，决定不予受理，并书面告知申请人；对符合《行政复议法》规定，但不属于本机关受理的行政复议申请，应当告知申请人向有关行政复议机关提出。除上述规定外，行政复议申请自行政复议机构收到之日起即视为受理。公民、法人或者其他组织依法提出行政复议申请，行政复议机关无正当理由不予受理的，上级行政机关应当责令其受理；必要时，上级行政机关也可以直接受理。

(三)审理

1. 审理行政复议案件的准备

(1)送达行政复议书副本，并限期提出书面答复。行政复议机构应当自行政复议申请受理之日起7日内，将行政复议申请书副本或者行政复议申请笔录复印件发送被申请人。被申请人应当自收到申请书副本或者行政复议申请笔录复印件之日起10日内，向行政复议机关提出书面答复，并提交当初做出具体行政行为的证据、依据和其他有关材料。

(2)审阅复议案件有关材料。行政复议机构应当着重审阅复议申请书、被申请人做出具体行政行为的书面材料(如行政处罚决定书等)、被申请人做出具体行政行为所依据的事实和证据、被申请人的书面答复。

(3)调查取证，收集证据。

(4)通知符合条件的人参加复议活动。

(5)确定复议案件的审理方式。行政复议原则上采取书面审查的办法,但是申请人提出要求或者行政复议机构认为有必要时,可以向有关组织和个人调查情况,听取申请人、被申请人和第三人的意见。

2. 行政复议期间原具体行政行为的效力

根据《行政复议法》的规定,行政复议期间原具体行政行为不停止执行。这是符合行政效力先定原则的,行政行为一旦做出,即推定为合法,对行政机关和相对人都有约束力。但为了防止和纠正具体行政行为违法给相对人造成不可挽回的损失,《行政复议法》规定有下列情形之一的,可以停止执行:

(1)被申请人认为需要停止执行的;
(2)行政复议机关认为需要停止执行的;
(3)申请人申请停止执行,行政复议机关认为其要求合理,决定停止执行的;
(4)法律规定停止执行的。

3. 复议申请的撤回

在复议申请受理之后、行政复议决定作出之前,申请人基于某种考虑主动要求撤回复议申请的,经向行政复议机关说明理由,可以撤回。撤回行政复议申请的,行政复议终止。

(四)决定

1. 复议决定作出时限

行政复议机关应当自受理行政复议申请之日起 60 日内作出行政复议决定;但是法律规定的行政复议期限少于 60 日的除外。情况复杂,不能在规定期限内作出行政复议决定的,经行政复议机关的负责人批准,可以适当延长,并告知申请人和被申请人,但是延长期限最多不超过 30 日。

2. 复议决定的种类

(1)决定维持具体行政行为。
(2)决定撤销、变更或者确认原具体行政行为违法。
(3)决定被申请人在一定期限内履行法定职责。有两种情况:一是拒绝履行,即被申请人在法定期限内明确表示不履行法定职责的,责令其在一定期限内履行;二是拖延履行,即被申请人在法定期限内既不履行,也不明确表示履行的,责令其在一定期限内履行。
(4)决定被申请人在一定期限内重新做出具体行政行为。决定撤销或者确认该具体行政行为违法的,责令被申请人在一定期限内重新做出具体行政行为。
(5)决定赔偿。行政复议机关在依法决定撤销、变更或者确认该具体行政行为违法时,申请人提出赔偿要求的,应当同时决定被申请人依法给予赔偿。
(6)决定返还财产或者解除对财产的强制措施。行政复议机关在依法决定撤销或者变更罚款,撤销违法集资,没收财物,征收财物,摊派费用以及对财产的查封、扣押、冻结等具体行政行为时,应当同时责令被申请人返还财产,解除对财产的查封、扣押、冻结措施,或者赔偿相应的价款。

3. 行政复议决定书与履行

行政复议决定书由行政复议机关的法定代表人署名,加盖行政复议机关的印章。行政复议决定书一经送达,即发生法律效力。法律、法规规定应当先向行政复议机关申请行政复议、对行政复议决定不服再向人民法院提起行政诉讼的,行政复议机关决定不予受理或者受理后超过行政复议期限不作答复的,公民、法人或者其他组织可以自收到不予受理决定书之日起或者行政复议期满之日起十五日内,依法向人民法院提起行政诉讼。

申请人逾期不起诉,又不履行行政复议决定的,对于维持具体行政行为的行政复议决定,由被申请人依法强制执行或者申请人民法院强制执行;对于变更具体行政行为的行政复议决定,由行政复议机关依法强制执行或者申请人民法院强制执行。被申请人不履行或者无正当理由拖延履行行政复议决定的,行政复议机关或者有关上级行政机关应当责令其限期履行,对直接负责的主管人员和其他直接责任人员依法给予警告、记过、记大过的行政处分;经责令履行仍拒不履行的,依法给予降级、撤职、开除的行政处分。

第三节 建设工程争议的行政诉讼

案例导入 10-3

原告杨某等四住户的房屋与宁都县粮食收储公司的老宿舍楼南北相邻,中间隔一宽为 4.5 m 的巷道,杨某等四住户的住宅楼在南侧,四住户分别住该楼二、三层,该楼北侧有长 7.2 m、宽 1.5 m 的阳台,底层为高 2.2 m 的杂物间。2008 年,××县粮食收储公司将老宿舍楼拆除,并申请改建为二层的超市。2008 年 9 月 24 日,××县建设局经审查后在××县规划建设项目审批公示栏及××县政府网对购物中心平面规划图进行了公示,于 2008 年 10 月 15 日为第三人××县粮食收储公司颁发了中华人民共和国建筑工程规划许可证,证号为建字第 2008—135 号,规划建筑二层,限高 10 m,与原告住宅相邻部分的间距为距底层杂物间最窄处 4.9 m,最宽处 5.44 m。建筑工程规划许可证核发后,第三人即开始进行建设,按照设计图纸,第三人所建超市的实际高度为 8.6 m。在建期间,四原告得知第三人超市建设规划许可的详情,认为其建筑间距不符合规范要求,为此四原告于 2009 年 5 月 21 日诉至法院要求撤销××县建设局为第三人颁发的建筑工程规划许可证。

法院经审理认为:第三人经许可建设的超市属非住宅建筑,其高度为 8.6 m,为低层建筑。《江西省城市规划管理技术导则》第二十七条第二项规定:"非住宅建筑位于住宅建筑北侧的,其建筑间距按同型布置方式的居住建筑间距要求折减 20% 控制,其间距最小值为低层不得小于 6 m,多层不得小于 9 m,同时需满足消防和各专业规划要求。"被告规划许可建设的超市,南侧外墙与四原告房屋北侧阳台(该阳台长为 7.2 m,宽为 1.5 m,阳台东西向的长度占其北侧墙的 1/2 以上)的最小间距为 4.9 m,因此,该许可违反了该导则关于间距的强制规定,属于适用法律、法规错误。法院作出一审判决,以××县建设局颁发建筑工程规划许可证的行政程序中适用法律、法规错误且违反法定程序为由,撤销××县建设局对第三人××县粮食收储公司颁发的建字第 2008—135 号建筑工程规划许可证。

一、建设工程争议行政诉讼概述

建设工程争议行政诉讼是指建设工程有关当事人对工程建设行政管理机关就当事人的建设工程所做出的具体行政行为不服而提出的行政诉讼,工程建设行政管理机关包括城市规划的行政主管机关,房屋、土地的行政主管机关,城市建设行政主管机关等。

建设工程争议行政诉讼必须遵循以下原则：

(1)由公民、法人和其他组织行使行政诉讼权，而做出具体行政行为的行政机关无权提出行政诉讼。

(2)被告负举证责任。《中华人民共和国行政诉讼法》第三十四条规定："被告对做出的行政行为负有举证责任，应当提供做出该行政行为的证据和所依据的规范性文件。"这是行政诉讼与民事诉讼的区别。这是因为，在行政法律关系中，原告和被告处于不平等的地位，他们之间是一种管理与被管理的关系。

(3)诉讼期间原具体行政行为不停止执行。

(4)建设工程争议行政诉讼不适用调解。

(5)人民法院只审理具体行政行为的合法性。

二、建设工程争议行政诉讼的受理范围和管辖

1. 建设工程争议行政诉讼的受理范围

当事人一方人数众多的共同诉讼，可以由当事人推选代表人进行诉讼。代表人的诉讼行为对其所代表的当事人发生效力，但代表人变更、放弃诉讼请求或者承认对方当事人的诉讼请求，应当经被代表的当事人同意。

2. 建设工程争议行政诉讼的管辖

《中华人民共和国行政诉讼法》第十八、二十一条规定，行政案件由最初做出具体行政行为的行政机关所在地人民法院管辖。经复议的案件，也可以由复议机关所在地人民法院管辖。两个以上人民法院对建设工程争议行政诉讼有管辖权，原告可以选择其中一个人民法院提起诉讼。原告向两个以上有管辖权的人民法院提起诉讼的，由最先立案的人民法院管辖。

根据我国《行政诉讼法》第二章的规定，建设工程争议行政诉讼的受理范围主要包括：

(1)对行政拘留、暂扣或者吊销许可证和执照、责令停产停业、没收违法所得、没收非法财物、罚款、警告等行政处罚不服的；

(2)对限制人身自由或者对财产的查封、扣押、冻结等行政强制措施和行政强制执行不服的；

(3)申请行政许可，行政机关拒绝或者在法定期限内不予答复，或者对行政机关作出的有关行政许可的其他决定不服的；

(4)对行政机关作出的关于确认土地、矿藏、水流、森林、山岭、草原、荒地、滩涂、海域等自然资源的所有权或者使用权的决定不服的；

(5)对征收、征用决定及其补偿决定不服的；

(6)申请行政机关履行保护人身权、财产权等合法权益的法定职责，行政机关拒绝履行或者不予答复的；

(7)认为行政机关侵犯其经营自主权的；

(8)认为行政机关滥用行政权力排除或者限制竞争的；

(9)认为行政机关违法集资、摊派费用或者违法要求履行其他义务的；

(10)认为行政机关不依法履行、未按照约定履行或者违法变更、解除政府特许经营协议、土地房屋征收补偿协议等协议的；

(11)认为行政机关侵犯其他人身权、财产权等合法权益的。
(12)人民法院受理法律、法规规定可以提起诉讼的其他行政案件。

三、建设工程争议行政诉讼的基本程序

(一)第一审程序

1. 起诉

行政诉讼以"不告不理"为原则,即当事人不起诉,人民法院不能主动受理。

行政诉讼必须在诉讼时效内提出,具体如下:

(1)经复议向人民法院提起诉讼的为15日。《中华人民共和国行政诉讼法》第四十五条规定:"公民、法人或者其他组织不服复议决定的,可以在收到复议决定书之日起15日内向人民法院提起诉讼。复议机关逾期不作决定的,申请人可以在复议期满之日起15日内向人民法院提起诉讼。法律另有规定的除外。"

(2)直接向法院提起诉讼的为6个月。《中华人民共和国行政诉讼法》第四十六条规定:"公民、法人或者其他组织直接向人民法院提起诉讼的,应当自知道或者应当知道做出行政行为之日起6个月内提出。法律另有规定的除外。因不动产提起诉讼的案件自行政行为做出之日起超过20年,其他案件自行政行为做出之日起超过五年提起诉讼的,人民法院不予受理。"

此外,公民、法人或者其他组织申请行政机关履行保护其人身权、财产权等合法权益的法定职责,行政机关在接到申请之日起两个月内不履行的,公民、法人或者其他组织可以向人民法院提起诉讼。公民、法人或者其他组织在紧急情况下请求行政机关履行保护其人身权、财产权等合法权益的法定职责,行政机关不履行的,提起诉讼不受前款规定期限的限制。

公民、法人或者其他组织因不可抗力或者其他不属于其自身的原因耽误起诉期限的,被耽误的时间不计算在起诉期限内。公民、法人或者其他组织因前款规定以外的其他特殊情况耽误起诉期限的,在障碍消除后10日内,可以申请延长期限,是否准许由人民法院决定。

2. 受理

人民法院在接到起诉状时对符合本法规定的起诉条件的,应当登记立案。

对当场不能判定是否符合本法规定的起诉条件的,应当接收起诉状,出具注明收到日期的书面凭证,并在7日内决定是否立案。不符合起诉条件的,作出不予立案的裁定。裁定书应当载明不予立案的理由。原告对裁定不服的,可以提起上诉。起诉状内容欠缺或者有其他错误的,应当给予指导和释明,并一次性告知当事人需要补正的内容。不得未经指导和释明即以起诉不符合条件为由不接收起诉状。

对于不接收起诉状、接收起诉状后不出具书面凭证,以及不一次性告知当事人需要补正的起诉状内容的,当事人可以向上级人民法院投诉,上级人民法院应当责令改正,并对直接负责的主管人员和其他直接责任人员依法给予处分。

人民法院既不立案,又不作出不予立案裁定的,当事人可以向上一级人民法院起诉。上一级人民法院认为符合起诉条件的,应当立案、审理,也可以指定其他下级人民法院立案、审理。

3. 审理

人民法院应当在立案之日起 6 个月内作出第一审判决。有特殊情况需要延长的，由高级人民法院批准，高级人民法院审理第一审案件需要延长的，由最高人民法院批准。主要工作如下：

(1)将起诉状副本发送被告。人民法院应当在立案之日起 5 日内，将起诉状副本发送被告。被告应当在收到起诉状副本之日起 15 日内向人民法院提交做出行政行为的证据和所依据的规范性文件，并提出答辩状。被告不提出答辩状的，不影响人民法院审理。

(2)将答辩状副本发送原告。人民法院应当在收到答辩状之日起 5 日内，将答辩状副本发送原告。

(3)组成合议庭。人民法院审理行政案件，由审判员组成合议庭，或者由审判员、陪审员组成合议庭。合议庭的成员，应当是三人以上的单数。

(4)开庭审理。一般规定人民法院公开审理行政案件，但涉及国家秘密、个人隐私和法律另有规定的除外。涉及商业秘密的案件，当事人申请不公开审理的，可以不公开审理。人民法院通过对建设工程行政纠纷的审理，根据具体情况作出以下判决：

1)维持原行政行为。具体行政行为证据确凿，适用法律正确，符合法定程序，维持判决。

2)具体行政行为被撤销或部分撤销。

3)变更具体行政行为。行政处罚显失公正的，可以判决变更。

4)裁判。裁判是裁定和判决的合称。裁定是法院在案件审理判决执行中，就程序问题或部分实体问题所作的决定。判决是法院就解决案件的实体问题所作的决定。

4. 判决

人民法院对公开审理和不公开审理的案件，一律公开宣告判决。当庭宣判的，应当在 10 日内发送判决书；定期宣判的，宣判后立即发送判决书。宣告判决时，必须告知当事人上诉权利、上诉期限和上诉的人民法院。

(二)简易程序

人民法院审理下列第一审行政案件，认为事实清楚、权利义务关系明确、争议不大的，可以适用简易程序：

(1)被诉行政行为是依法当场做出的；

(2)案件涉及款额为 2 000 元以下的；

(3)属于政府信息公开案件的。

此外，当事人各方同意适用简易程序的，可以适用简易程序。发回重审、按照审判监督程序再审的案件不适用简易程序。

适用简易程序审理的行政案件，由审判员一人独任审理，并应当在立案之日起 45 日内审结。

人民法院在审理过程中，发现案件不宜适用简易程序的，裁定转为普通程序。

(三)第二审程序

当事人不服人民法院第一审判决的，有权在判决书送达之日起 15 日内向上一级人民法院提起上诉。当事人不服人民法院第一审裁定的，有权在裁定书送达之日起 10 日内向上一级人民法院提起上诉。逾期不提起上诉的，人民法院的第一审判决或者裁定发生法律效力。

人民法院对上诉案件，应当组成合议庭，开庭审理。经过阅卷、调查和询问当事人，对没有提出新的事实、证据或者理由，合议庭认为不需要开庭审理的，也可以不开庭审理。

人民法院审理上诉案件，应当对原人民法院的判决、裁定和被诉行政行为进行全面审查。

人民法院审理上诉案件，应当在收到上诉状之日起3个月内作出终审判决。有特殊情况需要延长的，由高级人民法院批准，高级人民法院审理上诉案件需要延长的，由最高人民法院批准。

人民法院审理上诉案件，按照下列情形，分别处理：

(1)原判决、裁定认定事实清楚，适用法律、法规正确的，判决或者裁定驳回上诉，维持原判决、裁定；

(2)原判决、裁定认定事实错误或者适用法律、法规错误的，依法改判、撤销或者变更；

(3)原判决认定基本事实不清、证据不足的，发回原审人民法院重审，或者查清事实后改判；

(4)原判决遗漏当事人或者违法缺席判决等严重违反法定程序的，裁定撤销原判决，发回原审人民法院重审。

原审人民法院对发回重审的案件作出判决后，当事人提起上诉的，第二审人民法院不得再次发回重审。

人民法院审理上诉案件，需要改变原审判决的，应当同时对被诉行政行为作出判决。

(四)审判监督程序

当事人对已经发生法律效力的判决、裁定，认为确有错误的，可以向上一级人民法院申请再审，但判决、裁定不停止执行。

1. 审判监督程序的适用范围

《行政诉讼法》第九十一条规定，当事人的申请符合下列情形之一的，人民法院应当再审：

(1)不予立案或者驳回起诉确有错误的；

(2)有新的证据，足以推翻原判决、裁定的；

(3)原判决、裁定认定事实的主要证据不足、未经质证或者系伪造的；

(4)原判决、裁定适用法律、法规确有错误的；

(5)违反法律规定的诉讼程序，可能影响公正审判的；

(6)原判决、裁定遗漏诉讼请求的；

(7)据以作出原判决、裁定的法律文书被撤销或者变更的；

(8)审判人员在审理该案件时有贪污受贿、徇私舞弊、枉法裁判行为的。

2. 引起审判监督程序的主体

(1)各级人民法院院长。各级人民法院院长对本院已经发生法律效力的判决、裁定，发现有《中华人民共和国行政诉讼法》第九十一条规定情形之一，或者发现调解违反自愿原则或者调解书内容违法，认为需要再审的，应当提交审判委员会讨论决定。

(2)最高人民法院。最高人民法院对地方各级人民法院已经发生法律效力的判决、裁定，上级人民法院对下级人民法院已经发生法律效力的判决、裁定，发现有《中华人民共和国行政诉讼法》第九十一条规定之一，或者发现调解违反自愿原则或者调解书内容违法的，有权提审或者指令下级人民法院再审。

（3）最高人民检察院。最高人民检察院对各级人民法院已经发生法律效力的判决、裁定，上级人民检察院对下级人民法院已经发生法律效力的判决、裁定，发现有《中华人民共和国行政诉讼法》第九十一条规定之一，或者发现调解书损害国家利益、社会公共利益的，应当提出抗诉。

（4）地方各级人民检察院。地方各级人民检察院对同级人民法院已经发生法律效力的判决、裁定，发现有《中华人民共和国行政诉讼法》第九十一条规定之一，或者发现调解书损害国家利益、社会公共利益的，可以向同级人民法院提出检察建议，并报上级人民检察院备案；也可以提请上级人民检察院向同级人民法院提出抗诉。

各级人民检察院对审判监督程序以外的其他审判程序中审判人员的违法行为，有权向同级人民法院提出检察建议。

(五)执行程序

行政案件裁定、判决的执行，是指人民法院作出的裁定、判决发生法律效力以后，一方当事人拒不履行人民法院的裁判，人民法院根据另一方当事人的申请，实施强制执行，或者由行政机关依照职权采取强制措施，以执行人民法院裁判的法律制度。

第四节　建设工程争议的仲裁

案例导入10-4

中国国际经济贸易仲裁委员会根据申请人中国××建筑事务所和被申请人中国A公司签订的《××中心工程设计协议书》中的仲裁条款以及申请人在2001年2月27日提交仲裁委员会的仲裁申请书，受理了本争议仲裁案。

本案仲裁程序适用仲裁委员会自2000年10月1日起施行的仲裁规则。

根据仲裁规则的规定，仲裁委员会主任指定×××为首席仲裁员，×××与申请人选定的仲裁员×××和被申请人选定的仲裁员×××于2001年4月29日组成仲裁庭，共同审理本案。

被申请人收到仲裁通知后提出了反请求，并办理了相应手续，本案仲裁庭对申请人提出的仲裁请求和被申请人提出的反请求在本案中予以合并审理。

仲裁庭认真审阅了当事人提交的仲裁文件，并于2001年6月15日在北京对本案进行了开庭审理，申请人法定代表人和仲裁代理人及被申请人仲裁代理人到庭，对本案的事实和法律问题进行了陈述，并回答了仲裁庭的询问。庭后双方均提交了补充证据材料。

本案现已审理终结，仲裁庭依据事实和法律并经合议作出裁决。要求双方执行仲裁裁决。同时，告知双方对仲裁结果有异议的可在规定时间内向有管辖权的人民法院申请撤销仲裁裁决。

分析：仲裁是建设工程争议的重要解决机制。本案例中提到的仲裁条款、仲裁程序、仲裁庭组成、开庭审理、仲裁裁决、裁决的执行、裁决的撤销等经济仲裁的关键性概念是本节的重要内容。

一、建设工程争议仲裁的概念

仲裁也称"公断",是指建设工程在争议发生前或争议发生后达成协议,自愿将其争议提交第三者作出裁决,双方当事人都有义务执行裁决的一种解决争议的方式。

二、建设工程争议仲裁的基本制度

(1)协议仲裁原则。当事人采用仲裁方式解决纠纷,应当双方自愿,达成仲裁协议。没有仲裁协议,一方申请仲裁的,仲裁委员会不予受理。

(2)或裁或审制度。当事人达成仲裁协议,一方向人民法院起诉的,人民法院不予受理,但仲裁协议无效的除外。

(3)一裁终局制度。仲裁实行一裁终局制度。裁决作出后,当事人就同一纠纷再申请仲裁或者向人民法院起诉的,仲裁委员会或者人民法院不予受理。

裁决被人民法院依法裁定撤销或者不予执行的,当事人就该纠纷可以根据双方重新达成的仲裁协议申请仲裁,也可以向人民法院起诉。

三、建设工程争议仲裁协议

仲裁协议是建设工程双方当事人在合同中以仲裁条款或其他书面形式表示自愿将双方之间已经发生或者可能发生的争议提交仲裁机构解决的书面文件,是申请仲裁的必备材料。仲裁协议有三种类型:仲裁条款、仲裁协议书和其他文件中包含的仲裁协议。根据《中华人民共和国仲裁法》(以下简称《仲裁法》)第十六条的规定,仲裁协议应当包括下列内容。

1. 请求仲裁的意思表示

(1)仲裁协议中当事人请求仲裁的意思表示要明确。

(2)请求仲裁的意思表示必须是双方当事人共同的意思表示,而不是一方当事人的意思表示。不能证明是双方当事人的意思表示的仲裁协议是无效的。

(3)请求仲裁的意思表示必须是双方当事人的真实意思表示,即不存在当事人被胁迫、欺诈等而订立仲裁协议的情况,否则仲裁协议无效。

(4)请求仲裁的意思表示必须是双方当事人自己的意思表示,而不是任何其他人的意思表示,如上级主管部门不能代替当事人订立仲裁协议。

2. 仲裁事项

当事人提交仲裁的具体争议事项,解决的是"仲裁什么"的问题。仲裁协议中约定的仲裁事项,应当符合下面两个条件:

(1)争议事项具有可仲裁性。争议事项属于仲裁受理范围,超出法律规定的仲裁范围的,仲裁协议无效。下列情形不属于仲裁受理范围:

1)不平等主体之间发生的行政争议不属于可仲裁事项范围。行政机关行使行政处罚权、行政许可权等与对方当事人发生的争议，涉及行政机关行使行政职权是否合法的问题，这需要由权力的国家机关来判断，而不应由作为民间机构的仲裁机关来裁决；依法应由行政机构处理的纠纷不属于仲裁的范围。

2)民事纠纷中的权属纠纷不属于可仲裁事项范围。对民事纠纷应注意区分其是财产纠纷还是侵权纠纷，侵权纠纷中属于权属方面的纠纷，一般不能仲裁。例如，土地所有权、使用权纠纷由行政机关专属管辖，不能采用仲裁方式解决。

(2)仲裁事项具有明确性。由于仲裁事项是仲裁庭要审理和裁决的事项，因此仲裁事项必须明确。按照我国《仲裁法》的规定，对仲裁事项没有约定或者约定不明确的，当事人应就此达成补充协议，达不成补充协议的，仲裁协议无效。

3. 选定的仲裁委员会

仲裁委员会是受理仲裁案件的机构。由于仲裁没有法定管辖的规定，因此，仲裁委员会是由当事人自主选定的。如果当事人在仲裁协议中不选定仲裁委员会，仲裁就无法进行。

仲裁的意思表示、仲裁事项和选定的仲裁委员会三项内容必须同时具备，仲裁协议在内容上才能符合《仲裁法》的规定而成为有效的仲裁协议。

四、建设工程争议仲裁的程序

1. 提出仲裁申请

当事人申请仲裁应当符合下列条件：
(1)有仲裁协议；
(2)有具体的仲裁请求和事实、理由；
(3)属于仲裁委员会的受理范围。

当事人申请仲裁，应当向仲裁委员会递交仲裁协议、仲裁申请书及副本。委托代理人办理仲裁事项或参与仲裁的，应提交书面委托书。

2. 成立仲裁庭

根据我国仲裁规则，申诉人和被申诉人各自在仲裁委员会仲裁员名册中指定一名仲裁员，并由仲裁委员会主席指定一名仲裁员为首席仲裁员，共同组成仲裁庭审理案件；双方当事人也可在仲裁委员名册共同指定或委托仲裁委员会主席指定一名仲裁员为独任仲裁员，成立仲裁庭，单独审理案件。

3. 审理案件

仲裁庭审理案件的形式有两种：
(1)不开庭审理。这种审理一般经当事人申请，或由仲裁庭征得双方当事人同意，只依据书面文件进行审理并作出裁决。
(2)开庭审理。这种审理按照仲裁规则的规定，采取不公开审理，如果双方当事人要求公开进行审理，由仲裁庭作出决定。

4. 裁决

裁决是仲裁程序的最后一个环节。裁决作出后，审理案件的程序即告终结。

仲裁裁决必须于案件审理终结之日起45天内以书面形式作出,仲裁裁决除由于调解达成和解而做出裁决书外,应说明裁决所依据的理由,并写明裁决是终局的和做出裁决书的日期、地点,以及仲裁员的署名等。

我国实行"一裁终局"制,但当事人提出证据证明裁决有下列情形之一的,可以向仲裁委员会所在地的中级人民法院申请撤销裁决(当事人申请撤销裁决的,应当自收到裁决书之日起6个月内提出):

(1)没有仲裁协议的;

(2)裁决的事项不属于仲裁协议的范围或者仲裁委员会无权仲裁的;

(3)仲裁庭的组成或者仲裁的程序违反法定程序的;

(4)裁决所根据的证据是伪造的;

(5)对方当事人隐瞒了足以影响公正裁决的证据的;

(6)仲裁员在仲裁该案时有索贿受贿、徇私舞弊、枉法裁决行为的;

人民法院经组成合议庭审查核实裁决有前款规定情形之一的,应当裁定撤销。人民法院认定该裁决违背社会公共利益的,应当裁定撤销。

5. 仲裁裁决的执行

当事人应当履行裁决。一方当事人不履行的,另一方当事人可以依照民事诉讼法的有关规定向人民法院申请执行。受申请的人民法院应当执行。

《仲裁法》第五十八条规定,当事人提出证据证明裁决有下列情形之一的,可以向仲裁委员会所在地的中级人民法院申请撤销裁决:

(1)没有仲裁协议的;

(2)裁决的事项不属于仲裁协议的范围或者仲裁委员会无权仲裁的;

(3)仲裁庭的组成或者仲裁的程序违反法定程序的;

(4)裁决所根据的证据是伪造的;

(5)对方当事人隐瞒了足以影响公正裁决的证据的;

(6)仲裁员在仲裁该案时有索贿受贿、徇私舞弊、枉法裁决行为的。

人民法院经组成合议庭审查核实裁决有前款规定情形之一的,应当裁定撤销。

人民法院认定该裁决违背社会公共利益的,应当裁定撤销。

当事人申请撤销裁决的,应当自收到裁决书之日起6个月内提出。

一方当事人申请执行裁决,另一方当事人申请撤销裁决的,人民法院应当裁定中止执行。人民法院裁定撤销裁决的,应当裁定终结执行。撤销裁决的申请被裁定驳回的,人民法院应当裁定恢复执行。

第五节 建设工程争议的民事诉讼

案例导入 10-5

2004 年 9 月，北京某房地产公司（发包人）就位于北京市××区××园产业基地东区地块的某科研楼酒店公寓工程，与北京某建筑公司（承包人）签订了《建设工程施工合同》，工程总建筑面积为 10 万 m^2，合同价款为 1.5 亿元，合同工期为 21 个月。

在实际履行中，发包人和承包人共同将工程交由张某承担和组织垫资施工，即张某作为实际施工人完成上述工程的施工。

在施工过程中，发包人持续拖欠张某工程款，后以施工存在安全隐患为由单方提出中止施工合同关系，发包人发函给工程项目的混凝土供应商，要求其停止项目的混凝土供应，造成工程全面停工。工程停工时，张某及其施工队已完成全部地下结构并已施工至地上结构局部第 11 层，完成结构工程建筑面积约 6 万 m^2，已完工程内容价值为 1.2 亿元。

为将张某从工地赶走，发包人起诉到丰台区法院，要求承包人北京某建筑公司腾退工地现场。该案经北京丰台区法院和北京第二中级法院审理，最终判令承包人北京某建筑公司腾退现场。张某的大量建筑材料、设备等被迫遗留在施工现场，其后法院将这些财物事实上交由发包人控制。

更值得关注的是：被告与第三人合谋采用"先支付后洗回"的方式，编造已付款的假象，即被告先以转账支票的付款方式支付给第三人 8 097 万元，其后第三人用原告的名义开具对应数额的发票给被告，同时第三人分 5 次将 7 748 万元转账付给了被告的某关联公司（原告因未取得工程款且被告持有第三人开具的巨额发票作为拒付工程款的理由，原告不得不四处告状和向检察院举报，后被纪检监察部门重视，经过刑事侦查，上述洗钱的过程得以查明）。

分析：鉴于原告为自然人，没有施工资质和企业资质等，其所从事的施工活动可能被法院认定为违法承包活动，以及被告拒绝付款且恶意制造假付款的证据，上述北京市两级法院已经生效的民事判决书、裁定书及其有关认定内容于张某明显不利，工程也没有办理任何结算手续，诉讼争议标的巨大，当事人双方的对抗强烈，因此，本案例中张某的诉讼主张可以说是任重道远，从诉讼程序方面到实体方面，无一不需要当事人或代理律师的细致准备。建议张某向北京市高级人民法院提起诉讼。

一、建设工程争议民事诉讼的概念

建设工程争议民事诉讼是指人民法院在建设工程争议双方当事人和其他诉讼参与人的参加下，审理和解决工程建设民事争议的活动，以及由这些活动所引发的诉讼关系，它是国家强制解决建设工程争议的一种方式，是权利主体凭借国家力量实现民事权利的司法程序。

二、建设工程争议民事诉讼的管辖

建设工程争议民事诉讼的管辖是指各级法院之间和同级法院之间受理第一审民事案件的分工和权限。它是在法院内部具体确定特定的民事案件由哪个法院行使民事审判权的一项制度,可分为级别管辖、地域管辖、移送管辖和指定管辖四种。

1. 级别管辖

级别管辖是划分上、下级法院之间受理第一审民事案件的分工和权限。

(1)基层人民法院。一般民事案件都由基层法院管辖,或者说除了法律规定由中级人民法院、高级人民法院、最高人民法院管辖的第一审民事案件外,其余一切民事案件都由基层人民法院管辖。

(2)中级人民法院。中级人民法院管辖下列第一审民事案件:

1)重大涉外案件(包括涉港、澳、台地区的案件);

2)在本辖区有重大影响的案件;

3)最高人民法院确定由中级人民法院管辖的案件。

(3)高级人民法院。高级人民法院管辖的案件是在本辖区内有重大影响的第一审民事案件。

(4)最高人民法院。最高人民法院管辖在全国范围内有重大影响的案件,以及其认为应当由自己审理的案件。但应明确的是,由最高人民法院作为第一审管辖的民事案件实行一审终审,不能上诉。

2. 地域管辖

根据当事人及标的物与地域之间的关系,确定同级人民法院之间受理第一审经济纠纷案件的分工和权限。地域管辖分为一般地域管辖、特殊地域管辖、协议地域管辖、专属地域管辖和共同地域管辖。

(1)一般地域管辖。一般地域管辖也称普通管辖,指以当事人所在地为标准而确定的管辖,其以被告住所地的人民法院为诉讼管辖法院,即"原告就被告"。在被告的住所地和经常居住地不一致时,则以经常居住地的人民法院为管辖法院。例外情况:对被监禁的人提起诉讼时,依法律规定,以原告住所地的人民法院为诉讼管辖法院。

(2)特殊地域管辖。特殊地域管辖是相对于一般地域管辖而言的。涉及建设工程特殊地域管辖的情况有以下几种:

1)因合同纠纷提起的诉讼,由被告住所地或者合同履行地人民法院管辖;

2)因保险合同纠纷提起的诉讼,由被告住所地或者保险标的物所在地人民法院管辖;

3)因票据纠纷提起的诉讼,由票据支付地或者被告住所地人民法院管辖;

4)因侵权行为提起的诉讼,由侵权行为地或者被告住所地人民法院管辖。

(3)协议地域管辖。协议地域管辖指当事人在争议发生之前或发生之后,用书面协议的方式选择管辖法院。但在选择法院管辖时,不得违背级别管辖和专属地域管辖的规定。

(4)专属地域管辖。专属地域管辖指基于法律规定,某些案件必须由特定的人民法院管辖，其他法院无权管辖，也不准许当事人协议变更管辖。专属地域管辖具有强制性和排他性。涉及建设工程的专属地域管辖有以下两种情况：

1)因不动产纠纷提起的诉讼，由不动产所在地人民法院管辖；

2)因港口作业发生纠纷提起的诉讼，由港口所在地人民法院管辖。

(5)共同地域管辖。共同地域管辖是指依照法律规定，就同一诉讼，两个或两个以上人民法院都有管辖权。其允许当事人选择管辖，原告可以向其中任何一个人民法院起诉。如果原告同时向两个以上有管辖权的人民法院起诉，则由最先立案的法院管辖。

3. 移送管辖

移送管辖是指人民法院受理某一案件后，发现自己对此案并无管辖权，将案件移送给有管辖权的人民法院审理，或者在特定情况下，下级人民法院将自己有管辖权的案件，报请上级人民法院审理，或者上级人民法院将自己有管辖权的案件，交给下级人民法院审理。移送管辖在实践中有两种情况：

(1)同级人民法院之间的移送；

(2)上、下级人民法院之间的移送。

移送法院对移送管辖要作出裁定。移送裁定对接受移送的人民法院具有约束力，接受移送的人民法院不能再自行移送。也就是说，既不能退回移送的人民法院，也不能自行转送其他人民法院。如果确实是移送错误或者审理有困难的，应说明理由，报请上级人民法院指定管辖。经上级人民法院作出指定管辖裁定后移送的案件，不属"自行移送"。

4. 指定管辖

指定管辖是指人民法院之间因管辖权发生争议，或者有管辖权的人民法院由于特殊原因不能行使审判权，由它们共同的上级人民法院指定某一人民法院管辖。

三、建设工程争议民事诉讼程序

(一)第一审程序

第一审程序是指人民法院审理当事人起诉案件所适用的程序。其通常包括以下几个阶段。

1. 起诉和受理

原告向有管辖权的人民法院提起诉讼。起诉条件如下：

(1)原告应与本案有直接利害关系；

(2)起诉状采用书面形式；

(3)被告明确，诉讼请求及事实合理、具体；

(4)原告应提交起诉状及其副本和有关证据等。

人民法院经审查后，认为符合上述起诉条件的，应在7日内立案。从立案之日起5日内将起诉状副本发送被告。

被告针对原告请求的事实和理由，在收到起诉状副本之日起15日内提出答辩状(副本)。

2. 开庭审理

人民法院应在开庭3日前通知当事人和其他诉讼参与人。凡公开审理的，应公告当事人姓名，案由和开庭的时间、地点。

开庭前，书记员应查明当事人和其他诉讼参与人是否到庭，并宣布法庭纪律。接着，由审判长宣布案由，宣布审判人员、书记员名单，告知当事人有关的诉讼权利、义务，询问当事人是否申请回避。

法庭调查按下列顺序进行：

(1)当事人陈述；

(2)证人作证，宣读未到庭的证人证言；

(3)出示书证、物证和视听资料；

(4)宣读鉴定结论；

(5)宣读勘验。

如原告增加诉讼请求或被告提出反诉，可以合并审理。

在法庭辩论中，原、被告依次发言、答辩，再互相辩论。

辩论终结，由审判长按原、被告的先后顺序征询双方的最后意见，进行法庭调解，调解不成的，应当及时判决。

【案例10-1】

张某一审诉讼请求与法院判决

张某提出的一审诉讼请求(部分省略)：①判令被告向原告支付所拖欠的工程款共计9 701万元；②判令被告向原告赔偿经济损失5 294万元，从2004年9月15日起算，款项暂计算到2008年7月10日，应计算到实际给付之日止(详见附件具体计算)；③判令被告向原告支付工程欠款利息共计14 364 010.57元(从2004年9月15日起算，按照中国人民银行同期同类贷款利率计算)，款项暂计算到2008年7月10日，应计算到实际给付之日止；④判令原告在被告欠付的工程款范围内对本案工程享有优先受偿权；⑤判令第三人与被告对原告的诉讼请求共同承担连带给付责任；⑥判令被告承担本案全部诉讼费用。

北京市高级人民法院于2009年8月31日作出了〔2006〕高民初字第328号《民事判决书》，认定及判决如下：①原告主张，以"第18项目经理部张某"名义开具的五张合计金额为7 748万元的收据和8 097万元的发票涉及的有关款项并未真实支付，不能作为认定"已付款"的定案结论。法院根据举证，认定了有关事实。②原告主张，被告与第三人串通假造所谓的已付款"收据"，其拖欠张某工程款的行为导致了张某的实际经济损失，被告滥用上述收据的证明效力在丰台区法院错误先予执行，将原告张某突然从施工现场强制赶出，被告持续占有工程和占有原告的施工设备、设施、材料、工具等，致使张某蒙受了巨额的财产损失。法院对基本事实予以认定，并认为被告和第三人亦应承担与其过错相应的法律责任。③原告主张，被告对张某是实际施工人事前明知，张某是实际施工人的事实足以认定。法院认定：从张某与被告签署的"承诺书"来看，被告对张某是实际施工人的事实事前明知，张某作为实际施工人有权向被告主张给付工程款。④原告主张，原告与被告签订的"承诺书"无效,其约定背离备案合同的实质性内容,两者内容在承包范围、工期、合同价款、计价标准、付款方式、违约责任、约定分包等方面存在明显不同,不能作为本案结算的依据。法院认为,应当依照备案合同确定的工程造价鉴定价格予以认定和作出一审法院判决。⑤原告主张,对于"现场存留建筑材料、设备、设施"的损失,请法庭委托鉴定单位进行鉴定并由被告赔偿原告的实际经济损失 1 448 万元。法院委托司法鉴定后,按照鉴定数额予以部分支持。⑥原告主张,本案人工费应予调增 1 705 792 元。一审法院判决对原告人工费调增的请求未予支持。⑦被告、第三人应当向原告给付欠款利息。法院予以支持。⑧原告主张,被告与第三人应当承担连带付款责任。一审法院判决第三人对被告应付款项承担连带付款责任。⑨原告主张,就欠付工程款的范围对工程享有优先受偿权。一审法院判决认为本案中张某从事的是违法承包活动,不享有工程优先受偿权。

综合上述主要分析和认定,一审法院判决:被告给付原告××万元及从 2006 年 3 月 9 日起至实际给付之日止的欠款利息,按照中国人民银行同期同类贷款利率计算;第三人对被告应付款项承担连带付款责任。张某负责对其施工人员施工期间发生的费用及对外债务予以清偿。

(二)第二审程序

第二审程序是指当事人不服地方各级人民法院和专门法院的第一审判决、裁定而上诉至上一级人民法院进行审理所适用的程序。对判决的上诉期限为 15 日,对裁定的上诉期限为 10 日。

上诉状的内容应包括:当事人的姓名、法人的名称及其法定代表人的姓名或其他组织的名称及其主要负责人的姓名;原审人民法院名称、案件的编号和案由;上诉的请求和理由。

第二审人民法院对上诉案件进行审理后作出如下之一的处理:

(1)判决驳回上诉,维持原判决;

(2)依法改判;

(3)裁定撤销原判决,发回原审人民法院重审。

对第二审人民法院的判决、裁定,当事人不得再上诉。对发回原审人民法院重审的案件,由于适用第一审程序,当事人对其判决、裁定不服,仍可以上诉。

(三)审判监督程序

审判监督程序是指人民法院对已经发生法律效力的判决、裁定发现确有错误,依法进行再审予以纠正的一种特殊程序。再审程序的提起,通常有以下四种途径:

(1)由本院院长提出,提交审判委员会讨论决定;

(2)由最高人民法院、上级人民法院提审或指令下级人民法院再审;

(3)由最高人民检察院、上级人民检察院按审判监督程序提出抗诉;

(4)由当事人申请,经人民法院审查决定是否再审。

当事人申请再审必须在判决、裁定发生法律效力后 2 年内提出。同时,不得因申请再审而停止判决、裁定的执行。

【案例 10-2】

最高人民法院按照审判监督程序进行提审

2009年6月15日,华×公司因与宏×公司、张某建设工程施工合同纠纷一案,不服××省高级人民法院同年2月11日作出的〔2008〕黑民一终字第173号民事判决,向最高人民法院申请再审。最高人民法院于同年12月8日作出〔2009〕民申字第1164号民事裁定,按照审判监督程序提审该案。在最高人民法院民事审判第一庭提审期间,华×公司鉴于当事人之间已达成和解且已履行完毕,提交了撤回再审申请书。最高人民法院经审查,于2010年12月15日以〔2010〕民提字第63号民事裁定准许其撤回再审申请。

申诉人华×公司在向法院申请再审的同时,也向检察院申请抗诉。2010年11月12日,最高人民检察院受理后决定对该案按照审判监督程序提出抗诉。2011年3月9日,最高人民法院立案一庭收到最高人民检察院高检民抗〔2010〕58号民事抗诉书后进行立案登记,同月11日移送审判监督庭审理。最高人民法院审判监督庭经审查发现,华×公司曾向法院申请再审,并撤回再审,且申请检察院抗诉的理由与申请再审的理由基本相同,遂与最高人民检察院沟通并建议其撤回抗诉,最高人民检察院不同意撤回抗诉。再与华×公司联系,华×公司称当事人之间已就抗诉案达成和解且已履行完毕,纠纷已经解决,并于同年4月13日再次向最高人民法院提交了撤诉申请书。

最高人民法院认为:对于人民检察院抗诉再审的案件,或者人民法院依据当事人申请或依据职权裁定再审的案件,如果再审期间当事人达成和解并履行完毕,或者撤回申诉,且不损害国家利益、社会公共利益的,为了尊重和保障当事人在法定范围内对本人合法权利的自由处分权,实现诉讼法律效果与社会效果的统一,促进社会和谐,人民法院应当根据《最高人民法院关于适用〈中华人民共和国民事诉讼法〉审判监督程序若干问题的解释》第三十四条的规定,裁定终结再审诉讼。

(四)执行程序

所谓执行程序,就是人民法院依法强制经济纠纷案件的义务人履行义务的特殊程序。

对已经发生法律效力的判决、裁定和调解书,义务人应自觉执行。如拒不执行,权利人可以在法定期限内(双方或一方当事人是公民的为1年,双方都是法人或其他组织的为6个月)向人民法院申请执行。对于人民法院发出的协助执行通知书,有关单位和个人必须办理。

执行的具体措施:扣留、提取、划拨被执行人的收入或银行、信用合作社存款,查封、扣押、冻结、拍卖、变卖被执行人的财产等。

本章小结

本章简要讲述了行政复议、行政诉讼、仲裁和民事诉讼四种建设工程争议处理途径。四种解决工程建设纠纷的途径各有受理范围、条件、程序和相关时效的要求。行政复议和行政诉讼受理由行政机关做出的具体行政行为引起的纠纷案件,行政机关是被申请人或被告；仲裁和民事诉讼受理平等主体之间的民事纠纷。证据是支撑主张和审理案件的根据，收集和整理充足有效的证据，正确区别不同的纠纷类型，选择正确的解决途径，依法执行裁决、判决、裁定。

拓展训练

一、复习思考题

1. 什么是建设工程争议处理的时效？法律上对其有哪些规定？
2. 什么是证据？建设工程争议常见的证据有哪些？
3. 法律对建设工程合同纠纷索赔的基本程序和时限是怎样规定的？工程索赔的依据有哪些？
4. 建设工程争议行政复议适用于哪些案件？其特点是什么？程序是什么？
5. 什么是建设工程争议行政诉讼？法律对建设工程争议行政诉讼的受案范围作出哪些规定？
6. 什么是建设工程争议仲裁？建设工程争议仲裁的基本制度有哪些？建设工程争议可仲裁性是怎样规定的？仲裁协议内容有哪些？
7. 建设工程争议民事诉讼的管辖有哪些规定？第一审程序包括哪些内容？引起审判监督程序的途径有哪些？

二、案例分析

2019年7月，石家庄市某建筑工程公司与建筑工程所在地广州一家建材供应公司签订了一份钢筋购销合同。合同中的仲裁条款规定："因履行合同发生的争议，由双方协商解决；无法协商解决的，由仲裁机构仲裁。"2019年9月，双方发生争议，该建筑工程公司向其所在地的石家庄市仲裁委员会递交了仲裁申请书，但建材供应公司拒绝答辩。同年11月，双方经过协商，重新签订了一份仲裁协议，并商定将此合同争议提交建材供应公司所在地的广州市仲裁委员会仲裁。事后石家庄市某建筑工程公司担心广州市仲裁委员会实行地方保护主义，偏袒建材供应公司，故未申请仲裁，而向合同履行地人民法院提起诉讼，且诉讼时说明此前两次约定仲裁的情况，法院受理此案，并向建材供应公司送达了起诉状副本，该建材供应公司向法院提交了答辩状。法院经审理判决被告建材供应公司败诉，被告不服，理由是双方事先有仲裁协议，法院判决无效。

问题：

(1)购销合同中的仲裁条款是否有效？请说明理由。
(2)争议发生后，双方签订的协议是否有效？为什么？
(3)原告石家庄市某建筑工程公司向法院提起诉讼是否正确？为什么？
(4)人民法院受理本案是否正确，为什么？
(5)被告建材供应公司的上诉理由是否正确，为什么？
(6)被告是否具有上诉权？为什么？

三、任务实训

实训内容：分成原告、被告、合议庭等组别，按照第一审程序，组织一次模拟法庭。通过模拟，进一步熟悉和掌握建设工程纠纷的诉讼第一审程序。实训时间为1 h。

背景资料：2019年10月，徐州市某建筑工程公司(以下简称"徐州某建")与徐州某房地产有限公司签订了《建设工程施工合同》，约定由徐州某建承建房地产公司×××小区8组团11号、12号楼的土建和水电安装工程。2020年6月20日，徐州某建又与浙江省东阳市某建筑工程公司徐州工区(以下简称"东阳某建")签订了《建筑安装工程分包合同》，将其承包的工程全部转包给东阳某建。东阳某建在施工期间，向蔡某赊购建筑用黄砂。2021年4月9日，东阳某建驻该工地负责人李某向蔡某出具了欠条，内容为"账已核对，共欠老蔡砂款17 989.50元整"，落款为"徐州某建康居工地李某"。工程完工后，东阳某建撤出了工地，但未向蔡某支付欠款，蔡某遂将徐州某建诉至徐州市云龙区人民法院。

模块一：开庭前，书记员应查明当事人和其他诉讼参与人是否到庭，宣布法庭纪律。

模块二：审判长宣布案由，宣布审判人员、书记员名单，告知当事人有关的诉讼权利、义务，询问当事人是否申请回避。

模块三：法庭调查。

(1)当事人陈述。

原告陈述：_____

被告陈述：_____

(2)证人作证，宣读未到庭的证人证言。

(3)出示书证、物证和视听资料。

(4)宣读鉴定结论。

(5)宣读勘验。

模块四：法庭辩论(原、被告依次发言、答辩，再互相辩论)。

模块五：法庭调解或判决(审判长按原、被告的先后顺序征询双方的最后意见，进行法庭调解，调解不成的，应当及时判决)。

教师评价：_____

拓展训练参考答案

参 考 文 献

[1] 齐甦. 土木工程建设法规[M]. 武汉：中国地质大学出版社，2009.
[2] 吴胜兴. 土木工程建设工程法规[M]. 3版. 北京：高等教育出版社，2017.
[3] 常丽莎，洪艳. 建筑法规[M]. 2版. 杭州：浙江大学出版社，2013.
[4] 徐广舒. 建设法规[M]. 北京：机械工业出版社，2017.
[5] 陈东佐. 建筑法规概论[M]. 5版. 北京：中国建筑工业出版社，2017.
[6] 全国一级建造师执业资格考试用书编写委员会. 建设工程法规及相关知识[M]. 3版. 北京：中国建筑工业出版社，2018.
[7] 中国建设教育协会. 施工员通用与基础知识[M]. 2版. 北京：中国建筑工业出版社，2017.
[8] 中国建设教育协会. 质量员专业管理实务[M]. 北京：中国建筑工业出版社，2016.
[9] 中国建设教育协会. 安全员专业基础知识[M]. 2版. 北京：中国建筑工业出版社，2016.
[10] 中国建设教育协会. 机械员专业基础知识[M]. 2版. 北京：中国建筑工业出版社，2016.
[11] 中国建设教育协会. 劳务员专业基础知识[M]. 北京：中国建筑工业出版社，2016.
[12] 中国建设教育协会. 资料员专业基础知识[M]. 2版. 北京：中国建筑工业出版社，2016.
[13] 中国建设教育协会. 标准员专业基础知识[M]. 2版. 北京：中国建筑工业出版社，2017.
[14] 中国建设教育协会. 材料员专业基础知识[M]. 2版. 北京：中国建筑工业出版社，2016.